ECN
Epreuves
Classantes
Nationales

MEDECINE KB

HANDICAP DOULEUR
MODULES 4 ET 6

Edition 2012 - 2013

H. LETICH, P. ALEXELINE, M. HECKER

Editions Vernazobres-Grego **VG**

99 bd de l'Hôpital
75013 Paris - Tél. : 01 44 24 13 61
www.vg-editions.com

AVERTISSEMENT

Les Editions VG sont en perpétuelle évolution afin de réaliser des ouvrages innovants au plus proche de vos demandes. Malgré toute l'attention et le soin apportés à la rédaction de ceux-ci, certaines remarques constructives peuvent probablement être émises. N'hésitez pas à nous transmettre vos commentaires à l'adresse remarque@vg-editions.com (en nous précisant bien le titre de l'ouvrage et le numéro de la page concernée) ; nous ne manquerons pas de les prendre en compte dans le cadre de la réalisation de nos prochaines éditions.

MENTIONS LEGALES :
Cet ouvrage à été réalisé selon les dernières recommandations scientifiques en vigueur lors de sa publication. Les données médicales étant en permanente évolution, nous recommandons à nos lecteurs de consulter régulièrement les dernières données de pharmacovigilance.
Le prescripteur étant strictement responsable de ses actes, l'éditeur et l'auteur ne pourront en aucun cas être tenus responsables de la prise en charge d'un patient.

Juillet 2012 - ISBN : 978-2-8183-0628-4

TABLE DES MATIERES

MODULE 4
HANDICAP - INCAPACITE - DEPENDANCE

Objectifs généraux :
A partir des notions générales sur les handicaps et les incapacités, l'étudiant doit comprendre, à partir de 2 ou 3 exemples, les moyens d'évaluation des déficiences, incapacités et handicaps, les principes des programmes de rééducation, de réadaptation, de réinsertion et surtout la prise en charge globale, médico-psychosociale de la personne handicapée dans une filière et/ou un réseau de soins.

MODULE 6

DOULEUR - SOINS PALLIATIFS - ACCOMPAGNEMENT

Objectifs généraux :
L'étudiant doit savoir différencier une douleur aiguë ou douleur « symptôme » d'une douleur chronique ou douleur « maladie ». Il doit être attentif à écouter, à évaluer et à prendre en charge les souffrances physiques et morales des malades. Il doit être capable de mettre en place et de coordonner les soins palliatifs à domicile ou à l'hôpital chez un malade en fin de vie.

Chapitre	N° de l'item	Intitulé de l'item	Objectifs et programme d'enseignement	Page		1e tour	2e tour	3e tour
7	66	**Thérapeutiques antalgiques, médicamenteuses et non médicamenteuses.**	• Argumenter la stratégie de prise en charge globale d'une douleur aiguë ou chronique chez l'adulte • Prescrire les thérapeutiques antalgiques médicamenteuses (P) et non médicamenteuses • Evaluer l'efficacité d'un traitement antalgique	107	➡			
8	67	**Anesthésie locale, locorégionale et générale.**	• Argumenter les indications, les contre-indications et les risques d'une anesthésie locale, locorégionale ou générale • Préciser les obligations réglementaires à respecter avant une anesthésie	127	➡			
9	68	**Douleur chez l'enfant : sédation et traitements antalgiques.**	• Repérer, prévenir et traiter les manifestations douloureuses pouvant accompagner les pathologies de l'enfant • Préciser les médicaments utilisables chez l'enfant selon l'âge, avec les modes d'administration, indications et contre-indications	149	➡			
10	69	**Soins palliatifs pluridisciplinaires chez un malade en fin de vie. Accompagnement d'un mourant et de son entourage.**	• Identifier une situation relevant des soins palliatifs • Argumenter les principes de la prise en charge globale et pluridisciplinaire d'un malade en fin de vie et de son entourage • Aborder les problèmes éthiques posés par les situations de fin de vie	169	➡			
11	70	**Deuil normal et pathologique.**	• Distinguer un deuil normal d'un deuil pathologique et argumenter les principes de prévention et d'accompagnement	209	➡			

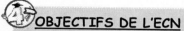

OBJECTIFS DE L'ECN

- Evaluer une incapacité ou un handicap
- Analyser les implications du handicap en matière d'orientation professionnelle et son retentissement social

MOTS CLES

- Modèle de Wood : lésion, déficience, incapacité, handicap ou désavantage social
- Echelles d'évaluation génériques et spécifiques
- CDAPH : commission des droits et de l'autonomie des personnes handicapées
- MDPH : maison départementale des personnes handicapées
- Prise en charge pluridisciplinaire : hébergement, emploi (et formation), social (et financier), cartes
- AAH : allocation adulte handicapé

Pour mieux comprendre

- Le terme handicap est envisagé par l'OMS comme : « le terme générique qui désigne les déficiences, les limitations d'activité et les restrictions de participation »
- Ainsi, elle définit une cascade d'événements (modèle de Wood et ses modifications) : lésion initiale, déficience, incapacité, handicap (ou désavantage social)
- L'enjeu consiste d'une part à évaluer son handicap avec des échelles de mesure et, d'autre part, à réaliser une prise en charge globale comprenant les facettes sociales, professionnelles et financières
- Cette prise en charge est coordonnée au sein des MDPH (maison départementale des personnes handicapées), *via* les CDAPH (commission des droits et de l'autonomie des personnes handicapées)

- **Plan du chapitre :**
    - A. Définitions (OMS)
    - B. Evaluation du handicap
    - C. MDPH/CDAPH = la loi du 11 fevrier 2005
        - 1- Principaux principes de la loi
        - 2- MDPH et CDAPH
        - 3- Droit à la compensation
    - D. Prise en charge de l'adulte handicapé
        - 1- Formation et emploi
        - 2- Hébergement
        - 3- Aides financières et sociales
        - 4- Cartes
        - 5- Aides médicosociales
    - E. Invalidité

A DEFINITIONS (OMS)

1	GENERALITES

CIF CLASSIFICATION INTERNATIONALE DU FONCTIONNEMENT (selon OMS)	**Définition :**
	• **CIF = Classification internationale du fonctionnement, du handicap et de la santé**
	• Réalisé par **l'OMS en mai 2001** avec quelques précisions jusqu'à 2012
	• **Remplace la CIDIH = Classification internationale des déficiences, incapacités et handicaps**
	• **But :**
	  – Elle pose certains principes et certaines définitions concernant le handicap
	  – Elle propose des classifications permettant d'évaluer celui-ci

	Principes : • « Les **fonctions organiques désignent les fonctions physiologiques** des systèmes organiques (y compris les fonctions psychologiques) » • « Les structures **anatomiques désignent les parties du corps humain** telles que les organes, les membres et leurs composantes » • « Une **activité** signifie **l'exécution d'une tâche** ou le fait pour une personne de faire quelque chose » • « La **participation** signifie l'implication dans une situation de la vie réelle » • « Les **facteurs environnementaux** constituent l'environnement physique, social et attitudinal dans lequel les gens vivent et mènent leur vie »
CIDIH	**Définition :** • **CIDIH = Classification internationale des déficiences, incapacités et handicaps** • **Synonyme = Modèle de WOOD** • Créé en 1980 • « Remplacé » en 2001 par la CIF, cependant cette nouvelle classification est largement inspirée de l'ancienne CIDIH **Modèle de Wood ou modèle CIDIH :** • Définit l'enchaînement et la relation entre la déficience, l'incapacité, le handicap et l'environnement • Cf. ci-dessous

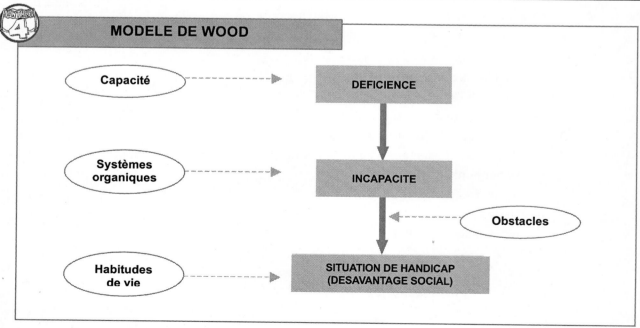

MODELE DE WOOD

Capacité → DEFICIENCE

Systèmes organiques → INCAPACITE ← Obstacles

Habitudes de vie → SITUATION DE HANDICAP (DESAVANTAGE SOCIAL)

DEFICIENCE (CIF-OMS)	• **Toute perte de substance ou altération d'une fonction ou d'une structure psychologique, anatomique ou physiologique**
	• Différents types :
	  – Déficiences **intellectuelles** (intelligence, mémoire, pensée)
	  – Déficiences **psychiques** (conscience, perception, émotion, comportement)
	  – Déficiences du **langage** et de la parole
	  – Déficiences **auditives**
	  – Déficiences **visuelles**
	  – Déficiences des autres organes internes (digestif, cardiovasculaire…)
	  – Déficiences du **squelette** et de l'appareil de soutien
	  – Déficiences **esthétiques**
	  – Déficiences des **fonctions générales,** sensitives ou autres déficiences

INCAPACITE (CIF-OMS)	• **Toute réduction (résultant d'une déficience) partielle ou totale de la capacité d'accomplir une activité d'une façon ou dans les limites** considérées **comme normales pour un être humain**
	• Différents types :
	  – Incapacités concernant le **comportement**
	  – Incapacités concernant la **communication**
	  – Incapacités concernant les **soins corporels**
	  – Incapacités concernant la **locomotion**
	  – Incapacités concernant les aptitudes à la vie **professionnelle et aux occupations**

DESAVANTAGE OU SITUATION DE HANDICAP (CIF-OMS)	• **Préjudice résultant d'une déficience ou incapacité qui interdit ou limite l'accomplissement d'un rôle considéré normal compte tenu de l'âge, du sexe et des facteurs socioculturels**
	• Différents types :
	  – Désavantage d'**orientation**
	  – Désavantage d'**indépendance physique**
	  – Désavantage de **mobilité**
	  – Désavantage d'**occupation**
	  – Désavantage d'**intégration sociale**
	  – Désavantage d'**indépendance économique**

HANDICAP (Loi du 11 février 2005)	Le texte de loi pour l'égalité des droits et des chances, la participation et la citoyenneté des personnes handicapées fournit pour la première fois une définition du handicap : • **« Constitue un handicap, au sens de la présente loi, toute limitation d'activité ou restriction de participation à la vie en société subie dans son environnement par une personne en raison d'une altération substantielle, durable ou définitive d'une ou plusieurs fonctions physiques, sensorielles, mentales, cognitives ou psychiques, d'un polyhandicap ou d'un trouble de santé invalidant »** **Loi n°2005-102 du 11 février 2005 (J. O. Lois et Décrets, n°36, 2353-2388-Art. L. 114)**

2	EXEMPLES D'APPLICATION EN NEUROLOGIE	
	DEFICIENCES	INCAPACITES
ACCIDENT VASCULAIRE CEREBRAL	**Les déficiences au cours d'un AVC sont spécifiques du territoire neurologique atteint :** Motrices et de l'appareil locomoteur : • **Déficit sensitif** • **Déficit moteur** (hémicorporel…) • Trouble du **tonus** Du langage et de la parole : **aphasie** De la vision : • **Hémianopsie** latérale homonyme • Troubles de l'**oculomotricité** (lésion fosse postérieure) De la fonction urinaire : **incontinence** urinaire De la fonction et de la sphère digestive : • Troubles de la **déglutition** • Incontinence **anale** Intellectuelles et/ou troubles du psychisme et/ou difficultés du comportement : • **Négligence spatiale** • **Dépression**	• **Comportement** • **Communication (aphasie)** • **Locomotion** : mobilité (atteinte motrice et atteinte visuelle) • **« Soins corporels » :** – Toilette – S'habiller – (A part : uriner, se nourrir) • Retentissement sur les **aptitudes à la vie professionnelle** et aux **occupations :** – **Préhension** – **Vision**
PARAPLEGIE PAR LESION MEDULLAIRE	• Motrices et de l'appareil locomoteur : – **Déficit sensitif** (sous-lésionnel) – **Déficit moteur** (sous-lésionnel) – Trouble du **tonus** • De la fonction urinaire : **incontinence** urinaire • De la fonction et de la sphère digestive : – Incontinence **anale** • Intellectuelles et/ou troubles du psychisme et/ou difficultés du comportement : – **Dépression**	• **Locomotion** : mobilité, marche, verticalisation (atteinte motrice) • **« Soins corporels » :** – Toilette (moteur et incontinence) – Habillement (moteur) • Retentissement sur les **aptitudes à la vie professionnelle** et aux **occupations :** – **Mobilité limitée**
TRAUMATISME CRANIEN	• Déficience intellectuelle, troubles cognitifs (MMS) : – Langage – Mémoire – Atteinte frontale (raisonnement, jugement, existence ou non de persévérations, prise d'initiative) • Difficulté de comportement • Autres déficiences en relation avec des atteintes neurologiques secondaires au traumatisme crânien	• **Comportement** • **Communication** • Retentissement sur les **aptitudes à la vie professionnelle** et aux **occupations**

3	EXEMPLES D'APPLICATION EN ORTHOPEDIE ET RHUMATOLOGIE	
	DEFICIENCES	**INCAPACITES**
GONARTHROSE	Motrices et de l'appareil locomoteur : • Amplitude articulaire • Douleur • Force musculaire • Equilibre	Locomotion : • Marche • Course • Escaliers Retentissement sur les aptitudes à la vie professionnelle et aux occupations : • Professionnelle si actif, sportif de haut niveau • Sport • Qualité de vie Soins corporels : • Habillement • Toilette • Alimentation
FRACTURE DE MEMBRE	Motrices et de l'appareil locomoteur : • Amplitude articulaire • Douleur • Force musculaire • Equilibre • Déficit sensitif et moteur si lésion nerveuse associée	Locomotion : • Marche • Course • Escaliers Retentissement sur les aptitudes à la vie professionnelle et aux occupations : • Professionnelle si actif, sportif de haut niveau • Sport • Qualité de vie Soins corporels : • Habillement • Toilette • Alimentation
RUPTURE DE LIGAMENT CROISE	Motrices et de l'appareil locomoteur : • Laxité articulaire • Douleur • Force musculaire • Equilibre • Déficit sensitif exceptionnel	Locomotion : • Marche • Course • Escaliers Retentissement sur les aptitudes à la vie professionnelle et aux occupations : • Professionnelle si actif, sportif de haut niveau • Sport • Qualité de vie Soins corporels : • Habillement
POLYARTHRITE RHUMATOIDE	Motrices et de l'appareil locomoteur : • Amplitude articulaire (degrés ou goniomètre) • Douleur • Force musculaire (dynamomètre, testing allant de 0 [force musculaire nulle] à 5 [force musculaire normale]) • Destruction articulaire : score radiologique de Kellgren	Locomotion : • Marche • Course • Escaliers Retentissement sur les aptitudes à la vie professionnelle et aux occupations : • Professionnelle si actif, sportif de haut niveau • Sport • Qualité de vie Soins corporels : • Habillement • Toilette • Alimentation

B **EVALUATION DU HANDICAP**

1	ECHELLES D'EVALUATION		

DEFINITION	**Définition :**
	• Echelles permettant de **quantifier une incapacité ou une déficience** et d'**évaluer le handicap**
	• Il en existe de **2 types :**
	   – **Générique : non spécifique à la pathologie étudiée**
	   – **Spécifique : spécifique à la pathologie étudiée**
	Six critères de qualité :
	• **S**imples
	• **S**ensibles
	• **A**cceptables
	• **V**alidés
	• **R**eproductibles
	• **P**ertinents
	• **F**iables
	
	        Six Services Après Vente de la RéPublique Française		

ECHELLES GENERIQUES	**Préhension**	• **Indice fonctionnel pour la main rhumatologique de Duruöz** • Test Nine Holes Peg (NHP) • Classification fonctionnelle de la préhension d'Enjalbert • Frenchey Arm Test	**Déficience**
	Equilibre	• **Get-up and Go test** • **Epreuve de Tinetti**	
	Marche	• Vitesse de marche • Functional Ambulation Classification modified (FAC modifiée)	
	Etat intellectuel	• **Mini Mental State (MMS)** • **Echelle de Lawton : activités instrumentales de la vie quotidienne (AIDL = Instrumental Activities of Daily Living)**	
	Amplitude articulaire	• **Goniométrie**	
	Force musculaire	• Medical Research Council (MRC Testing)	

ECHELLES SPECIFIQUES	**Hanche-genou**	• **Indice algo-fonctionnel de Lequesne**	**Rhumatologique**
	Lombalgies	• **Auto-questionnaire de Dallas (douleur du rachis)** • Echelle de dorso-lombalgie de Québec • Echelle d'Incapacité Fonctionnelle pour l'Evaluation des Lombalgies (EIFEL)	
	Epaule	• Indice Fonctionnel Uniformisé (IUF)	
	Polyarthrite rhumatoïde	**Evaluation de la douleur :** • Echelle visuelle analogique (**EVA**) et nombre de **réveils nocturnes** • Indice de **Ritchie** : 26 articulations douloureuses cotées de 0 à 3 **Evaluation de l'inflammation :** • Nombre de synovites et durée du dérouillage matinal **Evaluation de l'incapacité fonctionnelle :** • Evaluation des mobilités et de la fonction globale : indices de **Lee**, de **Steinbroker** • Incapacité fonctionnelle spécifique de la main : score de l'indice de **Cochin** **Evaluation par des scores composites :** • Le **DAS 28,** « Disease Activity Score » • Le **SDAI,** « Simple Disease Activity Index » **Evaluation de la qualité de vie :** • Génériques : **SF 36, HAQ** (« Health Assessment Questionnaire ») • Spécifique : **AIMS2** (« Arthritis Impact Measurement Scales 2 »)	
	Coma	• **Glasgow Coma Scale (CGS)** • Wessex head Injury Matrix • Echelle Neuro-Comportementale Révisée	**Neurologique**
	Traumatisme crânien – AVC	• **National Instituts of Health Stroke Scale (NIHSS)** • Indice de Bourgès • Evaluation kinésithérapeutique des performances posturales = PASS • Batterie Rapide d'Evaluation Frontale (BREF) • Test de Galveston Orientation and Amnesia (GOAT) : déficience mnésique	
	Parkinson	• Unified Parkinson's Disease Rating Scale (UPDRS)	
	Sclérose en plaques	• Déficience : Kurtzke Functional System (FS) • Incapacité : Expended Disability Status Scale (EDSS) • Qualité de vie : SEP-59	
	Blessé médullaire	• Score ASIA (American spinal Injury Association) • Echelle de déficience ASIA (échelle modifiée de Frenkel) • Classification de Zancolli	
	Dystrophie musculaire	• Score de Hammersmith (Hammersmith Motor Ability Score) • Score de Brooke (Brooke Upper Extremity Functional rating Scale)	**Musculaire**
	Insuffisance respiratoire (BPCO)	• Score de Borg	**Respiratoire**

GRILLE AGGIR
=
AUTONOMIE GERONTOLOGIE GROUPE ISO-RESSOURCES
	Items :
	• Cohérence
	• Orientation
	• Toilette
	• Habillage
	• Alimentation
	• Elimination
	• Transferts
	• Déplacement à l'intérieur
	• Déplacement à l'extérieur
	• Communication à distance
	Cotations :
	• Pour chacun des 10 items, le médecin doit noter :
	  A : si le patient fait seul, habituellement, correctement
	  B : s'il fait partiellement, non habituellement, non correctement
	  C : s'il ne fait pas

MESURE D'INDEPENDANCE FONCTIONNELLE (MIF)	• Soins personnels (alimentation, toilette, habillage) • Contrôle des sphincters • Mobilité, transferts (lit, WC, baignoire) • Locomotion (marche, escaliers) • Communication (compréhension, expression) • Conscience du monde extérieur (interaction sociale, mémoire)
INDEX DE BARTHEL	• Alimentation • Bain • Continence rectale • Continence urinaire • Déplacements • Escaliers • Habillement • Soins personnels (se lave le visage, se coiffe, se brosse les dents) • Usage des WC • Transfert du lit au fauteuil
ECHELLE DE LAWTON (IADL)	• Téléphone • Faire les courses • Faire la cuisine • Ménage • Linge • Transport • Médicaments • Argent
ECHELLE DE RANKIN	0 = Aucun symptôme 1 = Pas d'incapacité significative malgré les symptômes, capable de mener toutes ses obligations et activités habituelles 2 = Incapacité légère, incapable de mener toutes activités antérieures, mais capable de vaquer à ses occupations sans assistance 3 = Invalidité modérée, a besoin de quelque aide, mais capable de marcher seul 4 = Invalidité moyennement sévère, incapable de marcher sans aide et incapable de gérer ses besoins corporels sans assistance 5 = Invalidité sévère, rivé au lit, incontinent et nécessitant une surveillance et des soins de nursing permanents

C | **MDPH/CDAPH = LA LOI DU 11 FEVRIER 2005** (et modifications jusqu'à maintenant)

1	**PRINCIPAUX PRINCIPES DE LA LOI**
DEFINITION	<ul><li>C'est l'une des principales lois sur les **droits des personnes handicapées,** depuis la loi de 1975</li><li>Contenu :<ul><li>– Elle définit le handicap (cf. plus haut)</li><li>– Elle apporte de **nombreux changements** dont l'ampleur est conditionnée par le contenu des textes d'application et les **précisions** qu'ils apportent</li></ul></li><li>Les **principaux axes et avancées** de cette loi concernent différents thèmes :<ul><li>– **L'accueil** des personnes handicapées</li><li>– Le **droit à compensation**</li><li>– Les **ressources**</li><li>– **L'emploi**</li><li>– La **scolarité**</li><li>– **L'accessibilité**</li><li>– **La citoyenneté** et la participation à la **vie sociale**</li></ul></li></ul>
ACCUEIL DES PERSONNES HANDICAPEES	<ul><li>La loi crée une **Maison départementale des personnes handicapées (MDPH) dans chaque département** sous la direction du Conseil général</li><li>Chaque MDPH met en place une équipe pluridisciplinaire qui évalue les besoins de la personne handicapée et une **Commission des droits et de l'autonomie des personnes handicapées (CDAPH)** qui prend les décisions relatives à l'ensemble des droits de la personne</li><li>Les COTOREP et CDES sont donc remplacées par la CDAPH et les MDPH</li></ul>
DROIT A LA COMPENSATION	<ul><li>Ce droit constitue l'**un des principes fondamentaux** de la loi</li><li>Ainsi, la personne handicapée a **droit à la compensation des conséquences de son handicap** quels que soient l'origine et la nature de sa déficience, son âge ou son mode de vie</li><li>Désormais, c'est le **projet de vie** de la personne qui est mis en avant</li><li>En fonction de celui-ci, un **plan de compensation est élaboré** et concrétisé par la **prestation de compensation** (qui **remplace petit à petit l'ACTP = Allocation Compensatrice pour Tierce Personnes**). Elle permet de **couvrir les besoins en aides humaines et techniques, l'aménagement** du logement, du véhicule, les aides spécifiques ou exceptionnelles et les aides animalières</li></ul>
RESSOURCES	<ul><li>La loi a aussi instauré **2 nouveaux compléments** à l'Allocation Adulte Handicapé :<ul><li>– **Le complément de ressources**</li><li>– **La majoration pour la vie autonome**</li></ul></li><li>**L'Allocation d'Education Spéciale (AES)** est renommée : « **Allocation d'éducation de l'enfant handicapé** »</li></ul>

EMPLOI	• **L'obligation d'emploi est toujours de 6%.** Elle impose une sanction plus sévère pour les entreprises qui ne respectent pas cette obligation • Le **classement des travailleurs handicapés dans les catégories A, B et C est supprimé.** Les entreprises qui emploient des personnes lourdement handicapées pourront bénéficier d'une aide à l'emploi ou d'une modulation de leur contribution • La loi réforme aussi le travail en milieu protégé • Les **ateliers protégés sont renommés Entreprises adaptées et sortent du milieu protégé.** Ce sont désormais des entreprises du milieu ordinaire ayant pour vocation d'employer en priorité des personnes handicapées. La rémunération minimum est basée sur le SMIC • Les **CAT sont renommés Etablissement ou service d'aide par le travail.** Les travailleurs ont droit à une rémunération garantie comprise entre 55 et 110% du SMIC, cumulable avec l'AAH. La loi améliore les droits aux congés et à la validation des acquis de l'expérience. Les anciens centres de distribution de travail à domicile (CDTD) deviennent des entreprises adaptées fonctionnant à domicile
SCOLARITE	• La principale innovation de la loi est d'affirmer que tout enfant, tout adolescent présentant un handicap ou un trouble invalidant de la santé est inscrit dans l'école de son quartier. Il pourra ensuite être accueilli dans un autre établissement, en fonction du projet personnalisé de scolarisation. Les parents sont pleinement associés aux décisions concernant leur enfant. Sont mis en place les équipes de suivi de la scolarisation et les enseignants référents • La loi réaffirme la possibilité de prévoir des aménagements afin que les étudiants handicapés puissent poursuivre leurs études, passer des concours, etc.
ACCESSIBILITE	• Le principe d'accessibilité pour tous, quel que soit le handicap, est réaffirmé • Les critères d'accessibilité et les délais de mise en conformité sont redéfinis • Ainsi, les établissements existants recevant du public et les transports collectifs ont 10 ans pour se mettre en conformité avec la loi • Celle-ci prévoit aussi la mise en accessibilité des communes et des services de communication publique
CITOYENNETE	• La loi aborde aussi la question du droit de vote des majeurs placés sous tutelle (qui peuvent être autorisés à voter par le juge des tutelles) ainsi que l'accessibilité des bureaux de vote • La question du handicap sera aussi abordée pendant les cours d'éducation civique à l'école primaire et au collège • La loi apporte des précisions en matière de communication devant les juridictions administratives, civiles et pénales, et lors du passage du permis de conduire pour les personnes sourdes
DIVERS	• La reconnaissance de la langue des signes française comme une langue à part entière • Les critères d'attribution de la carte de stationnement • Une nouvelle dénomination de carte station debout pénible (carte priorité pour personnes handicapées) • La majoration pour parents isolés d'enfants handicapés • L'agrément « vacances adaptées organisées » • L'accès aux lieux ouverts au public pour les chiens guides d'aveugle ou d'assistance

Evaluation clinique et fonctionnelle
d'un handicap moteur, cognitif ou sensoriel.

MODIFICATIONS APPORTEES PAR LA LOI DU 11 FEVRIER 2005
(+ modifications ultérieures ministérielles jusqu'à maintenant)

	AVANT LA LOI DU 11 FEVRIER 2005	APRES LA LOI DU 11 FEVRIER 2005 + PRECISIONS DU MINISTERE
STRUCTURES GENERALES	COTOREP = COmmission Technique d'Orientation et de REclassement Professionnel CDES = Commission Départementale de l'Education Spéciale SVA = Service pour la Vie Autonome	CDAPH = Commission des Droits et de l'Autonomie des Personnes Handicapées MDPH = Maison Départementale des Personnes Handicapées
RESSOURCES	Complément d'AAH	Complément de ressources OU Majoration pour vie autonome
	ACTP = Allocation Compensatrice pour Tierce Personnes	Prestation de compensation
	AES = Allocation d'Etude Spécialisée	AEEH = Allocation d'Education de l'Enfant Handicapé
	APP = Allocation de Présence Parentale	AJPP = Allocation Journalière de Présence Parentale
EMPLOI	Catégories ABC	Disparition du classement ABC
	AP = Ateliers Protégés CDTD = Centres de Distribution de Travail à Domicile	Entreprises adaptées
	CAT = Centre d'Aide pour le Travail	Etablissement ou Service d'Aide par le Travail (ESAT)
SCOLARITE	-	ESS = Equipe de Suivi Spécialisé PPS = Projet Personnel de Scolarisation
AUTRES	Carte « station debout pénible »	Carte de priorité pour personne handicapée

P.S. : une mesure établie avant la loi de 2005 : la carte macaron grand invalide civil (GIC) n'existe plus et a été remplacée par la carte européenne de stationnement.

2	MDPH et CDAPH	
MDPH	**Définition :** <ul><li>**Maison Départementale des Personnes Handicapées**</li><li>**Lieu unique destiné à faciliter les démarches des personnes handicapées**</li><li>Présente **dans chaque département,** mais **sous l'égide des Conseils Généraux**</li><li>Permet un **accès unifié aux droits et prestations prévus pour les personnes handicapées**</li><li>« **Exerce une mission d'accueil, d'information, d'accompagnement et de conseil des personnes handicapées et de leur famille ainsi que de sensibilisation de tous les citoyens aux handicaps** » selon le Ministère de la Santé et des Solidarités (février 2007)</li><li>Créée par la loi du 11 février 2005</li></ul> **Missions :** <ul><li>Elle **informe et accompagne** les personnes handicapées et leur famille dès l'annonce du handicap et tout au long de son évolution</li><li>Elle met en place et **organise l'équipe pluridisciplinaire** qui évalue les besoins de la personne sur la base du projet de vie et propose un plan personnalisé de compensation du handicap</li><li>Elle assure l'**organisation de la Commission des Droits et de l'Autonomie des Personnes Handicapées (CDAPH)** et le suivi de la mise en œuvre de ses décisions, ainsi que la gestion du fonds départemental de compensation du handicap</li><li>Elle **reçoit toutes les demandes de droits ou prestations** qui relèvent de la compétence de la Commission des droits et de l'autonomie</li><li>Elle organise une mission de conciliation par des personnes qualifiées</li><li>Elle **assure le suivi** de la mise en œuvre des décisions prises</li><li>Elle organise des **actions de coordination** avec les dispositifs sanitaires et médicosociaux et désigne en son sein un référent pour l'insertion professionnelle</li><li>Elle met en place un numéro téléphonique pour les appels d'urgence et une équipe de veille pour les soins infirmiers</li></ul>	
CDAPH	**Définition :** <ul><li>**Commission des Droits de l'Autonomie des Personnes Handicapées**</li><li>**Remplace la COTOREP** (COmmission Technique d'Orientation et de REclassement Professionnel) et la CDES (Commission Départementale de l'Education Spéciale)</li><li>Nouvelle instance créée par la loi du 11 février 2005 chargée des **décisions d'attribution des prestations et d'orientation**</li><li>Située **au sein de la MDPH = Maison Départementale des Personnes Handicapées**</li></ul> **Rôles :** <ul><li>Elle **évalue les besoins** du sujet handicapé</li><li>Elle **élabore un plan personnalisé de compensation** avec l'équipe d'évaluation</li><li>Elle **prend toutes les décisions concernant les aides et les prestations**</li><li>Elle est responsable des décisions pour l'ensemble des aides proposées (prestation de compensation, AEEH [ex AES], AAH, cartes d'invalidité ou de priorité, etc.)</li></ul>	

INTERVENANTS DE LA MDPH	**La MDPH est dirigée par une commission exécutive composée de :** • **Directeur,** nommé par le Président du conseil général : dirige la MDPH et met en œuvre les délibérations de la commission exécutive • **Equipe pluridisciplinaire :** évalue les besoins de compensation en fonction du projet de vie et propose un plan personnalisé de compensation • **Commission des droits et de l'autonomie des personnes handicapées :** prend les décisions relatives à l'ensemble des droits de la personne handicapée sur la base de l'évaluation réalisée par l'équipe pluridisciplinaire et du plan de compensation proposé • **Référent :** pour l'insertion professionnelle, est désigné dans chaque MDPH • **Equipe de veille de soins infirmiers :** évalue les besoins de prise en charge, met en place les dispositifs nécessaires et gère un service d'intervention d'urgence • **Fonds départemental de compensation :** est géré par la Maison départementale. Il reçoit les financements de différents contributeurs réunis dans un comité de gestion qui décide de leur emploi

3	**DROIT A LA COMPENSATION**
DROIT A LA COMPENSATION	**Définition :** • Principe posé par la nouvelle loi du 11 février 2005 • **« La personne handicapée a droit à la compensation des conséquences de son handicap quels que soient l'origine et la nature de sa déficience, son âge ou son mode de vie »** • Sa conséquence directe est la création d'un **« plan personnalisé de compensation »** **Indépendamment du droit à compensation, la loi handicap :** • **Améliore les ressources des personnes handicapées** qui perçoivent l'ancienne allocation aux adultes handicapés (AAH) • **Réaffirme et renforce les aides existantes** pour mieux répondre aux besoins des personnes handicapées et réduire les obstacles que celles-ci rencontrent dans la vie quotidienne et dans la participation à la vie sociale
PLAN PERSONNALISE DE COMPENSATION	**1ère étape = Evaluation :** • Par **l'équipe pluridisciplinaire** • Réalisée dans le cadre d'un **dialogue** avec la personne ou son représentant légal, sur la base de son projet de vie et de référentiels nationaux • Se basant sur les **besoins de compensation** de la personne handicapée • Pouvant donner lieu à une visite sur le lieu de vie de la personne, pour tenir compte de son environnement **2ème étape = Résultat = Plan personnalisé de compensation :** • **Validé par la CDAPH** • Il contient **l'ensemble des éléments** qui permettent la compensation du handicap • Il attribue la **Prestation de Compensation du Handicap (PCH)**

PRESTATION DE COMPENSATION HANDICAP (PCH)	**Conditions :** • **Sans conditions de ressources** • De **20 à 60 ans** • Sujet résidant de façon stable et régulière en **France** • Sujet ayant une **difficulté absolue** à la réalisation d'une activité essentielle de la vie quotidienne (se laver, se déplacer…) ou une difficulté grave pour au moins 2 activités • Versée en **nature ou en espèces** **5 types d'aides financées :** • Aides **humaines** (y compris des aidants familiaux) concourant aux actes essentiels de la vie quotidienne. Exemple : des auxiliaires de vie • Aides **techniques** (équipements adaptés ou conçus pour compenser une limitation d'activité). Exemples : achat d'un fauteuil roulant, d'un ordinateur à lecture optique • **Aménagement** du logement, du véhicule ou financement des surcoûts liés au transport • **Aides spécifiques ou exceptionnelles** (lorsque le besoin n'est pas financé par une autre forme d'aide) • **Aides animalières** contribuant à l'autonomie de la personne handicapée. Exemple : entretien d'un chien d'assistance ou d'un chien guide d'aveugle
PROCEDURE D'OBTENTION	1. La demande de Prestation de compensation est exprimée sur un **formulaire remis par la Maison Départementale des Personnes Handicapées (MDPH)** qui doit être rempli, signé et complété par diverses pièces justificatives, dont un **certificat médical du médecin traitant** 2. Si elle le souhaite, la personne handicapée commence par exprimer ses besoins et ses aspirations dans son **« projet de vie »**. L'équipe de la MDPH peut apporter une aide pour formuler ce projet de vie 3. **Une équipe pluridisciplinaire** est ensuite chargée d'**évaluer les besoins** de la personne et son incapacité permanente sur la base de son projet de vie et de référentiels nationaux. Cette équipe rencontre la personne handicapée et se rend sur son lieu de vie pour apprécier ses besoins 4. A la suite du dialogue avec la personne concernée, l'équipe construit un **« plan personnalisé de compensation »** qui comprend des propositions en réponse à des besoins divers. Ce plan est transmis à la personne handicapée qui dispose de 15 jours pour faire des observations 5. Le bilan de l'évaluation des besoins et le plan proposé par l'équipe d'évaluation sont présentés à la **Commission des Droits et de l'Autonomie des Personnes Handicapées (CDAPH) qui prend toutes les décisions concernant les aides et les prestations.** Les associations de personnes handicapées sont membres de cette Commission à laquelle la personne concernée peut participer ou se faire représenter 6. Le patient reçoit le plan personnalisé définitif avec attribution de la **Prestation de Compensation du Handicap (PCH)**

Evaluation clinique et fonctionnelle
d'un handicap moteur, cognitif ou sensoriel.

ITEM 49

D PRISE EN CHARGE DE L'ADULTE HANDICAPE

1	FORMATION ET EMPLOI

FORMATION PROFESSIONNELLE	**Lieux de formations :**
	• **Etablissements agréés par la Sécurité sociale,** centres de rééducation professionnelle adaptés à des travailleurs handicapés
	• Autres organismes de formation professionnelle
	Différents types :
	• Les **centres de rééducation professionnelle :**
	  – Ils préparent aux métiers du secteur agricole, industriel ou commercial
	  – Durée d'1 à 3 années
	  – Pour les stages agréés, les stagiaires en formation sont rémunérés
	• Le **contrat de rééducation chez l'employeur :**
	  – But = l'enseignement d'un métier ou le réentraînement à l'exercice de l'ancienne profession
	  – Un contrat de travail à durée indéterminée est conclu entre l'organisme de prise en charge, le salarié et l'employeur
	• **L'apprentissage :**
	  – Formation théorique et pratique donnée à des jeunes handicapés de 16 à 26 ans, sanctionnée par un diplôme de l'enseignement technique. Il y a contrat de travail et rémunération par l'employeur

RECONNAISSANCE EN TANT QUE TRAVAILLEUR HANDICAPE	**La CDAPH :**
	• Reconnaît, s'il y a lieu, la qualité de travailleur handicapé
	• **NE CLASSE PLUS EN CATEGORIES A, B, C DEPUIS LA LOI DE 2005**
	• Elle oriente :
	  – Vers une formation
	  – Vers un établissement de travail protégé
	  – Vers un emploi en milieu ordinaire de travail
	Cette reconnaissance d'aptitude au travail est obligatoire pour bénéficier des mesures d'aides à l'insertion professionnelle des personnes handicapées. En revanche, la reconnaissance de travailleur handicapé n'a pas d'incidence sur l'attribution des allocations et sur la carte d'invalidité

MILIEU DE TRAVAIL	<u>**Emploi en milieu ordinaire :**</u>
	• La CDAPH peut proposer une orientation en milieu ordinaire de travail
	• En revanche, elle ne propose pas d'emploi :
	  – En entreprise :
	    ▪ Le placement relève de la compétence de **l'ANPE**
	    ▪ Pour la recherche d'emploi, la **CDAPH** peut proposer l'aide d'une Equipe de Préparation et de Suite du Reclassement (EPSR)
	    ▪ Diverses dispositions favorisent l'emploi des personnes handicapées : aménagement de poste, aides de l'Etat et de l'AGEFIPH et abattements de salaires compensés
	    ▪ En application de la loi du 10/07/1987, tout employeur occupant au moins 20 salariés est tenu d'employer 6% de personnes handicapées, la loi prévoyant toutefois d'autres possibilités de s'acquitter partiellement de cette obligation d'emploi. La loi de 2005 re-confirme ce pourcentage
	    ▪ Etre reconnu travailleur handicapé par la **CDAPH** permet de faire partie des bénéficiaires de cette loi
	  – Dans la Fonction Publique d'Etat, dans la Fonction Publique Territoriale, dans la Fonction Publique Hospitalière
	    ▪ L'accès à la Fonction Publique se fait en principe par concours ou par examen

MILIEU DE TRAVAIL	**Entreprises adaptées EA :**
	• **MODIFICATIONS LOI 2005 (+ circulaire du 07/03/06) :**
	   – **Les anciens Ateliers Protégés (AP) deviennent des entreprises adaptées**
	   – **Les anciens Centres de Distribution de Travail à Domicile (CDTD) deviennent des entreprises adaptées fonctionnant à domicile**
	   – **Ces établissements** sortent du milieu protégé
	• Ce sont des entreprises employant au moins 80% des travailleurs handicapés qui peuvent exercer une activité professionnelle dans des conditions adaptées à leurs possibilités
	• Ces entreprises doivent favoriser l'insertion et la formation professionnelle en tenant compte du handicap du travailleur
	• Certaines EA offrent en sus la possibilité de travailler à domicile, cela représentant les ex CDTD
	• Le salaire versé par l'employeur doit être au moins égal à 100% du SMIC
	Les Etablissements ou Service d'AIDE par le Travail (ESAT) :
	• **REMPLACENT LES ANCIENS CENTRES D'AIDE POUR LE TRAVAIL (= CAT), SUPPRIMES DEPUIS 2005**
	• Etablissements médicosociaux proposant aux personnes handicapées une activité productive, directement en leur sein ou dans le cadre de détachement en milieu ordinaire
	• Ils offrent les soutiens sociaux, éducatifs, médicaux et psychologiques qui conditionnent cet exercice. Après une période d'essai, la personne handicapée bénéficie de la garantie de ressources (salaire direct versé par l'établissement d'aide pour le travail comprise entre 55% et 110% du Smic, auquel est ajouté un complément de rémunération versé par l'Etat)

2	HEBERGEMENT
FOYERS D'HEBERGEMENT	• Pour travailleurs handicapés exerçant une activité • En CAT • En atelier protégé • En milieu ordinaire
FOYERS DE VIE OU OCCUPATIONNELS	• Pour les personnes handicapées • N'étant pas en mesure d'exercer une activité professionnelle • Mais bénéficiant d'un minimum d'autonomie pour accomplir les actes simples de la vie quotidienne
MAISONS D'ACCUEIL SPECIALISEES	• MAS • Temporaire ou de longue durée • En internat • Pour personnes handicapées âgées de moins de 60 ans • Dont l'état nécessite une surveillance médicale et des soins constants
FOYERS D'ACCUEIL MEDICALISES	• FAM • Même contexte que les MAS, mais pour une population un peu moins dépendante
UNITE POUR LES PERSONNES HANDICAPES VIEILLISSANTES	• UPV • Redéploiements dans les maisons de retraite de lits vers des unités de ce type
DOMICILE	• Avec SSIAD : services de soins à domicile

3	AIDES FINANCIERES ET SOCIALES
ALLOCATION AUX ADULTES HANDICAPES (AAH)	• Elle est attribuée aux personnes dont le taux d'incapacité est au moins égal à 80% ou aux personnes dont le taux d'incapacité est inférieur à ce taux et au moins égal à 50% et qui sont, compte tenu de leur handicap, dans l'impossibilité reconnue par la CDAPH de se procurer un emploi • La CDAPH apprécie cette incapacité sur la base d'un guide barème pour l'évaluation des déficiences et incapacités des personnes handicapées • En plus des conditions médicales, son attribution est soumise à des conditions administratives examinées par les CAF ou les CMSA, à savoir : âge, nationalité, résidence et ressources

MAJORATION POUR VIE AUTONOME OU COMPLEMENT DE RESSOURCES	• **REMPLACE LE COMPLEMENT D'AAH DEPUIS 2005**
	• Ne sont pas cumulables
	• Se distinguent par certains critères :
	  – **Majoration pour vie autonome** = destinée aux personnes handicapées qui peuvent travailler, mais ne travaillent pas. Elle a pour objectif de favoriser la vie autonome en allégeant les charges d'un logement indépendant
	  – **Complément de ressources** = s'adresse aux personnes handicapées qui se trouvent dans l'incapacité quasi absolue de travailler. Ce complément majore leur AAH à taux plein pour constituer la Garantie des Ressources aux Personnes Handicapées (GRPH). Celle-ci vise à permettre une vie aussi autonome que possible aux personnes handicapées durablement privées de revenu d'activité

AIDE AU LOGEMENT	• **Allocation au Logement à caractère Social (ALS), Allocation de Logement à caractère Familial (ALF) ou Aide Personnalisée au Logement (APL)** • **Demande à formuler auprès de la caisse d'allocations familiales**
PRESTATION DE COMPENSATION DU HANDICAP (PCH)	**Conditions :** • **REMPLACE L'ALLOCATION COMPENSATRICE POUR TIERCE PERSONNE DEPUIS 2005** • **Sans conditions de ressources** • De **20 à 60 ans** • Sujet ayant une **difficulté absolue** à la réalisation d'une activité essentielle de la vie quotidienne ou une difficulté grave pour au moins 2 activités • Versée en **nature ou en espèces** **Types d'aides financées :** • Aides humaines • Aides techniques, aménagement du logement et du transport • **Aides spécifiques ou exceptionnelles** • **Aides animalières,** contribuant à l'autonomie
AFFILIATION A L'ASSURANCE VIEILLESSE POUR LES NON AFFILIES A UN AUTRE TITRE	• Elle peut être demandée par les personnes qui assurent au foyer familial la charge d'un adulte handicapé dont l'incapacité est au moins égale à 80% et dont le maintien au foyer est reconnu souhaitable par la CDAPH • Elle est soumise à un plafond de ressources

4	CARTES

CARTE D'INVALIDITE	• **Taux d'invalidité supérieur ou égal à 80%**
	• Elle est délivrée sur commande par le préfet ; durée déterminée par la CDAPH ; personnes qui résident en France. La CDAPH évalue le taux d'incapacité de la personne handicapée sur la base d'un barème. Elle procure des avantages fiscaux ainsi que des avantages dans les transports en commun
	• **La loi du 11 février 2005 a simplifié les procédures d'attribution de la carte d'invalidité. Ainsi, à partir de janvier 2006, il n'y a plus que 3 sortes de Cartes d'invalidité :**
	   – **Sans mention**
	   – **Avec mention : « besoin d'accompagnement »**
	   – Avec mention : « cécité »

CARTE DE PRIORITE POUR PERSONNE HANDICAPEE	• **Taux d'invalidité inférieur à 80%** • **Remplace la carte station debout pénible** • Personne ne pouvant maintenir la station debout prolongée
CARTE EUROPEENNE DE STATIONNEMENT	• Elle permet à son titulaire ou à son accompagnateur d'utiliser les places réservées à l'attention exclusive des véhicules des personnes handicapées • Peuvent y prétendre les personnes handicapées titulaires de la carte d'invalidité et qui présentent un handicap physique, sensoriel ou mental qui réduit de façon importante l'autonomie de déplacement ou qui impose d'être accompagné par une tierce personne lors des déplacements • Elle est délivrée pour la même durée que la carte d'invalidité
CARTE MACARON GRAND INVALIDE CIVIL (GIC)	• **Remplacée par la carte européenne de stationnement AVANT la loi de 2005** • Elle n'est plus délirée, mais existe encore jusqu'à 2011 pour la fin d'expiration des macarons déjà délivrés

5	AIDES MEDICOSOCIALES

AIDES HUMAINES	• **Infirmière à domicile**
	• **Aide-soignante à domicile**
	• **Tierce personne (assistant dans la vie privée) :**
	   – **Famille**
	   – **Auxiliaire de vie (associations)**
	   – **Aides ménagères (courses, entretien)**

SERVICES D'ACCOMPAGNEMENT MEDICOSOCIAUX	• **HAD : hospitalisation à domicile**
	• **SSIAD : Service de Soins Infirmiers A Domicile (décret 2004) :**
	   – Actes infirmiers pour les sujets âgés dépendants ou les adultes handicapés (de moins de 60 ans)
	• **SAVS : Service d'Aide à la Vie Sociale :**
	   – Accompagnement social
	• **SAMSAH : Service d'Accompagnement MédicoSocial pour Adultes Handicapés) :**
	   – Accompagnement social, médical et paramédical
	• **SPASAD : Service Polyvalent d'Aide et de Soins A Domicile**

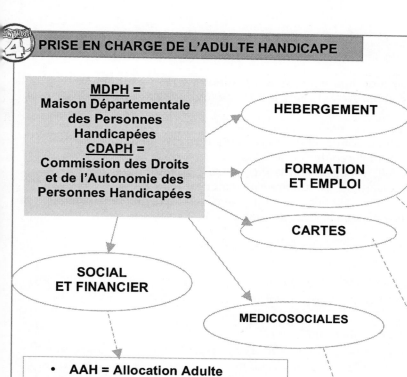

PRISE EN CHARGE DE L'ADULTE HANDICAPE

MDPH =
Maison Départementale
des Personnes
Handicapées
CDAPH =
Commission des Droits
et de l'Autonomie des
Personnes Handicapées

HEBERGEMENT

**FORMATION
ET EMPLOI**

CARTES

**SOCIAL
ET FINANCIER**

MEDICOSOCIALES

- Foyer d'hébergement
- Foyer de vie ou occupationnel
- MAS : Maison d'Accueil Spécialisée
- FAM : Foyers d'Accueil Médicalisés
- UPV : Unité pour les Personnes handicapées Vieillissantes
- Domicile (avec SSIAD)

- Formation professionnelle
- Emploi :
  - EA = Entreprise adaptée
  - ESAT = Etablissements ou Services d'Aide pour le Travail
  - Emploi en milieu ordinaire de travail

- Carte d'invalidité (si CDAPH ≥ 80%)
- Carte de priorité pour personne handicapée (si CDAPH < 80%)
- Carte européenne de stationnement

- **AAH = Allocation Adulte Handicapé**
- **Majoration pour vie autonome OU Complément de ressources**
- **PCH = Prestation de Compensation Handicap**
- **Aide au logement :**
  - ALS = aide au logement à caractère social
  - APL = aide personnalisée au logement
  - ALF = allocation logement à caractère familial
- **Affectation à l'assurance vieillesse systématique =** passage direct à la « retraite au titre d'inaptitude »

- **Aides humaines**
- **Services d'accompagnement médicosociaux :**
  - HAD : Hospitalisation A Domicile
  - SSIAD : Service de Soins Infirmiers A Domicile (décret 2004)
  - SAVS : Service d'Aide à la Vie Sociale :
  - SAMSAH : Service d'Accompagnement MédicoSocial pour Adultes Handicapés)
  - SPASAD : Service Polyvalent d'Aide et de Soins A Domicile

E INVALIDITE

OBJECTIF	• **Apporter une aide financière aux travailleurs âgés de moins de 60 ans qui ont perdu au moins les 2/3 de leur capacité de travail**
DEFINITION	• « **Incapacité** acquise par un **assuré social** • **Par suite d'un accident ou d'une maladie non professionnelle** ou d'une usure prématurée de l'organisme • Et qui, de ce fait, n'est **pas en mesure de se procurer**, dans une profession quelconque, **un salaire supérieur au tiers de la rémunération normale** perçue par un travailleur de la même catégorie professionnelle à laquelle il appartenait »

CONDITIONS D'ACCES	• La perte de la capacité de travail ou de gain doit être due :
	  – A une maladie
	  – A un accident non professionnel
	  – A une usure prématurée de l'organisme
	• Le travailleur doit :
	  – Etre **âgé de moins de 60 ans**
	  – Etre **immatriculé depuis 12 mois** au premier jour du mois au cours duquel débute l'affection invalidante
	  – Justifier d'un **minimum d'heures de travail**

FONCTIONNEMENT	• L'état d'invalidité est apprécié en tenant compte de la « **capacité de travail restante** », de l'état général, de l'âge et des facultés physiques et mentales de l'assuré, ainsi que de ses aptitudes et de sa formation professionnelle (art. L341.3 du code de la séc. soc.)
	• L'état d'invalidité intervient :
	  – **En relais de l'assurance maladie (en général au bout de 3 ans de versements d'indemnités journalières [notion de prestations en espèces])**
	  – Lors de la constatation médicale d'une « usure prématurée de l'organisme »
	• La demande est faite :
	  – Soit par la **caisse d'assurance maladie**
	  – Soit par le salarié (avec appui du médecin traitant ou de l'ophtalmologiste traitant)
	• L'évaluation de l'importance de l'invalidité est de la responsabilité du médecin-conseil de l'organisme d'assurance maladie. Le classement se fait en 3 catégories :
	  – **Catégorie 1 :** l'invalide est **capable** d'exercer une activité rémunérée au tiers de ses capacités antérieures*
	  – **Catégorie 2 :** l'invalide est (+/- absolument) **incapable d'exercer une activité professionnelle** quelconque
	  – Catégorie 3 : l'invalide est absolument incapable d'exercer une activité professionnelle quelconque et, en outre, **dans l'obligation d'avoir recours à l'assistance d'une tierce personne pour effectuer les actes ordinaires de la vie**

LE ROLE DU MEDECIN DU TRAVAIL	• **Attention à bien différencier la notion d'invalidité reconnue par l'organisme d'assurance maladie et l'aptitude à un poste de travail formulée par le médecin du travail** • Il détermine l'aptitude au poste lors de la reprise du travail à temps partiel du salarié en invalidité 1ère catégorie, ou sous certaines conditions du salarié classé en 2ème catégorie

ASPECT FINANCIER	• **Le montant de la pension est calculé :**
	  – Sur la **base d'une rémunération moyenne** qui prend en compte les 10 meilleures années de salaire du patient
	  – **En fonction du groupe d'invalidité** dans lequel le patient se trouve. **Selon qu'il puisse continuer ou non à exercer une activité professionnelle** et qu'il ait besoin ou non d'une tierce personne pour accomplir les actes de la vie courante
	• **Montant en fonction du groupe d'invalidité :**
	  – Montant de la pension **1**^{ère} catégorie : correspond à **30% du salaire** annuel moyen des 10 meilleures années du patient qui peut continuer à exercer une activité professionnelle
	  – Montant de la pension **2**^{ème} catégorie : à **50% du salaire** annuel moyen des 10 meilleures années du patient. L'attribution de cette pension ne lui permet plus de travailler
	  – Montant de la pension **3**^{ème} catégorie : correspond à **50% de son salaire** moyen annuel des 10 meilleures années. **Le minimum mensuel étant plus élevé que dans la 2**^{ème} **catégorie**
	• **Le versement :**
	  – Le versement est **mensuel jusqu'à l'âge de 60 ans.** Il est effectué à **terme** échu
	  – **Après 60 ans,** la pension est **supprimée** et **transformée en pension de vieillesse**
	Selon l'évolution de l'état de santé du patient, la pension peut faire l'objet d'une révision, d'une suspension voire d'une suppression

REMARQUES	• **La « pension d'invalidité »,** évaluée par le médecin-conseil de l'organisme d'assurance maladie, est le plus souvent attribuée en relais des prestations en espèces, à l'expiration de la période indemnisable • **L'invalidité n'est jamais définitive** et le classement peut être révisé en fonction de l'évolution de l'état de santé et de la possibilité de reprendre une activité professionnelle, à la demande de l'assuré ou à l'initiative de l'organisme de couverture sociale • **En cas de reprise** d'activité **salariée,** la pension du patient peut être suspendue si, après 6 mois d'activité, le cumul de sa pension et de son salaire dépasse le salaire qu'il percevait avant son arrêt de travail suivi d'invalidité En cas de reprise d'activité professionnelle non salariée, la pension d'invalidité du patient peut être suspendue si, après 6 mois d'activité, le cumul de sa pension et de sa rémunération dépasse un plafond de ressources

Conférences de consensus – Recommandations

Année	Source	Titre
1980	OMS	CIDIH = Classification Internationale des Déficiences, Incapacités et Handicaps
2001	OMS	CIF = Classification Internationale du Fonctionnement, du handicap et de la santé
2005	Code de la santé	Loi du 11 février 2005
2012	Code de la sécurité sociale	Lois et mise à jour

Sujets tombés à l'ECN

Année	Contenu
2004	Troubles cognitifs, syndrome de Korsakoff chez un alcoolique chronique Prise en charge médicale et sociale au long cours Demande d'invalidité
2005	Gonarthrose Evaluation des déficiences, incapacités, handicaps Utilisation d'échelles génériques et spécifiques
2007	Glaucome chronique à angle ouvert/BAV progressive/Précarité Retentissement socioprofessionnel Mesures de prise en charge du handicap, réinsertion professionnelle

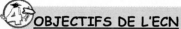

OBJECTIFS DE L'ECN

- Expliquer les principales complications de l'immobilité et du décubitus
- Argumenter l'attitude thérapeutique et planifier le suivi du patient

MOTS CLES

Modèle de bouchon : vieillissement physiologique, pathologie chronique, facteurs précipitants
Complications de décubitus :
- Cutanées : escarres
- Cardiovasculaires : hypotension orthostatique, décompensation cardiaque, thromboses veineuses
- Pulmonaires : syndrome d'inhalation, pneumopathies infectieuses, embolie pulmonaire
- Digestives : RGO, fausses routes
- Locomotrices et neurologiques : rétractions musculo-tendineuses, ostéoporose
- Métaboliques : dénutrition, déshydratation
- Urinaires : rétention urinaire
- Psychologiques : dépression, syndrome de glissement

Mesures préventives : limiter la durée de l'hospitalisation, mise au fauteuil, reprise précoce de la marche, bas de contention, HBPM, kinésithérapie, laxatifs, nutrition hypercalorique et hyperprotidique, psychothérapie de soutien

Pour mieux comprendre

- L'immobilisation et le décubitus prolongé entraînent de nombreuses complications
- Celles-ci touchent l'ensemble des organes et augmentent la morbidité
- L'identification des personnes à risque, la gradation du risque, la surveillance quotidienne jouent un rôle majeur dans la prévention de leur survenue

- **Plan du chapitre :**
  - A. Immobilité et décubitus :
    - 1- Etiologies
    - 2- Liste des complications
    - 3- Mesures générales de prévention
  - B. Complications détaillées (hors escarres) :
    - 1- Cardiovasculaires
    - 2- Pulmonaires
    - 3- Digestives
    - 4- Locomotrices et neurologiques
    - 5- Métaboliques
    - 6- Urinaires
    - 7- Psychologiques
  - C. Les escarres :
    - 1- Généralités
    - 2- Facteurs de risque
    - 3- Clinique
    - 4- Complications
    - 5- Traitement préventif
    - 6- Traitement curatif

A IMMOBILITE ET DECUBITUS

1		ETIOLOGIES
ETIOLOGIES	**SUJETS JEUNES**	• **Pathologies chroniques invalidantes** (Il n'est pas inclus dans cette définition : les stades sévères et terminaux des patients jeunes, où un facteur précipitant peut aggraver la pathologie initiale et favoriser un décubitus prolongé)

	SUJETS AGES	• Pathologies **chroniques invalidantes**
		• **Facteurs précipitants :**
		  – Acte **iatrogénique**
		  – **Pathologie aiguë**

PATHOLOGIES CHRONIQUES		• **Orthopédiques :**
		  – Chirurgies sans reprise précoce de l'appui
		  – Fractures : bassin ou col fémoral non opéré
		• **Rhumatologiques** (stade évolué)
		• **Neurologiques :**
		  – Trouble de la conscience, coma
		  – Handicap : AVC, maladies neuro-dégénératives
		• **Cardiaques** (insuffisance cardiaque…)
		• **Pulmonaires** (insuffisance respiratoire…)
		• **Cancéreuses** (stade évolué)
		• **Métaboliques :**
		  – Décompensation d'un diabète
		  – Décompensation d'une insuffisance surrénale
		• **Psychiatriques :**
		  – Stade évolué de délires ou de dépression
		  – Contention forcée
		• **Sensorielles** (cécité…)
		• **Gériatriques** (syndrome post-chute…)

FACTEURS PRECIPITANTS	**ACTE IATROGENIQUE**	• **Médicamenteux** par leurs effets secondaires : agranulocytose, syndrome de Lyell, psychotropes en gériatrie • **Technique par leur côté immobilisant :** sonde urinaire, sonde gastrique, perfusion, chirurgie

	PATHOLOGIE AIGUE	• **Décompensation :**
		  – Cardiaque
		  – Pulmonaire
		  – Psychiatrique
		• **Infections**
		• Troubles **hydro-électrolytiques**
		• Chute en gériatrie
		• …

2	LISTE DES COMPLICATIONS
CUTANEES	• **Escarre**
CARDIOVASCULAIRES	• Hypotension orthostatique • **Décompensation cardiaque** • **Thromboses veineuses** • Œdème
PULMONAIRES	• Trouble de **ventilation** au niveau des bases pulmonaires, atélectasies • **Syndrome d'inhalation** • Pneumopathies infectieuses • **Embolie pulmonaire**
DIGESTIVES	• **RGO** • **Fausses routes** alimentaires • Constipation
LOCOMOTRICES ET NEUROLOGIQUES	• Compressions nerveuses • **Rétractions musculo-tendineuses** • Ostéoporose
METABOLIQUES	• **Dénutrition** • **Déshydratation**
URINAIRES	• **Rétention urinaire** • Infections urinaires • Lithiases urinaires • Incontinence
PSYCHOLOGIQUES	• **Dépression** • **Syndrome de glissement**

3	MESURES GENERALES DE PREVENTION

PRISE EN CHARGE GLOBALE	• **Immobilisation réduite au minimum :** ne pas favoriser le maintien au lit
	• **Mesures de prévention des escarres (cf. ci-après)**
	• **Prévention du risque cardiovasculaire :** lever précoce, marche et bas de contention
	• **Prévention du risque bronchopulmonaire et thrombo-embolique :**
	  – **Bronchopulmonaire :** dépistage des facteurs de risque de fausses routes et mesures associées à la nutrition par sonde naso-gastrique
	  – **Thrombo-embolique :** mobilisation active des membres inférieurs, kinésithérapie, contention veineuse élastique adaptée, chez les patients de plus de 70 ans : thrombo-prophylaxie systématique par héparine de bas poids moléculaire en cas d'hospitalisation, indications de l'héparinothérapie au cas par cas si < 70 ans
	• **Prévention du risque digestif :** alimentation riche en fibres, conduite systématique du patient aux toilettes à heure fixe, si échec de ces mesures, laxatifs osmotiques (lactulose) ou lubrifiants
	• **Prévention du risque locomoteur et neurologique :** mobilisation précoce de toutes les articulations, si nécessaire avec l'aide d'un kinésithérapeute, exercices musculaires de lutte contre l'amyotrophie, verticalisation et reprise de la marche dès que possible
	• **Prévention du risque métabolique :** hydratation 1,5 à 2 litres par jour et nutrition
	• **Prévention du risque urinaire :** hydratation 1,5 à 2 litres par jour, suppression de la mise en place de couches à titre préventif
	• **Prévention du risque psychologique :** présence et soutien de l'entourage, écoute, relation médecin/malade empathique

PRISE EN CHARGE SPECIFIQUE	• Prise en charge spécifique de chaque complication (cf. ci-après)

B **COMPLICATIONS DETAILLEES (hors escarres)**

1	CARDIOVASCULAIRES

COMPLICATIONS	• **Hypotension orthostatique :**
	  – **Chute de la pression artérielle de plus de 20 mmHg de systolique et/ou de plus de 10 mmHg de diastolique dans les 3 premières minutes d'orthostatisme**
	  – Elle est mesurée, après 5 minutes de décubitus, par une mesure de la pression artérielle couchée puis une mesure par minute de la pression artérielle debout pendant au moins 3 minutes
	  – Elle est aggravée par l'hypovolémie, les médicaments hypotenseurs, l'insuffisance veineuse chronique, l'existence d'une dysautonomie
	• **Décompensation cardiaque**
	• **Thromboses veineuses**
	• **Œdème**

PHYSIOPATHOLOGIE	**Hypotension orthostatique :**
	• Le travail cardiaque est **augmenté (FC et FEVG)** par le décubitus prolongé
	• Les **barorécepteurs et osmorécepteurs** chez les sujets âgés ont une **sensibilité diminuée**
	• D'où l'hypotension orthostatique
	Décompensation cardiaque :
	• Le patient présente une **pathologie cardiaque chronique équilibrée**
	• Le travail cardiaque est **augmenté (FC et FEVG)** par le décubitus prolongé (**+/- déshydratation** du patient)
	• D'où décompensation cardiaque
	Thromboses veineuses et œdèmes :
	• **Stase veineuse par le décubitus**
	• **Pas de prévention** thrombo-embolique par HBPM
	• **Antécédents** du patient :
	  – Facteurs d'**hypercoagulabilité :** trouble de la coagulation, néoplasie, infection, déshydratation, syndrome inflammatoire…
	  – Facteurs de **stase veineuse :** maladie veineuse thrombo-embolique, varices, obésité, insuffisance respiratoire et cardiaque, syndrome néphrotique…

PREVENTION	**Hypotension orthostatique et décompensation cardiaque :**
	• **Lever** le plus précocement
	• **Marche** pour le training cardiovasculaire par prescription de kiné
	• Réévaluer l'équilibre d'une pathologie cardiaque sous-jacente
	Thromboses veineuses :
	• **Lever** précoce et marche
	• **Bas de contention**
	• **Prévention par héparine de bas poids moléculaire :**
	  – En l'absence de contre-indication : insuffisance rénale sévère avérée, anticoagulants…
	  – Avec surveillance de la NFS, plaquettes pour dépister une éventuelle gravissime thrombopénie immuno-allergique à l'héparine
	  – Chez les patients de plus de 70 ans : thrombo-prophylaxie systématique par héparine de bas poids moléculaire en cas d'hospitalisation, indications de l'héparinothérapie au cas par cas si < 70 ans

2	PULMONAIRES
COMPLICATIONS	• **Trouble de ventilation au niveau des bases pulmonaires, atélectasies** • **Syndrome d'inhalation** • **Pneumopathies infectieuses** • **Embolie pulmonaire**

KB

**Complications de l'immobilité et du décubitus.
Prévention et prise en charge.**

PHYSIOPATHOLOGIE	**Trouble de ventilation des bases pulmonaires, atélectasies :** • Le décubitus **limite l'amplitude respiratoire** • Ce qui **limite le flux respiratoire** dans l'ensemble du parenchyme pulmonaire • Ce qui crée des troubles de la ventilation et des atélectasies **Syndrome d'inhalation :** • Le décubitus, non physiologique, **modifie le fonctionnement des voies aéro-digestives supérieures** pour des raisons anatomiques • Par ailleurs, le **RGO est augmenté** • Ce qui favorise les **fausses routes** d'où le syndrome d'inhalation **Embolie pulmonaire :** • Le décubitus favorise les **thrombophlébites** • La migration de l'embole se fait au niveau pulmonaire • D'où l'embolie pulmonaire
PREVENTION	**Trouble de ventilation des bases pulmonaires, atélectasies :** • **Lever** précoce et marche • **Kiné** respiratoire • **Hydratation,** voire fluidifiants bronchiques **Syndrome d'inhalation :** • Repas assis • Eau gélifiée et produits adaptés • Rééducation **Pneumopathies infectieuses :** • Prévention des troubles de la ventilation et du syndrome d'inhalation (cf.) • Soins de bouche, hygiène dentaire et lutte contre l'hyposialie • Vaccination anti-grippale annuelle et antipneumococcique tous les 5 ans **Embolie pulmonaire :** cf. prévention thrombo-embolique

3	DIGESTIVES
COMPLICATIONS	• **RGO** • **Fausses routes alimentaires** • **Constipation**
PHYSIOPATHOLOGIE	**RGO :** • Le décubitus modifie la physiologie du diaphragme et de l'œsophage • De plus, la force gravitationnelle ne s'exerce plus dans le même sens • Ce qui favorise le RGO **Fausses routes alimentaires :** • Le décubitus, non physiologique, modifie le fonctionnement des voies aéro-digestives supérieures pour des raisons anatomiques • Par ailleurs, le RGO est augmenté, ce qui favorise les fausses routes **Constipation :** • La force gravitationnelle ne s'exerce plus dans le même sens • De plus, le tonus musculaire de la sangle abdomino-pelvienne est altéré • Enfin, il est souvent associé une déshydratation fréquente • Ce qui favorise la constipation
PREVENTION	**Fausses routes alimentaires :** • **Repas assis** • **Eau gélifiée** et produits adaptés • **Rééducation** **Constipation :** • **Ecoute** des patients • **Lever précoce, marche** (musculature abdominale) • **Hydratation** • Régime **riche en fibres** • **Laxatifs osmotiques** • Surveillance des selles

4		LOCOMOTRICES ET NEUROLOGIQUES
COMPLICATIONS		• **Compressions nerveuses** • **Rétractions musculo-tendineuses** • **Ostéoporose**
PHYSIOPATHOLOGIE		**Compressions nerveuses :** • Le décubitus entraîne une compression entre les structures osseuses et le plan dur • Ce qui peut entraîner des compressions nerveuses **Rétractions musculo-tendineuses :** • Diminution de l'utilisation de l'appareil musculo-squelettique • Ankylose articulaire • D'où les rétractions musculo-tendineuses **Ostéoporose :** • La non-activité, l'âge, le sexe et la dénutrition sont des facteurs d'ostéoporose

PREVENTION		**Compressions nerveuses :**
		• Limiter le décubitus
		• **Lever** précoce et marche
		• **Kiné**
		• **Eviter les plans durs**
		Rétractions musculo-tendineuses :
		• **Lever** précoce et marche
		• **Kiné :**
		  – Apprentissage au patient, au soignant et à la famille (positionnement)
		  – Passive : mobilisation articulaire douce
		  – Active : contractions volontaires isométriques
		• Traitement : **myorelaxant, antalgique**
		Ostéoporose :
		• **Lever** précoce et **marche**
		• **Produits lactés**
		• Vitamine **D** et **calcium**
		• Traitement hormonal substitutif

5		METABOLIQUES
COMPLICATIONS		• **Dénutrition** • **Déshydratation**

PHYSIOPATHOLOGIE		**Dénutrition :**
		• **Diminution des apports :**
		  – Par accès limité lié au décubitus
		  – Par les troubles de la déglutition liés à la position non physiologique
		  – Par les types d'apports hospitaliers non adaptés au goût des patients
		  – Par dépression, syndrome de glissement
		• **Catabolisme accru** par l'étiologie du décubitus, par le décubitus lui-même (cardiaque +++) et par ses conséquences
		• Fonte musculaire associée par **diminution de l'utilisation** de l'appareil musculo-squelettique
		Déshydratation :
		• **Diminution des apports** :
		  – Par accès limité lié au décubitus
		  – Par diminution de la sensation de soif
		  – Par les troubles de la déglutition liés à la position non physiologique
		  – Par les types d'apports hospitaliers non adaptés au goût des patients
		  – Par dépression, syndrome de glissement
		• **Augmentation des pertes :**
		  – Transpiration excessive
		  – Diurétiques

PREVENTION	**Dénutrition :**
	• **Repas régulier** avec **menu adapté**
	• Régime **riche en protéines**
	• Prise en charge par un **diététicien**
	Déshydratation :
	• **Prévenir la limitation de l'accès à l'eau** par la présence d'une carafe pleine et accessible au patient
	• **Stimuler la prise de boisson** en sachant que la soif diminue avec l'âge
	• Penser aux **eaux gélifiées,** d'autant plus qu'il existe des troubles de la déglutition
	• Penser aux eaux à forte concentration en électrolytes (Vichy…)
	• Recourir à la **réhydratation sous-cutanée ou intraveineuse dans les cas extrêmes**
	• Surveillance du patient :
	   – Clinique : bilan des entrées et des sorties
	   – Paraclinique : ionogramme sanguin

6	URINAIRES
COMPLICATIONS	• **Rétention urinaire** • **Infections urinaires** • **Lithiases urinaires** • **Incontinence**
PHYSIOPATHOLOGIE	**Rétention urinaire :** • Le décubitus, non physiologique, entraîne une baisse de l'efficacité d'une miction classique et une stase urinaire • Ce qui favorise le résidu post-mictionnel • D'où la rétention urinaire **Infections urinaires :** • La rétention urinaire et la déshydratation favorisent les infections urinaires **Lithiases urinaires :** • La rétention urinaire et la déshydratation favorisent les lithiases urinaires **Incontinence :** • Le décubitus, le syndrome de glissement, le sondage abusif ou les couches abusives favorisent l'incontinence
PREVENTION	• **Limiter le décubitus** • **Uriner en position verticale** • **Eviter les couches et le sondage abusif** • **Toilette régulière** • **Boissons abondantes, mictions régulières**

7	PSYCHOLOGIQUES
COMPLICATIONS	• **Dépression** • **Syndrome de glissement**
PHYSIOPATHOLOGIE	**Dépression :** • Etat pathologique du patient et ses complications • Isolement social par le décubitus • Perte d'autonomie et de dépendance **Syndrome de glissement :** • **Cf. Gériatrie**

C LES ESCARRES (RECOMMANDATIONS ANAES)

1	GENERALITES

DEFINITION	• **Ulcération :**
	  – **Profonde**
	  – **Indolore**
	  – D'évolution **chronique**
	• **Secondaire à une nécrose ischémique** des tissus
	• **Liée à une compression des tissus mous entre :**
	  – **Les saillies osseuses internes**
	  – **Et le plan dur du support sur lequel repose le sujet**

EPIDEMIOLOGIE	• Prévalence :
	  – 10 à 20% des patients hospitalisés en gériatrie
	  – 300.000 escarres pour l'ensemble de la population française
	• Conséquences :
	  – **Facteur de surmortalité ++**
	  – **Prolonge la durée d'hospitalisation**

PHYSIOPATHOLOGIE	• Cf. ci-dessous

	PRESSION	CISAILLEMENT	FRICTION	MACERATION
POSITION	**Statique** Décubitus ou assis	**Statique** Assis ou semi-assis instable	**Dynamique**	**Statique** **Dynamique**
FORCE	**Mécanique** **Pression perpendiculaire**	**Mécanique** **Pression oblique** Pression parallèle	**Mécanique** **Parallèle** entre les 2 surfaces	**Chimique**
MECANISME	Les artères perforantes musculo-aponévrotiques assurent la vascularisation cutanée par un gradient artério-veineux de 33 mmhg Si la pression exercée au niveau des zones d'appui est supérieure au gradient artério-veineux Arrêt de la vascularisation cutanée	**Glissement** du tissu adipeux sur les fascias	**Abrasion**	**Macération**
LESION	**Nécrose ischémique**	Atteinte de la vascularisation par **étirement et cisaillement des vaisseaux**	**Lésion directe de la barrière cutanée**	Altération de la barrière cutanée **Favorise la pullulation microbienne**

2	FACTEURS DE RISQUE
ETIOLOGIES	• **Décubitus prolongé (cf. causes en début de chapitre)**

FACTEURS DE RISQUE	**Causes de l'immobilité :**
	• **Troubles de la conscience ou troubles moteurs** limitant les changements de position spontanés
	• **Neuropathie chronique sensitive périphérique** (diabète, alcoolisme) ou centrale (AVC, lésions médullaires) limitant la sensation de douleur
	• Maladies **cardiovasculaires** engendrant des situations de bas débit avec défaut de vascularisation tissulaire
	• **Anémie** ou **insuffisance respiratoire** limitant l'apport en oxygène au tissu
	• Pathologies chroniques graves en phase terminale
	Etat du patient :
	• **L'âge**
	• La **dénutrition**
	• La **déshydratation**
	• L'état cutané :
	  – Etat initial
	  – Antécédents d'escarres
	  – Carence vitaminique
	  – Corticothérapie
	  – Soins inappropriés
	• L'état **psychologique**, l'adynamie, le manque de motivation à participer aux soins
	• **L'incontinence urinaire** favorisant la macération

IDENTIFICATION D'UN PATIENT A RISQUE	**Recommandation ANAES : nécessité d'utiliser conjointement 2 méthodes :**
	• Echelles de risque validées :
	  – Braden, recommandée par l'ANAES
	  – Norton, utilisée fréquemment
	  – Waterloo
	• Jugement clinique
	Avantage des échelles de risque :
	• Critères fixes favorisant les transmissions
	• Permettent une réévaluation objective
	Fonctionnement des échelles de risque :
	• Plus le score baisse, plus le patient est à risque
	• Le patient est à risque et nécessite des mesures préventives à partir d'un certain score :
	  – Braden < 15
	  – Norton < 14

ECHELLE DE BRADEN				
ITEMS	**1**	**2**	**3**	**4**
PERCEPTION SENSORIELLE	Complètement limitée	Très limitée	Légèrement diminuée	Aucune diminution
HUMIDITE	Constamment mouillé	Humide	Humidité occasionnelle	Rarement humide
ACTIVITE	Alité	Au fauteuil	Marche occasionnelle	Marche fréquemment
MOBILITE	Immobilité	Très limitée	Légèrement limitée	Aucune limitation
NUTRITION	Très pauvre	Probablement inadéquate	Adéquate	Excellente
FRICTION CISAILLEMENT	Problème	Problème potentiel	Aucun problème apparent	

ECHELLE DE NORTON				
ITEMS	1	2	3	4
CONDITION PHYSIQUE	Bonne	Moyenne	Pauvre	Mauvaise
CONDITION MENTALE	Alerte	Apathique	Confus	Stuporeux
ACTIVITE	Ambulant	Marche avec aide	Mis au fauteuil	Couché
MOBILITE	Complète	Légèrement diminuée	Très diminuée	Immobile
CONTINENCE	Totale	Incontinence occasionnelle	Incontinence urinaire	Incontinence totale

3		CLINIQUE (selon ANAES)
STADE 0	MENACE D'ESCARRE	**Erythème sur une peau intacte :** • **Non persistante plus de 24 heures** • **Blanchissant à la pression digitale** Lésion **réversible** à type d'hyperhémie réactionnelle constituant une phase d'alerte
STADE 1	ERYTHEME	**Erythème** sur une peau intacte : • Persistante **plus de 24 heures** • **Ne blanchissant pas à la pression digitale**
STADE 2	DESEPIDERMISATION ULCERATION SUPERFICIELLE	**Clinique :** • **Phlyctène** • **Abrasion** • **Ulcération** superficielle **Lésions :** • **Perte de substance** concernant une partie de l'épaisseur de la peau, impliquant **épiderme +/- derme**
STADE 3	NECROSE ULCERATION MARQUEE	**Clinique :** • **Plaque noire, cartonnée, sèche** ou suintante (nécrose) • **Ulcération marquée** • Zone érythémateuse périphérique, non douloureuse **Lésions :** • Perte de substance concernant toute l'épaisseur de la peau, impliquant **épiderme, derme et tissu sous-cutané jusqu'au fascia,** avec possibilité de nécrose sèche ou humide et de fibrine
STADE 4	ULCERATION PROFONDE	**Clinique :** • **Ulcération profonde** à **bords irréguliers** • Exposition des **structures sous-jacentes** (tendons, os, muscles, articulations) • Débris séro-purulents • Odeur nauséabonde **Lésions :** • Perte de substance délabrante, **dépassant l'aponévrose musculaire,** pouvant atteindre des structures de soutien (os, muscles, tendons, articulation) • Facteurs péjoratifs : décollement, contact osseux, fistule et/ou infection

4	COMPLICATIONS
COMPLICATIONS LOCALES	**Extension** de l'escarre **Hémorragie** locale **Infections :** • Tissus mous : cellulite, abcès profond, fistule • Tissus ostéo-articulaires, ostéite, ostéo-arthrite… • La colonisation bactérienne est cependant obligatoire **Retard de cicatrisation :** • Causes locales : absence de traitement ou traitement mal adapté, surinfection… • Cause générale : dénutrition, insuffisance cardiaque, insuffisance respiratoire, anémie… **Excès de cicatrisation :** • Hyper-bourgeonnement • Par excès de pansements pro-inflammatoires
COMPLICATIONS GENERALES	• **Décompensation de tares** • **Infections :** septicémie • Troubles **hydro-électrolytiques** par pertes locales • Troubles **métaboliques** par pertes locales • Décès

5	TRAITEMENT PREVENTIF

IDENTIFIER LES PATIENTS A RISQUE	**Principes :**
	• Par des **soignants formés**
	• **Evaluation initiale puis régulière**
	• Mesures **préventives**
	Moyens :
	• **Echelles de risque** validées :
	  – **Braden**
	  – **Norton**
	• **Jugement clinique**

NURSING	**Principes :** • Installation **adéquate** du patient alité pour éviter les forces de frottement et de cisaillement en privilégiant le **décubitus latéral oblique à 30°** • **Eviter les appuis prolongés :** mobilisation, posturations • **Changement de position toutes les 2 à 3 heures** • Mise au **fauteuil,** verticalisation, **reprise précoce de la marche** **Moyens :** • **Surmatelas statique :** pas d'escarre, risque peu élevé et patient passant moins de 12 heures au lit • **Matelas statique :** pas d'escarre, risque moyen et patient passant moins de 15 heures au lit • **Surmatelas dynamique :** patient ayant eu des escarres ou avec une escarre peu profonde, ou risque élevé et passant plus de 15 heures au lit • **Matelas dynamique** (continu ou discontinu) : patient ayant eu des escarres (stade > 3) et ne bougeant pas dans son lit, ou risque élevé et passant plus de 20 heures au lit
HYGIENE CUTANEE	**Eviter la macération :** • **Changes réguliers** directement après l'élimination urinaire ou fécale • **Toilette quotidienne** **Proscrire :** • **Le massage des points d'appui +++,** les frictions • Le sèche-cheveux et les glaçons

HYDRATATION ET APPORT NUTRITIONNEL	**Hydratation :** • Favoriser une **bonne hydratation** disponible et en **surdosant** par rapport à la demande du patient • Correction des troubles **hydro-électrolytiques** • Surveillance clinique (bilan entrées et sorties, paraclinique **[ionogramme]**) **Nutrition :** • **Bilan nutritionnel** par diététicienne • Bilan **sanguin : albumine** et protides • **Renutrition** avec des repas hyperénergétiques et hyperprotidiques • **Compléments alimentaires et vitamines**
EDUCATION	**Qui ?** • Personnel paramédical • Patient • Famille **Objectifs :** • **Informer** du risque • **Participation active** **Domaine :** • **Changements de positions** • **Hygiène** • **Nutrition et hydratation** • **Soins : PAS de massage**
SURVEILLANCE	**Clinique :** • **Points d'appui** • **Scores** cliniques • **Hydratation, nutrition** **Paraclinique :** • **Ionogramme** • **Albumine**
PREVENTION DE COMPLICATIONS ASSOCIEES	• Traitement des affections associées • Prévention de la décompensation de tares sous-jacentes • Prophylaxie antitétanique **(SAT-VAT)** • Prévention des complications **thrombo-emboliques** par HBPM

6	TRAITEMENT CURATIF
STADE 0	• Mesures **préventives** • **Pas de pansement** : non obligatoire
STADE 1	• Mesures **préventives** • **Pansement hydrocolloïde mince, hydrocellulaire** mince ou un film de polyuréthanne

STADE 2	• Mesures **préventives**
	• **Phlyctène :**
	  – **Inciser** la phlyctène de façon indolore
	  – La **vider** de son contenu
	  – Laisser le toit de la bulle comme protection
	  – Recouvrir d'un pansement hydrocolloïde
	• **L'abrasion** ou l'ulcération superficielle :
	  – **Nettoyer** avec un **produit neutre** comme l'eau ou le sérum physiologique
	  – Recouvrir d'un **pansement hydrocolloïde**

STADES 3 et 4	DETERSION	**Détersion mécanique :** • Préférée par rapport à la détersion chimique • Lieu : au **lit du patient ou au bloc opératoire** selon la gravité et l'extension en profondeur • But : **éliminer les débris tissulaires nécrotiques et fibrineux non vascularisés et non innervés** qui n'ont aucun potentiel de régénération, mais qui gênent la régénération du tissu viable sous-jacent • Fréquence : **quotidienne puis espacée** (2 à 3 jours) • Durée : **la plus courte et la plus efficace possible** afin de raccourcir le délai de la cicatrisation dirigée
	BOURGEONNEMENT	• Le **fond de l'escarre est rouge** après détersion • Mise en place de **pansements** hydrocolloïdes ou hydrocellulaires • Fréquence : quotidienne puis **espacés** (2 à 3 jours)
	EPIDERMISATION	• Mise en place de **pansements** hydrocolloïdes transparents, de films de polyuréthanne, d'interfaces vaselinées ou siliconées • Proscrire tout geste local agressif • Fréquence : quotidienne puis **plus espacée** («3 à 4 jours)

Place de la chirurgie :
• **Détersion mécanique au bloc opératoire sous AG :**
  – **Après échec** de la détersion au **lit** du malade
  – **Initialement en cas de plaies de grande taille** pour éliminer rapidement la quasi-totalité du tissu nécrosé
• **Infections : sepsis, ostéite…**
• **Absence de bourgeonnement, avec exposition osseuse et/ou tendineuse** nécessitant un lambeau de couverture

Conférences de consensus – Recommandations

ITEM 50

Année	Source	Titre
2001	ANAES	Prévention et traitement des escarres de l'adulte et du sujet âgé

Sujets tombés à l'ECN

ITEM 50

Année	Contenu
2004	Syndrome néphrotique, nursing, prévention d'escarre
2005	Prévention de la maladie thrombo-embolique et modalités de surveillance
2006	Diagnostic et traitement d'une phlébite associée à un érysipèle
2007	Prévention des complications de décubitus
2008	Prise en charge diagnostique et thérapeutique devant une embolie pulmonaire
	Diagnostic différentiel entre phlébite et érysipèle

Chapitre 3

L'ENFANT HANDICAPE : ORIENTATION ET PRISE EN CHARGE

Item 51 - Module 4 Partie I

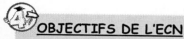

OBJECTIFS DE L'ECN

- Argumenter les principes d'orientation et de prise en charge d'un enfant handicapé

MOTS CLES

- Différents types de handicap : intellectuel, cognitif, moteur, sensoriel, comportemental, somatique, polyhandicap
- Prise en charge pluridimensionnelle et pluridisciplinaire
- Privilégier le maintien à domicile et l'intégration en milieu scolaire ordinaire
- CDAPH, MDPH
- ESS = Equipes de Suivi Personnalisé
- PPS = création d'un Projet Personnel de Scolarisation
- AJPP = Allocation Journalière de Présence Parentale
- AEEH = Allocation d'Education de l'Enfant Handicapé

Pour mieux comprendre

- Le terme handicap est envisagé par l'OMS comme : « le terme générique qui désigne les déficiences, les limitations d'activité et les restrictions de participation »
- Les causes de handicap de l'enfant sont nombreuses, représentant près de 1% des enfants qui naissent
- La prise en charge générale comporte : l'annonce du handicap, l'évaluation des déficiences et des incapacités et l'organisation de la prise en charge sur les versants éducatifs, sanitaires et financiers
- Le but de cette prise en charge, coordonnée au sein des MDPH *via* les CDAPH, est de limiter le handicap majeur en privilégiant le maintien à domicile et l'intégration en milieu scolaire ordinaire et en évitant l'exclusion

- **Plan du chapitre :**
  - A. Type de handicap et transversalité ECN :
    - 1- Type de handicaps de l'enfant
    - 2- Transversalité par pathologies
    - 3- Transversalité par moyens de dépistage
  - B. Prise en charge générale du handicap de l'enfant :
    - 1- Annonce du handicap
    - 2- Evaluation des déficiences et des incapacités
    - 3- Organisation générale de la prise en charge
  - C. Type de prise en charge :
    - 1- Mesures éducatives
    - 2- Mesures sanitaires
    - 3- Mesures financières
    - 4- Exemples de prise en charge en fonction du handicap

A | TYPE DE HANDICAPS ET TRANSVERSALITE ECN

1	TYPE DE HANDICAPS DE L'ENFANT
INTELLECTUEL	• Déficience mentale **limite QI < 85** • Déficience mentale **légère QI < 70** • Déficience mentale **modérée QI < 55** • Déficience mentale **sévère QI < 40** • Déficience mentale **profonde QI < 25**
COGNITIF	• **Dyslexie, dysphasie, dysorthographie** • **Dyscalculie** • **Dyspraxie**
MOTEUR	• **Acquis :** post-traumatique, infectieux • **Congénitaux :** certaines souffrances fœtales (= syndrome de Little), infirmité motrice d'origine cérébrale et infirmité motrice cérébrale, *spina bifida,* maladies neuro-musculaires
SENSORIEL	• **Surdité** profonde : – D'après la définition donnée par l'OMS, « l'enfant hypo-acousique est celui dont l'acuité auditive est insuffisante pour lui permettre d'apprendre sa propre langue, de participer aux activités normales de son âge et de suivre avec profit l'enseignement scolaire général » • **Anomalies de la vision**
COMPORTEMENTAL	• **Autisme** • **Psychoses infantiles** • **Syndrome d'hyperactivité** • **Anorexie mentale** • Troubles psychiatriques sévères et troubles envahissant du développement
SOMATIQUE	• **Maladie chronique nécessitant un traitement au long cours sans espoir de guérison définitive** • Insuffisances viscérales (rénales, cardiaques, respiratoires...), hémophilies...
ESTHETIQUE	• **Syndrome malformatif : Crouzon, nanisme**
POLYHANDICAP	• **Handicap grave à expressions multiples avec déficiences motrices et mentales profondes entraînant une restriction extrême de l'autonomie et des possibilités de perception, d'expression et de relation** • Grands épileptiques sévères avec troubles du comportement : syndrome de West et de Lennox-Gastaut • Syndromes poly-malformatifs • Maladies évolutives du système nerveux central : syndrome de Rett et leucodystrophies • Les infirmes moteurs d'origine cérébrale (IMOC)

2	TRANSVERSALITE PAR PATHOLOGIES (exemples)
MYOPATHIE DE DUCHENNE	• Début **avant 5 ans** • **Faiblesse musculaire proximale** • Hypertrophie des mollets
X FRAGILE	• Troubles **cognitifs** • **Dysmorphie faciale** • Macro-cranie • Macro-orchidie • Anomalies de **croissance** • **Epilepsie**

MUCOVISCIDOSE	• Manifestations **respiratoires** et ORL :
	   – **Infections chroniques** par des germes spécifiques
	 • Manifestations **digestives** et nutritionnelles :
	   – Iléus méconial
	   – Prolapsus rectal
	   – Obstruction intestinale distale
	 • Atteinte hépatique
	 • **Diabète** insulinodépendant
	 • Manifestations **génitales : stérilité** cervicale

TRISOMIE 21	• **Syndrome dysmorphique :**
	   – Crâne aplati (brachycéphalie)
	   – Epicanthus et hypertélorisme
	   – …
	 • **Hypotonie**
	 • Malformations **cardiaques** : canal atrioventriculaire, CIV, CIA
	 • Malformations **digestives : atrésie duodénale**

3	TRANSVERSALITE PAR MOYENS DE DEPISTAGE (exemples)	
PRE-PARTUM	**1ère ECHOGRAPHIE (12 SA)**	• Echographie de **datation** : calcul de l'âge gestationnel par la longueur cranio-caudale • Dépistage des **anomalies chromosomiques :** mesure de la **clarté nucale** • Dépistage de certaines **malformations majeures**
	2ème ECHOGRAPHIE (22 SA)	• Echographie **morphologique** • Dépistage des **malformations fœtales** en informant la patiente qu'un examen échographique normal n'est pas synonyme d'enfant « normal » • Croissance fœtale
	3ème ECHOGRAPHIE (32 SA)	• Echographie de croissance : retard de croissance • Diagnostic parfois **tardif de certaines malformations** • Score biophysique de **bien-être fœtal de Manning** • Présentation fœtale (céphalique/siège)
	DEPISTAGE CIBLE	• **Amniocentèse** • **Dosages** • **Echographie supplémentaire**
POST-PARTUM	**NAISSANCE + J3 J5**	• **Face : dysmorphie, paralysie faciale, fente palatine, cataracte** • **Neurologique** : motricité, tonus, réflexes archaïques, fixation, poursuite oculaire, sons • **Cardiovasculaire et respiratoire** • **Abdominal et organes génitaux externes** • **Ostéo-articulaire** : fossette sacro-coccygienne, doigts surnuméraires ou syndactylie, dystocie des épaules, céphalhématome, instabilité des hanches
	CERTIFICAT DU 8ème JOUR	• ATCD maternels, accouchement, état de l'enfant à la naissance, anomalies congénitales, pathologies de la 1ère semaine de vie • Examen **auditif et oculaire** • Tonus, hanches, fosses lombaires • **Dépistages systématiques : phénylcétonurie, hypothyroïdie, mucoviscidose, drépanocytose**

ENFANCE	**9ème MOIS**	• **Croissance** staturopondérale, **développement psychomoteur, malformations,** anomalies **neurosensorielles** • Examen clinique (tient assis, pince pouce/index, réagit à son prénom…)
	24ème MOIS	• Développement somatique (dents ++) • **Développement psychomoteur** • ATCD, troubles du sommeil et de l'alimentation • Troubles sensoriels, atteinte SNC/cardio-respiratoire, digestive, malformations
	DE 2 A 5 ANS	• Entrée en maternelle • **Dépistage des infirmités et inadaptation, développement,** évolution de la latéralité (fixée vers 6 ans)

B PRISE EN CHARGE GENERALE DU HANDICAP DE L'ENFANT

1	ANNONCE DU HANDICAP
CODE DE DEONTOLOGIE (article 35)	• « Le médecin doit à la personne qu'il examine, qu'il soigne ou qu'il conseille une **information loyale, claire et appropriée** sur **son état, les investigations et les soins** qu'il lui propose. Tout au long de la maladie, il **tient compte de la personnalité du patient dans ses explications et veille à leur compréhension** »
CONTENU (ANAES)	• **L'état** du patient et son évolution prévisible, ce qui nécessite des **explications** sur la maladie ou l'état pathologique et son **évolution habituelle avec et sans traitement** • La **description et le déroulement des examens,** des investigations, des soins, des thérapeutiques, des interventions envisagés et de leurs alternatives • Leur **objectif,** leur **utilité** et les bénéfices escomptés • Leurs conséquences et leurs **inconvénients** • Leurs **complications** et leurs risques éventuels, y compris exceptionnels • Les **précautions** générales et particulières recommandées aux patients
MODALITES	• « **Adaptée** au cas de chaque personne • Y consacrer du **temps** et de la **disponibilité** • La **moduler** en fonction de la situation du patient • **Environnement** adapté • Climat relationnel alliant **écoute** et prise en compte des **attentes** du patient • Peut nécessiter d'être délivrée de manière **progressive** • De recourir si besoin à un traducteur »
DESTINATAIRE	• Le **représentant légal (incapable et mineur)** • Le **mineur :** – S'il peut comprendre l'information – S'il peut supporter l'information

2	EVALUATION DES DEFICIENCES ET DES INCAPACITES
MOYENS	• Echelles d'évaluation génériques et spécifiques • Cf. item 49
ASPECT SPECIFIQUE CHEZ L'ENFANT	• Dépistage précoce des enfants à risque • Evaluation du retentissement fonctionnel de la déficience • Bilan de la qualité de vie • Evaluation cognitive et psychoaffective

3	ORGANISATION GENERALE DE LA PRISE EN CHARGE

TYPE DE PRISE EN CHARGE	• **Multidisciplinaire**
	• **Coordonnée**
	• **Adaptée à l'environnement**
	• Avec un **suivi** régulier
	• Avec comme buts principaux :
	  – Limiter un handicap majeur
	  – **Privilégier le maintien à domicile et l'intégration en milieu scolaire ordinaire**
	  – **Empêcher une exclusion**

INTERVENANTS	• **Personnel médical :**
	  – Pédiatre
	  – Psychiatre
	  – Neurologue
	• **Personnel paramédical :**
	  – Infirmière
	  – Puéricultrice
	  – Psychologue
	  – Kinésithérapeute
	  – Orthophoniste
	  – Psychomotricien
	  – Ergothérapeute
	  – Orthoptiste
	• **Personnel éducatif :**
	  – Enseignant
	  – Educateur
	  – Auxiliaire de vie scolaire
	  – Aides à l'accueil et à la scolarisation des élèves handicapés

DOMAINE DE PRISE EN CHARGE	• **Education :**
	  – **Structures d'orientation :**
	    ▪ MDPH
	    ▪ CDAPH
	    ▪ ESS
	  – **Structures médico-éducatives**
	  – **Structures éducatives pures**
	• **Santé :**
	  – **Structures sanitaires :**
	    ▪ Avec possibilité d'hébergement
	    ▪ Sans possibilité d'hébergement
	  – **Structures médico-éducatives**
	• **Financier :**
	  – **100%**
	  – **AEEH** = Allocation d'Education de l'Enfant Handicapé
	  – **AJPP** = Allocation Journalière de Présence Parentale
	  – Financement des aides techniques onéreuses (ex SVA)

C **TYPE DE PRISE EN CHARGE**

MODIFICATIONS APPORTEES PAR LA LOI DU 11 FEVRIER 2005
(+ modifications ultérieures ministérielles jusqu'à maintenant)

	AVANT LA LOI DU 11 FEVRIER 2005	APRES LA LOI DU 11 FEVRIER 2005 + PRECISIONS DU MINISTERE
STRUCTURES GENERALES	**COTOREP** = COmmission Technique d'Orientation et de REclassement Professionnel **CDES** = Commission Départementale de l'éducation spéciale **SVA** = Service pour la Vie Autonome	**CAPH** = Commission des Droits et de l'Autonomie des Personnes Handicapées **MDPH** = Maison Départementale des Personnes Handicapées
RESSOURCES	**AES** = Allocation d'Etude Spécialisée	**AEEH** = Allocation d'Education de l'Enfant Handicapé
	APP = Allocation de Présence parentale	**AJPP** = Allocation Journalière de Présence Parentale
SCOLARITE	-	**ESS** = Equipe de Suivi Spécialisé **PPS** = Projet Personnel de Scolarisation

1	**MESURES EDUCATIVES**

PROJET PERSONNEL DE SCOLARISATION	• **Equipes de suivi personnalisé (ESS) :**
	  – Dépendantes des MDPH
	  – Organisées en département
	  – Evaluent l'enfant en situation scolaire concernant ses besoins éducatifs particuliers
	• **Création d'un projet personnel de scolarisation (PPS)**
	• **Orientation vers la structure éducative adaptée**

STRUCTURES EDUCATIVES	**Structures médico-éducatives :**
	• **A fonction éducative prédominante :**
	  – **EREA** = Etablissements Régionaux d'Enseignement Adapté
	  – **IEM** = Instituts d'Education Motrice
	• **A domicile :**
	  – **SESSAD** (= Service d'Education Spéciale et de Soins A Domicile)
	• **A fonction d'autonomie (grands handicaps) :**
	  – **IME** = Institut Médico-Educatif
	  – **IMP** = Institut Médico-Pédagogique
	  – **IES** = Institut d'Education Sensorielle
	  – **ITEP** = Institut Thérapeutique Educatif et Pédagogique (en cas de troubles du comportement)
	Structures éducatives pures :
	• **Structure de scolarisation classique**
	• **CNED**
	• **CLIS** = Classe d'Intégration Scolaire (primaire)
	• **UPI** = Unités Pédagogiques d'Intégration (secondaire)
	• **SEGPA** = Section d'Enseignement Général et Professionnel Adapté (secondaire)

PRINCIPAUX INTERVENANTS	**Orientation :** • **MDPH** et ses intervenants (cf. item 49) • **CDAPH** • **EES** = équipes de suivi personnalisé

PRINCIPAUX INTERVENANTS		• **Parents** • **Education Nationale** (responsable des structures éducatives pures) • **Enseignant** • **Educateur** • **AVS =** Auxiliaire de Vie Scolaire • **ASEH =** Aides à l'accueil et à la Scolarisation des Elèves Handicapés
DESCRIPTIFS DES STRUCTURES	**EREA** **IEM**	**But :** • **Educatif et scolaire (prioritaire)** • Médical **Intervenants :** • Enseignant issu de l'Education Nationale • Personnel paramédical (dont kiné, orthophoniste, ergothérapeute)
	SESSAD	**Modalités :** • Equipe pluridisciplinaire ambulatoire • Pour des enfants **jusqu'à 18 ans** **Remboursement des soins :** • **Entente préalable de la CDAPH** • Pris en charge par la **CPAM**
	IME **IMP**	**Handicap concerné :** • Déficit **intellectuel avec ou sans problème de comportement** • Déficit **moteur** **Critères et fonctionnement :** • Externats médico-éducatifs (rentrent chez eux le soir) • Internats (au domicile le week-end et les vacances scolaires) **Remboursement des soins :** • **Entente préalable de la CDAPH** • Pris en charge par la **CPAM**

2		**MESURES SANITAIRES**

STRUCTURES SANITAIRES		**Structures sanitaires :**
		 • **Avec possibilité d'hébergement :**
		   – **Hospitalier**
		   – **Service de rééducation fonctionnelle**
		   – **MECS** = Maisons d'Enfants à Caractère Sanitaire
		 • **Sans possibilités d'hébergement :**
		   – **CAMSP** = Centre d'Action MédicoSocial Précoce
		   – **CMP** = Centre Médico-Pédagogique
		   – **CMPP** = Centre Médico-Psycho-Pédagogique
		 Structures médico-éducatives :
		 • **A fonction éducative prédominante :**
		   – **EREA** = Etablissements Régionaux d'Enseignement Adapté
		   – **IEM** = Instituts d'Education Motrice
		   – **IES** = Institut d'Education Sensorielle
		   – **ITEP =** Institut Thérapeutique Educatif et Pédagogique (en cas de troubles du comportement)
		 • **A domicile :**
		   – **SESSAD** = Service d'Education Spéciale et de Soins A Domicile
		 • **A fonction d'autonomie (grands handicaps) :**
		   – **IME** = institut médico-éducatif
		   – **IMP** = institut médico-pédagogique

DESCRIPTIFS DES STRUCTURES	**CMP**
	 CMPP
		• **Type de handicap pris en charge :**
		   – **Pédopsychiatrique**
		   – Psychologique

	CMP
	
	CMPP
		• **Critères et fonctionnement :**
		  – Enfants de **plus de 6 ans**
		  – **Pas d'hébergement ni de scolarité**
		  – **Sur le mode de consultations**
		• **Equipe soignante :**
		  – **Psychiatres**
		  – **Psychologues**
		  – **Rééducateurs en psychomotricité**
		  – **Orthophonistes**
		  – **Assistantes sociales**
		• **Remboursement des soins :**
		  – **Pris en charge par la CPAM**

	CAMSP	• **Objectifs :**
		  – **Diagnostic précoce du handicap et dépistage**
		  – Prise en charge pluridisciplinaire :
		    ▪ **Avant l'âge de 6 ans**
		  – En soins externes sans **scolarité**
		• **Remboursement des soins :**
		  – Pas de nécessité d'accord préalable
		  – Remboursement des **consultations et des séances de rééducation** par la **CPAM**

	SERVICES DE REEDUCATION FONCTIONNELLE ET DE READAPTATION	• **Eléments pris en charge :**
		  – **Soins**
		  – **Scolarité**
		• **Mode de fonctionnement :**
		  – Hospitalisation de jour
		  – Hospitalisation de semaine
		  – Hospitalisation complète
		• **L'entrée :**
		  – Directement
		  – Sans accord préalable de la Sécurité Sociale
		  – Après décision du médecin responsable du service
		  – Sur des **critères médicaux**
		• **Le remboursement des soins :**
		  – Incombe à la Caisse Primaire d'Assurance Maladie **(CPAM)**, lorsqu'il s'agit d'un transfert direct à partir d'un hôpital

3	MESURES FINANCIERES	
MESURES		• **Prise en charge à 100% des soins** • **AEEH** = Allocation d'Education de l'Enfant Handicapé • **AJPP** = Allocation Journalière de Présence Parentale • Financement des aides techniques onéreuses (ex SVA)

DESCRIPTIFS DES MESURES	**AEEH**	• **Remplace l'ex AES (Allocation d'Education Spécialisée)**
		• **Condition :**
		  – Au **moins 80% d'invalidité,** isolément
		  – 50% en association avec des soins réguliers de rééducation
		  – Dépenses régulières prouvées pour son éducation
		• **Avantages :**
		  – Hospitalisation : exonération du forfait journalier
		  – Périodes ou l'enfant n'est pas hébergé la nuit dans un établissement spécialisé : aide financière propre

	AJPP	• Remplace l'**APP (Allocation de Présence Parentale)**
		• Versée par la **CAF**
		• Elle **permet de suspendre ou de réduire l'activité professionnelle afin de s'occuper de l'enfant**
		• **Conditions :**
		  – L'enfant à charge doit avoir **moins de 20 ans** et être victime d'une maladie, d'un accident ou d'un **handicap** d'une « particulière gravité » justifiant la présence d'un parent à ses côtés pour assurer les soins
		  – Le ou les parents doivent prendre des **congés afin de pouvoir rester auprès de l'enfant**
		• Elle n'est **pas soumise à condition de ressources. Son montant varie en fonction :**
		  – Du nombre de jours de congés
		  – De la composition de la famille

	FINANCEMENT DES AIDES TECHNIQUES ONEREUSES (EX SVA)	• **Anciens SVA (Services pour la Vie Autonome)** • **Intégré depuis la loi de 2005 dans les MDPH (par fonds de compensation)** • But : financement des aides techniques onéreuses après évaluation

PRISE EN CHARGE DE L'ENFANT HANDICAPE

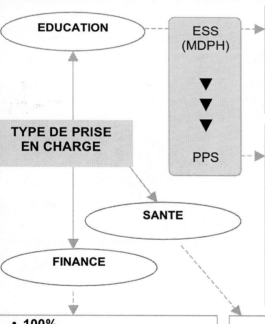

Structures éducatives pures :
• **CLIS** = CLasse d'Intégration Scolaire
• **UPI** = Unités Pédagogiques d'Intégration
• **SEGPA** = Section d'Enseignement Général et Professionnel Adapté
• **Structure de scolarisation classique**

Structures médico-éducatives :
• **A fonction éducative prédominante :**
  – **EREA** = Etablissements Régionaux d'Enseignement Adapté
  – **IEM** = Instituts d'Education Motrice
• **A domicile :**
  – **SESSAD** (= Service d'Education Spéciale et de Soins A Domicile)
• **A fonction d'autonomie (grands handicaps) :**
  – **IME** = Institut Médico-Educatif
  – **IMP** = Institut Médico-Pédagogique

• **100%**
• **AJPP** = Allocation Journalière de Présence Parentale
• **AEEH** = Allocation d'Education de l'Enfant Handicapé
• Financement des aides techniques onéreuses (ex SVA)

Structures sanitaires :
• **Avec possibilité d'hébergement :**
  – **Hospitalier**
  – **Service de rééducation fonctionnelle**
  – **MECS** = Maisons d'Enfants à Caractère Sanitaire
• **Sans possibilité d'hébergement :**
  – **CAMPS** = Centre d'Action MédicoSociale Précoce
  – **CMP** = Centre Médico-Pédagogique
  – **CMPP** = Centre Médico-Psycho-Pédagogique

4	EXEMPLES DE PRISE EN CHARGE EN FONCTION DU HANDICAP
HANDICAP MINIME	• **Vie à domicile avec scolarité en milieu normal** • MPR • Paramédicaux libéraux
HANDICAP FAIBLE	• **Vie à domicile avec scolarité en milieu normal** • CAMSP, SESSAD, CMP, CMPP
HANDICAP MOYEN	• **Vie en établissements généraux (externat ou internat)** • IEM à fonction éducative avec scolarité adaptée et rééducation • IME et IMP à fonction d'autonomie avec projet social • ESAT à fonction professionnelle pour les plus vieux avec secteur professionnel protégé
HANDICAP SEVERE	• **Etablissements spécialisés** • Enfant polyhandicapé

Conférences de consensus - Recommandations

Année	Source	Titre
1980	OMS	CIDIH = Classification Internationale des Déficiences, Incapacités et Handicaps
2001	OMS	CIF = Classification Internationale du Fonctionnement, du handicap et de la santé
2005	Code de la santé	Loi du 11 février 2005
2012	Code de la sécurité sociale	Lois et mise à jour

Sujets tombés à l'ECN

Année	Contenu
-	-

Chapitre 4

LE HANDICAP MENTAL. TUTELLE, CURATELLE, SAUVEGARDE DE JUSTICE

OBJECTIFS DE L'ECN

- Argumenter les principes d'orientation et de prise en charge d'un malade handicapé mental

MOTS CLES

- Sauvegarde de justice
- Tutelle
- Curatelle
- Mandat de Protection Future (MPF)
- Mandat d'Accompagnement Social Personnalisé (MASP)
- Mandat d'Accompagnement Judiciaire (MAJ)

Pour mieux comprendre

- Le handicap mental se traduit par des difficultés plus ou moins importantes de réflexion, de conceptualisation, de communication et de décisions
- Ces difficultés doivent être compensées par une prise en charge pluridisciplinaire : médicale, socioprofessionnelle, hébergement, financière et juridique
- La prise en charge générale du handicap ayant été traitée dans l'item 49, ce chapitre s'intéressera au moyens juridiques permettant de protéger l'incapable majeur : sauvegarde de justice, tutelle, curatelle, mandat de protection ou d'accompagnement
- L'ensemble de ces mesures a été fixé par une succession de lois : loi de protection de l'incapable majeur et modifications de mars 2007 appliquées en début janvier 2010
- Ces dernières modifications ont apporté des rectifications sur les mesures classiques (sauvegarde de justice, tutelle, curatelle) et ont créé de nouvelles modalités d'applications des précédentes mesures : Mandat de Protection Future (MPF), Mandat d'Accompagnement Social Personnalisé (MASP), Mandat d'Accompagnement Judiciaire (MAJ)

- **Plan du chapitre :**
  - A. Généralités :
    - 1- Définitions et termes
    - 2- Etiologies
    - 3- Classification (déficience – incapacité – handicap mental)
    - 4- Evaluation du handicap mental
    - 5- Prise en charge
  - B. Mesures de protection de l'incapable majeur :
    - 1- Principes généraux
    - 2- Mesures législatives
  - C. Mandats :
    - 1- Mandat de Protection Future (MPF)
    - 2- Mandat d'Accompagnement Social Personnalisé (MASP)
    - 3- Mandat d'Accompagnement Judiciaire (MAJ)

A GENERALITES

1		DEFINITIONS ET TERMES
HANDICAP MENTAL	**TERMES UTILISES**	• Personnes présentant une **déficience de l'intelligence** • Personnes avec **retard mental** • Personnes en situation de **handicap mental** (ou handicapées mentales)
	DEFINITION OMS	<u>Source :</u> • **OMS – Classification Internationale des Handicaps** <u>Terme utilisé :</u> • **« Déficience de l'intelligence »** <u>Définition :</u> • **« Perturbation** du degré de développement des **fonctions cognitives** telles que la **perception, l'attention, la mémoire et la pensée** ainsi que leur **détérioration à la suite d'un processus pathologique »**
	DEFINITION AAMR	<u>Source :</u> • **AAMR** (Association Américaine de Retard Mental) <u>Terme utilisé :</u> • **« Retard mental »** <u>Définition :</u> • « Le retard mental est une incapacité caractérisée par des **limitations significatives du fonctionnement intellectuel et du comportement adaptatif** qui se manifeste dans les habiletés conceptuelles, sociales et pratiques. Cette incapacité survient **avant l'âge de 18 ans »**
	DEFINITION UNAPEI	<u>Source :</u> • Union Nationale des Associations de Parents et Amis de Personnes Handicapées Mentales **= UNAPEI** correspondant à l'ancienne dénomination : Union Nationale des Associations de Parents d'Enfants Inadaptés <u>Terme utilisé :</u> • **« Handicap mental »** <u>Définition :</u> • « Le handicap mental se traduit par des **difficultés plus ou moins importantes de réflexion, de conceptualisation, de communication et de décisions**. Ces difficultés doivent être compensées par un accompagnement humain, permanent et évolutif, adapté à l'état et à la situation de la personne » • « Une personne handicapée est une personne à part entière, à la fois ordinaire et singulière • Elle est ordinaire, parce qu'elle connaît les besoins de tous, elle dispose des droits de tous et elle accomplit les devoirs de tous • Elle est singulière, parce qu'elle est confrontée à plus de difficultés que les autres citoyens, et qui sont la conséquence d'une ou plusieurs déficiences »
MALADIE MENTALE		**Il existe souvent une confusion** entre : • Handicap mental (= retard mental = déficience de l'intelligence) et • Maladie mentale **Définitions de la maladie mentale :** • « La personne malade mentale est marquée par une perturbation de ses facultés mentales **susceptible d'être guérie ou réduite au moyen d'une thérapie adaptée »** (UNAPEI) • « La personne malade mentale souffre de troubles d'origines diverses qui entachent son mode de comportement **d'une façon momentanée ou durable** et inégalement grave » (UNAFAM = Union Nationale des Amis et Famille de Malades Mentaux)

2	ETIOLOGIES		

TYPES DE DEFICIENCES	**Intellectuelles :**
	• Déficience de **l'intelligence** :
	   – **Retard mental** profond, sévère, moyen, léger, limite
	
	                • **Démence**
	• Déficience de la **mémoire** : amnésie
	• Déficience de la **pensée** :
	   – Délires : déficience du contenu de la pensée (schizophrénie, PHC, manie délirante…)
	Psychisme :
	• Déficience de la **conscience** : *delirium tremens,* confusion mentale
	• Déficience de **l'attention** (syndrome hyperkinétique)
	• Déficience de **l'émotion** (pulsions), de l'affect, de l'humeur :
	   – Dépression, accès maniaque, anxiété majeure
	   – Toxicomanie, alcoolisme
	   – Trouble du comportement alimentaire
	• Déficience des **fonctions psychomotrices** : hyperactivité, tics…		

Table intercalée dans la case "Intellectuelles" :

Limite	QI < 85
Légère	QI < 70
Modérée	QI < 55
Sévère	QI < 40
Profonde	QI < 25

ORIGINE PAR DATE DE SURVENUE	**CONCEPTION**	• Maladies génétiques • Aberrations chromosomiques • Incompatibilité sanguine…
	PER-PARTUM	• Infections virales, parasitaires, bactériennes • Irradiation • Médicaments • Toxique : alcool, tabac… • Souffrance fœtale
	NAISSANCE	• Prématurité • Souffrance cérébrale du nouveau-né
	POST-PARTUM	• Maladies infectieuses, virales • Troubles métaboliques • Intoxications • Traumatismes

ORIGINE PAR TYPE D'ETIOLOGIE	• **Idiopathique** : 30-40%
	• **Affections endogènes :**
	   – Chromosomique (Klinefelter, Turner, T21, X fragile à traiter par acide folique)
	   – Phénylcétonurie, mucopolysaccharidose
	   – Hydrocéphalies malformatives, dysplasies neuro-ectodermiques congénitales (Bourneville, angiomatoses, Recklinghausen)
	• **Affections acquises :**
	   – Embryopathies infectieuses
	   – Souffrance cérébrale périnatale, encéphalites, syndrome de West, traumatismes
	   – Carences affectives et sociales		

A PART : SYNDROMES POUVANT ETRE ASSOCIES A UN HANDICAP	• Angelman • **Asperger** • **Autisme** • Cornelia de Lange • **Cri du chat** • **Down (trisomie 21)**	• **Prader-Willi** • **Rett** • Vélo-cardio-facial – Di George • **West** • Williams et Beuren • **X fragile**	

3		CLASSIFICATION DEFICIENCE – INCAPACITE – HANDICAP MENTAL
PRINCIPES		**Modèle de Wood :** • **Déficience** • **Incapacité** • **Désavantage** = situation de handicap

DEFICIENCE		**Intellectuelles :**
		• Déficience de **l'intelligence :**
		  – **Retard mental** profond, sévère, moyen, léger, limite
		
		  – **Démence**
		• Déficience de la **mémoire :** amnésie
		• Déficience de la **pensée :**
		  – Délires : déficience du contenu de la pensée (schizophrénie, PHC, manie délirante…)
		Psychisme :
		• Déficience de la **conscience :** *delirium tremens,* confusion mentale
		• Déficience de **l'attention** (syndrome hyperkinétique)
		• Déficience de **l'émotion** (pulsions), de l'affect, de l'humeur :
		  – Dépression, accès maniaque, anxiété majeure
		  – Toxicomanie, alcoolisme
		  – Trouble du comportement alimentaire
		• Déficience des **fonctions psychomotrices :** hyperactivité, tics…

INCAPACITES		• Sur le **comportement :** éducation, scolarité, relations sociales • Sur la **communication** • Sur les **soins corporels** • Sur la **locomotion** • Sur **l'utilisation du corps**
DESAVANTAGE = SITUATION DE HANDICAP		• **D'orientation** et de **réponses aux stimuli** • **D'indépendance physique,** de mobilité, d'occupation • **D'intégration sociale, d'indépendance économique** • Perturbation de l'orientation, immobilité, isolement social, pauvreté

Tableau dans la section DEFICIENCE :

Limite	QI < 85
Légère	QI < 70
Modérée	QI < 55
Sévère	QI < 40
Profonde	QI < 25

4		EVALUATION DU HANDICAP MENTAL	
ENFANT	**QUOTIENT INTELLECTUEL**	• Rapport de l'**âge mental** (niveau des acquisitions) à l'âge chronologique • Il se calcule chez le **grand enfant** • Test influencé par les acquisitions scolaires et le développement affectif modifiés par une psychose	
	QUOTIENT DE DEVELOPPEMENT	• Rapport de l'**âge de développement psychomoteur** à l'âge chronologique • Il se calcule chez le **petit enfant** à l'aide du **test de Brunet-Lézine** • Test influencé par les acquisitions scolaires et le développement affectif modifiés par une psychose	
ADULTE		• Evaluation classique du handicap (cf. item concerné) • **Echelle globale de fonctionnement (DSM-IV-R : Diagnostic Statistical Manuel de l'Américan Psychiatric Association)**	
ADULTE AGE		• **MMS, grille AGGIR** (cf. item concerné)	

5	PRISE EN CHARGE

| COMPRENDRE LES BESOINS DANS LE CADRE D'UNE DEFICIENCE MENTALE | **Une aide indispensable :**

• La déficience mentale nécessite une « aide à la décision » ou « aide à la conduite de sa vie »
• Celle-ci est apportée par un accompagnement ou un soutien humain adapté
• La prise en charge de cette compensation relève des obligations de la société au titre de la solidarité

Domaine social :

• Le handicap consiste dans la limitation du libre exercice des rôles sociaux individuels : exercer une profession et un rôle familial, se former, aller et venir, choisir son lieu de résidence…
• Pour la personne concernée, la déficience mentale entraîne la nécessité d'adapter son soutien à son degré de handicap

Services d'aide :

• Types de services : sociaux, médicaux, éducatifs et scolaires
• But : répondre aux besoins spécifiques de la personne handicapée mentale
• Domaines : prévention, diagnostic, intervention précoce, aide aux parents et aux familles, éducation, enseignement, formation professionnelle, hébergement, intégration sociale, loisirs, formation, économie, protection juridique, information du public…

Droits :

• Toute personne dispose de droits
• Un sujet atteint de handicap mental accomplit les devoirs de toute personne

Problèmes :

• Manque de place d'accueil et de soutien
• Attitudes de rejet
• Surajout d'un ou de plusieurs handicaps (physiques et/ou sensoriels venant s'ajouter au handicap mental) |
| MOYENS DE PRISE EN CHARGE | **Prise en charge du handicap mental chez le mineur : cf. item 51**
Prise en charge du handicap mental chez le majeur : cf. item 49

Protection juridique de l'incapable majeur :

• **Mesure de protection : sauvegarde de justice, tutelle, curatelle**
• **Mandat : Mandat de Protection Future (MPF), Mandat d'Accompagnement Social Personnalisé (MASP), Mandat d'Accompagnement Judiciaire (MAJ)** |

B **MESURES DE PROTECTION DE L'INCAPABLE MAJEUR**

1	PRINCIPES GENERAUX
HISTORIQUE DE LA PROTECTION DE L'INCAPABLE MAJEUR	• En raison de l'atteinte de ses facultés intellectuelles, le malade mental se trouve avec une aptitude diminuée, voire inexistante à l'administration et à la disposition de ses biens personnels. Sa capacité civile est ainsi amoindrie, notamment pour des décisions concernant son état de santé • Etant donnée cette difficulté, la loi du 30 juin 1838 avait bien entendu prévu les dispositions « d'assistance » et de « protection des biens » de ceux qui se trouvaient dans l'incapacité psychique de les gérer, mais ces dispositions ne concernaient que les malades mentaux internés • La **loi de 1838** prévoyait ainsi la désignation automatique d'un administrateur des biens pour tous les malades internés dans les hôpitaux publics. Cette désignation était toutefois facultative pour les patients internés dans les établissements privés. Pour les malades mentaux non internés, aucune protection n'était prévue • Quant au **Code Civil** (Titre XI), 2 dispositions pouvaient s'appliquer le cas échéant au malade mental avec, soit l'interdiction entraînant une incapacité juridique quasi totale, soit la désignation d'un conseil judiciaire déterminant une incapacité simplement partielle • Toutefois, ces 2 types de mesures ne pouvaient intervenir qu'au terme d'une procédure judiciaire longue et onéreuse • La **loi du 3 janvier 1968** a dissocié la notion de protection de celle de trouble mental. Elle a voulu ainsi protéger les malades mentaux non hospitalisés ou hospitalisés « en service libre » (qui n'existait pas en 1838) • Elle a voulu aussi protéger non seulement les malades atteints de troubles mentaux, mais aussi toute personne dont la capacité civile pourrait se trouver diminuée. **3 mesures ont donc été créées : sauvegarde de justice, tutelle, curatelle** • En **mars 2007**, des modifications ont été apportées à la loi de 1968 avec des **rectifications sur les mesures classiques (sauvegarde de justice, tutelle, curatelle) et créations de nouvelles modalités d'applications des précédentes mesures : Mandat de Protection Future (MPF), Mandat d'Accompagnement Social Personnalisé (MASP), Mandat d'Accompagnement Judiciaire (MAJ)**
ROLE DU MEDECIN **(Code Civil – article 490)**	L'article 490 du Code Civil est formel : • « Lorsque les facultés mentales sont altérées par une maladie, une infirmité ou un affaiblissement dû à l'âge (…), il est pourvu aux intérêts de la personne par l'un des régimes prévus • Les mêmes règles de protection sont applicables à l'altération des facultés corporelles si elle empêche l'expression de la volonté • L'altération des facultés mentales ou corporelles doit être médicalement établie »

2	MESURES LEGISLATIVES
PRINCIPES	**Lois concernant les mesures de protection de l'incapable majeur** **Thèmes :** • Les dispositions concernent la **capacité de l'incapable majeur au consentement juridique sur des actes de dispositions des biens** • Elles s'appliquent à la protection du patrimoine de l'incapable majeur, lequel risquerait d'être victime du fait de son handicap de manœuvres de spoliation • Il s'agit toutefois également de dispositions qui s'appliquent à la protection de la personne, notamment dans l'éventualité d'un acte médical

PRINCIPES	**Ces lois ont mis en place d'une part 3 mesures de protection :** • En **créant la sauvegarde de justice,** procédure d'**urgence** • En **adaptant la curatelle, mesure d'assistance** et la **tutelle, régime de représentation** **Ces lois ont mis en place d'autre part 3 mandats :** • **Mandat de Protection Future (MPF)** • **Mandat d'Accompagnement Social Personnalisé (MASP)** • **Mandat d'Accompagnement Judiciaire (MAJ)**
SUJETS CONCERNES	**Mesures de protection des biens :** • A tous les malades hospitalisés ou non dans des hôpitaux psychiatriques ou non, que ce soit dans un hôpital général, un hospice ou une maison de retraite • Aux **handicapés mentaux,** aux **malades mentaux** • Mais aussi à tous ceux dont les **troubles pathologiques « empêchent l'expression de la volonté, que celle-ci résulte d'une maladie, d'une infirmité ou d'un affaiblissement dû à l'âge »** • La loi donne au médecin traitant un rôle essentiel avant la décision d'un régime de protection quel qu'il soit, son avis doit être requis dans tous les cas car le régime de protection doit répondre à l'état médical particulier du malade et non à sa situation administrative **Mandats :** • Mandat de Protection Future **(MPF) : destiné aux malades non protégés dans l'hypothèse d'une altération de ses facultés mentales** • Mandat d'Accompagnement Social Personnalisé **(MASP) : destiné aux malades bénéficiaires de prestations sociales et incapables de les gérer seul** • Mandat d'Accompagnement Judiciaire **(MAJ) : destiné aux malades bénéficiaires de prestations sociales après échec d'une MASP**
CONDITIONS MESURES DE PROTECTION	**Que la personne à protéger soit majeure :** • Pour les mineurs, il convient alors de provoquer l'application de la loi dès l'approche de l'âge de la majorité, c'est-à-dire 18 ans, pour éviter qu'il y ait une interruption des mesures de protection (les mineurs étant suffisamment protégés par le Code Civil) **Et que cette personne ait besoin d'être protégée :** • C'est-à-dire tout malade qui, du fait de son état, doit être assisté, conseillé ou contrôlé de manière épisodique ou même le rendant incapable d'exprimer un consentement valable de façon continue dans les actes de la vie civile
MODALITES MESURES DE PROTECTION	La loi prévoit 3 modalités de protection à gradation croissante selon l'importance de la protection à instituer : • La sauvegarde de justice • La curatelle • La tutelle, qui existaient déjà, mais qui ont été modifiées et adaptées Enfin, c'est l'autorité judiciaire (et non administrative, laquelle est directement dépendante du pouvoir politique) qui est chargée du contrôle et de l'application de la loi

EVENTUALITES MESURES DE PROTECTION	**2 éventualités** se présentent :
	• **Le majeur est capable d'exprimer sa volonté :**
	  – Mais peut être abusé de par sa faiblesse d'esprit
	  – Il suffit du placement sous sauvegarde de justice
	• **Le sujet est hors d'état d'agir par lui-même :**
	  – Soit de manière partielle si ses facultés ne sont que diminuées et c'est la curatelle
	  – Soit dans l'incapacité totale de donner un consentement valable et c'est la tutelle qui s'impose

	Sauvegarde de justice	Curatelle	Tutelle

Définition	• Mesure de protection :
	  – Légère
	  – Immédiate
	  – Simple
	• Les **capacités civiles et civiques du patient persistent**
	• Destinée aux malades qui ont besoin d'être **protégés**
		• Mesure **intermédiaire** entre la sauvegarde de justice et la tutelle
		• Destinée aux malades qui, sans être hors d'état d'agir par eux-mêmes, ont besoin :
		  – D'être **conseillés**
		  – Ou **contrôlés** dans les actes de la vie civile
			• Mesure de protection :
			  – Complète
			  – Durable
			  – Du majeur
			• Entraînant une **incapacité civile presque totale**
			• Destinée aux malades qui ont besoin d'être **représentés de façon continue**

Indications	• Patients porteurs d'une pathologie compatible avec la vie sociale, mais risquant d'agir à l'encontre de leurs propres intérêts • Patients aux **facultés mentales altérées de façon transitoire** (coma, bouffée délirante…) • Patients nécessitant une **mesure de protection rapidement, avant l'instauration d'une tutelle ou d'une curatelle**	• Les personnes dont les **facultés mentales sont altérées (retard mental léger, schizophrénie)** • Les personnes dont les facultés corporelles sont altérées empêchant l'expression de la volonté • Les prodigues, les oisifs, les intempérants qui risquent de tomber dans le besoin ou compromettre l'exécution de leurs obligations familiales	• Pathologie durable (démence) • **Handicap durable (retard mental profond)** • Patient nécessitant une **protection durable**
Demande faite par	• Médecin traitant • Procureur de la République • Juge des Tutelles	• Patient • Famille • Curateur • Procureur de la République • Juge des †utelles	
Procédure	• Sauvegarde médicale : déclaration du médecin au Procureur de la République OU • Sauvegarde judiciaire : décision du Juge des Tutelles lors du jugement d'une curatelle – tutelle avec déclaration au Procureur de la République	Demande au Juge des Tutelles par : • Patient • Famille • Curateur • Procureur de la République • Juge des Tutelles (auto-saisine) Instruction de la procédure : • Certificat médical par un psychiatre expert • Audition de l'intéressé obligatoire (sauf si son état ne le permet pas) Jugement : • Décision d'ouverture de la curatelle – tutelle • Nomination du curateur – tuteur	
Prise d'effet – Durée	• Prise d'effet : immédiate • Durée transitoire : **1 an** • Renouvelable 1 fois	• Prise d'effet : après le jugement • Durée longue : 5 ans • Renouvelable sans limite tous les 5 ans après examens	

	Sauvegarde de justice	Curatelle	Tutelle
Droits	• Civiques : **conservés** • Politiques : conservés • Gestion du patrimoine : conservé ou par mandataire	• Civiques : **partiels (vote possible)** • Politiques : partiels (testament possible) • Gestion du patrimoine : peut être parfois conservée (sauf sommes importantes), curateur	• Civiques : **perdus** • Politiques : perdus • Gestion du patrimoine : perdus
Effets	• **Actes annulés ou réduits** • Parfois annulation d'actes antérieurs	• **Actes sous tutelle : nuls de droit** • Actes antérieurs : annulables	
Cessation	• Absence de renouvellement • Déclaration médicale (disparition de la cause) • Décision de radiation par le Procureur • Ouverture d'une curatelle ou d'une tutelle	• Absence de renouvellement lors du réexamen systématique • Procédure de mainlevée par le Juge des Tutelles (contestable par les proches) • Décès	
Gestion	• Gestion des biens assurée par : – Mandataire volontaire (désigné par le patient) – Mandataire judiciaire (désigné par le juge)	• **Curateur ou tuteur** désigné par le Juge des Tutelles	

CERTIFICAT MEDICAL DE SAUVEGARDE DE JUSTICE

M. le Procureur de la République,

Je, soussigné *(identité du médecin)*
docteur en médecine,
certifie avoir examiné ce jour
(identité du patient)
né le *(date de naissance du patient)*
domicilié à *(adresse du patient)*

J'ai constaté l'altération de ses capacités personnelles le rendant incapable de pourvoir seul à ses intérêts.

Il doit être placé sous sauvegarde de justice.

Le malade *(peut/ne peut pas)* être entendu par le Juge des Tutelles sans que cela porte préjudice à sa santé.

Fait à *(lieu de rédaction)*, le *(date)*

(Signature)

CERTIFICAT MEDICAL DE CURATELLE

M. le Juge des Tutelles,

Je, soussigné *(identité du médecin)*
docteur en médecine,
certifie avoir examiné ce jour
(identité du patient)
né le *(date de naissance du patient)*
domicilié à *(adresse du patient)*

J'ai constaté l'altération de ses facultés mentales (description sans diagnostic).
Il nécessite d'être représenté de manière continue dans les actes de la vie civile.

Pour ces raisons, l'ouverture d'une curatelle paraît justifiée.

Le malade *(peut/ne peut pas)* être entendu par le Juge des Tutelles sans que cela porte préjudice à sa santé.

Fait à *(lieu de rédaction)*, le *(date)*

(Signature)

CERTIFICAT MEDICAL
DE TUTELLE

M. le Juge des Tutelles,

Je, soussigné *(identité du médecin)*
docteur en médecine,
certifie avoir examiné ce jour
(identité du patient)
né le *(date de naissance du patient)*
domicilié à *(adresse du patient)*

J'ai constaté l'altération de ses facultés mentales (description sans diagnostic).

Il nécessite d'être représenté de manière continue dans les actes de la vie civile.

Pour ces raisons, l'ouverture d'une tutelle paraît justifiée.

Le malade *(peut/ne peut pas)* être entendu par le Juge des Tutelles sans que cela porte préjudice à sa santé.

Fait à *(lieu de rédaction)*, le *(date)*

(Signature)

ITEM 52

C MANDAT

	Mandat de protection future	Mandat d'accompagnement social personnalisé	Mandat d'accompagnement judiciaire
Abréviation	MPF	MASP	MAJ
Indications	• Destiné aux malades non protégés dans l'hypothèse d'une altération de ses facultés mentales	• Destiné aux malades bénéficiaires de prestations sociales • Et incapables de les gérer seule	• Destiné aux malades bénéficiaires de prestations sociales • Après échec d'une MASP
Procédure	• Signature du mandat par le patient et son mandataire • Présence d'un notaire	• Signature d'un contrat entre le patient et le conseil général du département	• Le Président du Conseil Général informe le Procureur de la République de l'échec d'une MASP • Juge des Tutelles
Prise d'effet Durée	• Prise d'effet : lors de la perte des facultés mentales du patient (certificat médical) • Durée : tant que persiste l'altération des facultés mentales	• Prise d'effet : lors de la signature du contrat • Durée : 6 mois à 2 ans • Renouvelable 1 fois (durée totale ≤ 4 ans) après évaluation médicosociale	• Prise d'effet : lors du jugement • Durée : 6 mois à 2 ans • Renouvelable 1 fois (durée totale ≤ 4 ans) après évaluation médicosociale

Effets	• Protection du patient • Protection du patrimoine	• Gestion d'une partie ou de la totalité des prestations sociales du patient par le Conseil Général (paiement du loyer et des charges locatives)	• Gestion de la totalité des prestations sociales du patient par le mandataire judiciaire (paiement du loyer et des charges locatives)
Cessation	• Déclaration médicale (disparition de l'altération des facultés mentales) • Décès	• Décision du Conseil Général • Absence de renouvellement • Echec de la MASP • MASP > 4 ans	• Décision du Juge des Tutelles • Absence de renouvellement • MAJ > 4 ans
Gestion	• Mandataire désigné à l'avance par le patient	• Conseil Général du département du patient	• Mandataire judiciaire désigné par le Juge

Conférences de consensus – Recommandations

Année	Source	Titre
1968	Législatif	Loi de protection de l'incapable majeur
1980	OMS	CIDIH = Classification Internationale des Déficiences, Incapacités et Handicaps
2001	OMS	CIF = Classification Internationale du Fonctionnement, du handicap et de la santé
2010	Législatif	Rectification loi de protection de l'incapable majeur (mars 2007 appliquée en début janvier 2010)
2012	AAMR	Association Américaine de Retard Mental
2012	UNAPEI	Union Nationale des Associations de Parents et Amis de Personnes Handicapées Mentales
2012	Code Civil	Article 490 et autres (dont modifications)

Sujets tombés à l'ECN

Année	Contenu
2004	Syndrome de Korsakoff dans le cadre d'un alcoolisme chronique
2007	Etat maniaque dans le cadre d'un trouble bipolaire
2010	Schizophrénie paranoïde et prise en charge au long cours

INTER MEMO ECN
Fiches de synthèse illustrées

Pour gagner du temps

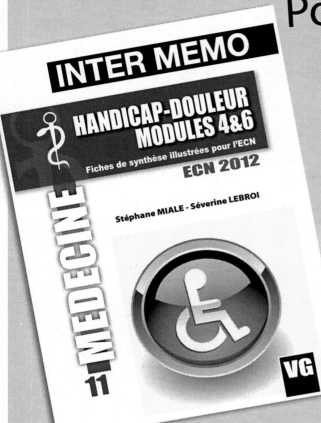

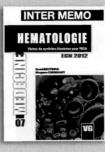

www.vg-editions.com

PRINCIPALES TECHNIQUES DE REEDUCATION ET DE READAPTATION
SAVOIR PRESCRIRE LA MASSOKINESITHERAPIE ET L'ORTHOPHONIE

Item
53
-
Module 4
Partie I

hapitre **5**

OBJECTIFS DE L'ECN

- Argumenter les principes d'utilisation et de prescription des principales techniques de rééducation et de réadaptation

MOTS CLES

- Rééducation – réadaptation
- Médecins intervenants coordinateurs : médecin généraliste et/ou spécialiste de Médecine Physique et de réadaptation (MDPR)
- Kinésithérapie : antalgie, prévention des attitudes vicieuses, lutte contre l'amyotrophie et les rétractions tendineuses, équilibre/marche, éducation à l'économie articulaire, maintien de l'autonomie
- Orthophonie : rééducation de la voix, de la parole, de la déglutition
- Ergothérapie

Pour mieux comprendre

- La rééducation et la réadaptation concernent l'ensemble des moyens mis en œuvre afin de pallier à des difficultés d'ordre fonctionnel
- La prise en charge médicale fait intervenir le médecin généraliste ou le médecin spécialiste de médecine Physique et de Réadaptation (MDPR)
- Le mode de prise en charge peut être fait soit en ville, soit dans des services ou centres de rééducation et réadaptation
- Tout médecin doit être en mesure de prescrire un bilan et des séances de massokinésithérapie ou d'orthoptie. L'échange entre le praticien et les intervenants clés de la rééducation – réadaptation est indispensable afin de coordonner le dispositif de soins

- **Plan du chapitre :**
  - A. Généralités rééducation – réadaptation :
    - 1- Définitions
    - 2- Intervenants et prise en charge
    - 3- Soins de Suite et de Réadaptation (SSR)
  - B. Kinésithérapie :
    - 1- Textes de référence
    - 2- Prescription médicale de kinésithérapie
    - 3- Bilan diagnostique kinésithérapeute
    - 4- Objectifs et techniques de kinésithérapie
    - 5- Actes et compétences du kinésithérapeute
    - 6- Nomenclature générale des actes de kinésithérapie
    - 7- Contenu du dossier
  - C. Orthophonie :
    - 1- Principes
    - 2- Déroulement de la prise en charge
    - 3- Prescription médicale
    - 4- Nomenclature générale des actes orthophoniques
  - D. Autres techniques de rééducation et de réadaptation :
    - 1- Ergothérapeute
    - 2- Appareillage

A GENERALITES REEDUCATION – READAPTATION

1	DEFINITIONS		
	Type	**Classification**	**Evolution possible des limitations d'activités**
REEDUCATION	Notion d'ordre **lésionnel** (Toute perte de substance ou altération d'une structure ou d'une fonction psychologique, physiologique ou anatomique)	**Déficience**	**Oui**
READAPTATION	Notion d'ordre **fonctionnel** (Toute réduction partielle ou totale de la capacité d'accomplir une activité dans les limites considérées comme normales pour un être humain)	**Incapacité**	**Non**
	Définition OMS : « Application coordonnée et combinée de mesures dans le domaine médical, social, psychique, technique et pédagogique, qui peuvent aider à remettre le patient à la place qui lui convient le mieux dans la société et/ou à lui conserver cette place »		

2	INTERVENANTS ET PRISE EN CHARGE	
INTERVENANTS	**MEDICAUX**	Médecins intervenants coordinateurs : • **Médecin généraliste** • **Médecin spécialiste de Médecine Physique et de Réadaptation (MDPR)** **Autres médecins spécialistes :** • Orthopédistes • Rhumatologues • ORL • Neurologues • Pédiatres • Ophtalmologistes
	NON MEDICAUX	**Professions paramédicales :** • **Masseur-kinésithérapeute** • **Ergothérapeute** • **Orthophoniste** **Autres professions :** • Ostéopathe • Orthoprothésiste • Orthophoniste, orthoptiste • Pédicure – Podologue • Psychologue – Psychomotricien • Diététicien • Assistante sociale, éducateur spécialisé, enseignants
PRISE EN CHARGE	En **ville** : par les **médecins généralistes** Dans des **services ou centres de rééducation et réadaptation** : par les **médecins spécialistes de Médecine Physique et de réadaptation (MDPR)**	

3	SOINS DE SUITE ET READAPTATION (SSR)
PRINCIPES	• **But : permettre au patient de retrouver une place dans son environnement initial ou le plus proche possible de ce qu'elle était avant, voire de l'aider à s'adapter à une nouvelle vie** • Ils s'adressent à des malades requérant des **soins continus** et comportent une dimension éducative et relationnelle importante • **Le Code de la Santé Publique précise** que les Soins de Suite ou de Réadaptation (SSR) sont dispensés par les établissements de santé concernés, dans le cadre d'un traitement ou d'une surveillance médicale, à des malades requérant des soins continus, **dans un but de réinsertion globale du patient**
FONCTIONS DE SOINS TECHNIQUES ET D'ACCOMPAGNEMENT	• **La limitation des handicaps physiques** qui implique la mise en œuvre de rééducation physique, voire d'appareillage et d'adaptation du milieu de vie • **La restauration somatique et psychologique** grâce à la stimulation des fonctions de l'organisme, la compensation des déficiences provisoires, l'accompagnement psychologique et la restauration des rythmes • **L'éducation du patient et de son entourage** par le biais des apprentissages, de la préparation et de l'adhésion au traitement, de la prévention. Le recours à des relais associatifs peut être utilisé à cet effet • La poursuite et le suivi des soins et du traitement à travers son **adaptation, son équilibration, la vérification de l'observance** par le malade, la surveillance des effets iatrogènes éventuels • Une attention particulière sera portée au **traitement de la douleur** • **La préparation de la sortie et de la réinsertion** en engageant aussi rapidement que possible les demandes d'allocation et d'aides à domicile, en tenant compte éventuellement de la dimension professionnelle

PRISE EN CHARGE	• **Prise en charge globale** avec **équipe multidisciplinaire** (cf. intervenants)
	• Principe de **continuité des soins** : les SSR s'inscrivent au centre de la **filière de soins**
	• « Le principe de continuité des soins apparaît comme le fil conducteur en matière d'organisation des soins de suite ou de réadaptation. Dans le parcours sanitaire d'un patient, ils sont exercés en continuité des soins de courte durée, qui correspondent à une prise en charge pendant la phase aiguë de la maladie » :
	  – **Filière de soins,** organisée et déterminée par la trajectoire du patient, en fonction de son état de santé
	  – **Réseau de soins,** constitué par plusieurs acteurs de santé organisés entre eux et, de ce fait, aptes à la prise en charge du patient en fonction de ses besoins

B KINESITHERAPIE

1	TEXTES DE REFERENCE	
3 TEXTES DE REFERENCE	• **Le Code de la Santé Publique :** – « La massokinésithérapie consiste en des **actes réalisés** de façon **manuelle ou instrumentale,** notamment à des fins de rééducation, qui ont pour but de **prévenir l'altération des capacités fonctionnelles**, de **concourir à leur maintien** et, lorsqu'elles sont altérées, de **les rétablir ou d'y suppléer.** Ils sont adaptés à l'évolution des sciences et des techniques » • **Le décret de compétence modifié le 27 juin 2000 par décret** • **L'Arrêté du 4 octobre 2000** modifiant la Nomenclature générale des actes professionnels des médecins, des chirurgiens-dentistes, des sages-femmes et des auxiliaires médicaux	
DECRET DE COMPETENCE	Art 1	• **Définition** des actes du kiné
	Art 2	• **Bilan et diagnostic** du kiné
	Art 3	• Définition du **massage**
	Art 4	• Définition de la **gymnastique**
	Art 5	• **Liste des traitements de rééducation** que le kiné peut effectuer uniquement sur ordonnance médicale
	Art 6	• Evaluation, adaptation et surveillance de l'**appareillage** et des moyens d'assistance
	Art 7	• Définition des **techniques employées**
	Art 8 et 9	• Actes que le kiné est habilité à réaliser
	Art 10 à 13	• Autres actions du kiné
ROLES DU KINESITHERAPEUTE Décret de compétence **(Articles 1, 2 et 6)** Code de la Santé Publique	**Bilan :** • « **Dans le cadre de la prescription médicale, le kiné établit un bilan qui comprend le diagnostic kinésithérapique et les objectifs de soins, ainsi que le choix des actes et des techniques qui lui paraissent les plus appropriés »** **Traitement : actes de rééducation :** • Les actes effectués par le kiné sont « réalisés de façon **manuelle ou instrumentale,** notamment à des **fins de rééducation »,** et « ont pour but de **prévenir l'altération des capacités fonctionnelles, de concourir à leur maintien et, lorsqu'elles sont altérées, de les rétablir ou d'y suppléer »** **Adaptation des actes de rééducation :** • Le kiné est habilité à **« procéder à toutes évaluations utiles** à la réalisation des traitements mentionnés à l'article 5, ainsi qu'à **assurer l'adaptation et la surveillance de l'appareillage et des moyens d'assistance »**	
DEFINITION **DECRET DE COMPETENCE (ARTICLES 1 ET 2)**	**Gymnastique :** • « On entend par gymnastique médicale la réalisation et la surveillance des actes à visée de rééducation neuro-musculaire, corrective ou compensatrice, effectués dans un but thérapeutique ou préventif afin d'éviter la survenue ou l'aggravation d'une affection • Le masseur-kinésithérapeute utilise à cette fin des postures et des actes de mobilisation articulaire passive, active, active aidée ou contre résistance, à l'exception des techniques ergothérapiques »	

2	PRESCRIPTION MEDICALE DE KINESITHERAPIE

MODALITES DE PRESCRIPTION	**Où se fait-elle ?**
	 • Elle se fait sur la **même ordonnance que celle des médicaments**
	 • Prise en charge à **100%** ou non
	 • **Entente préalable**
	 Contenu :
	 • **Règle classique d'une ordonnance**
	 • **Titre : type** de rééducation (cf. intitulés de la nomenclature)
	 • **Mention spécifiques :**
	   – **« Acte urgent » si nécessaire** (évitant le délai trop long entre la prescription et la réalisation de la kinésithérapie)
	   – **Lieu :** à domicile
	   – **Week-ends et jours fériés**
	 • **Renseignements cliniques :**
	   – **Pathologie**
	   – **Articulations ou organes** en cause
	   – Pathologie associée ou **spécificité contre-indiquant certains gestes**
	 • **Protocole de kinésithérapie :**
	   – **Fréquence et nombre de séances**
	   – **Type :** active, passive, proprioceptive, physiothérapie…
	   – Eventuelles contre-indications
	   – Lieu : domicile, centre, piscine

Dr REDUCATION Paul
N°Siret

                         M. DUPUIS Jean
                         Le

• **Titre :** type de rééducation (cf. intitulés de la nomenclature)
• **Mentions spécifiques :**
  – « Acte urgent » si nécessaire (évitant le délai trop long entre la prescription et la réalisation de la kinésithérapie)
  – Lieu : à domicile
  – Week-ends et jours fériés
• **Renseignements cliniques :**
  – Pathologie
  – Articulations ou organes en cause
  – Pathologie associée ou spécificité contre-indiquant certains gestes
• **Protocole de kinésithérapie :**
  – Fréquence et nombre de séances
  – Type : active, passive, proprioceptive, physiothérapie…
  – Eventuelles contre-indications
  – Lieu : domicile, centre, piscine

                         Date et signature

100% ?

Afin de conserver votre mémoire visuelle, le détail des rééducations spécifiques tombables à l'ECN sera à étudier dans vos livres de spécialités (en conformité aux conférences de consensus ci-dessous).

2000	ANAES	Rééducation de l'entorse externe de la cheville
2001	ANAES	Pathologies de la coiffe des rotateurs et massokinésithérapie
2003	ANAES	Cervicalgies communes : massokinésithérapie
2005	HAS	Lombalgies communes : prise en charge masso-kinésithérapique
2007	HAS	Polyarthrite rhumatoïde : massokinésithérapie

A titre d'exemple, nous vous indiquons les mots clés dans le cadre de certaines rééducations tombables à l'ECN.

PATHOLOGIES	EXEMPLES TYPES DE REEDUCATION
RUPTURE DE LIGAMENT CROISE **FRACTURE DE MEMBRES** **GONARTHROSE**	• Rééducation **passive (traction, mobilisation, massage) : amplitude articulaire** • Rééducation **active :** – **Renforcement musculaire analytique et global** – **Verticalisation** progressive sur plan incliné pour appui partiel (fracture des MI), verticalisation « complète », **déambulation** – Réentraînement et **réadaptation à l'effort** – **Education :** éventuelles mesures de protection, règles d'**économie articulaire**, prise de **poids** (gonarthrose) • Rééducation **proprioceptive :** équilibre debout • **Physiothérapie : antalgique** et **trophique** • **Hydrothérapie : balnéothérapie, appui partiel*** (fracture des MI) • **Aides techniques : déambulateur, canne, releveurs…**
ALGODYSTROPHIE EN PHASE CHAUDE	• But : à visée **antalgique** et **prévention des rétractions** • **Kinésithérapie progressive** et **NON douloureuse** • Rééducation **passive : drainage de l'œdème, amplitude articulaire** • Rééducation **active :** respect de la **règle de la non douleur** • Hydrothérapie : **balnéothérapie** • **Physiothérapie : bains chauds et froids, neurostimulation transcutanée** à visée antalgique
SYNDROME DE DECONDITIONNEMENT A L'EFFORT	• **Critères :** – Diminution de la **souplesse** et de l'extensibilité musculaire – Diminution de la **force** et de l'**endurance musculaire** – Diminution des **capacités aérobies** • **Rééducation = programme de restauration fonctionnelle :** – **Physique :** articulaire (souplesse), musculaire (force, endurance) et capacités aérobies – **Psychologique :** gestion du stress, de l'appréhension, de l'anxiété et des troubles dépressifs – **Sociale :** réinsertion sportive et professionnelle

	EXEMPLE DE LA PARAPLEGIE TYPE DE REEDUCATION ET READAPTATION
PRECOCE	• **Nursing +++** • **Kinésithérapie passive** et **active (mobilisation articulaire** sus/sous-lésionnelle, **renforcement des muscles** sus-lésionnels dont **respiratoires)** • Prise en charge des **troubles sphinctériens : auto-sondage** • **Aides techniques** • Prise en charge **psychologique**
BILAN GENERAL	• Bilan **neurologique : moteur, sensitif, sphinctérien** • Bilan **orthopédique** et **rhumatologique : articulaire, musculaire, proprioception** Bilan **cutané** et « sous-cutané » : prévenir les **escarres**, recherche d'**ostéomes** • Bilan **psychologique : retentissement** psychologique, **dépression** • Bilan **social : familial, professionnel, financier** • **Etat d'éducation** du patient

AU LONG COURS	**Kinésithérapie :**
	• Rééducation **passive (traction, mobilisation, massage) : mobilisation articulaire sus/sous-lésionnelle, spasticité,** respiratoire
	• Rééducation **active :**
	  – **Renforcement musculaire analytique et global sus-lésionnel** dont **respiratoire**
	  – **Verticalisation** progressive voire déambulation si possible (rare)
	  – **Réadaptation (lutte contre la désadaptation)**
	  – **Education : transfert lit-fauteuil, station assise** à privilégier, **prévenir les complications** (ostéo-articulaires, **escarres,** hyperréflexie autonome)
	• Rééducation proprioceptive
	• Physiothérapie trophique
	• Hydrothérapie : balnéothérapie, appui partiel (fracture des MI)
	
	Autres :
	• **Ergothérapie**
	• **Aides techniques : fauteuil,** coussin
	• **Rééducation vésico-sphinctérienne et intestinale, apprentissage de l'auto-sondage***
	• Correction des **troubles sexuels**

3		**BILAN DIAGNOSTIQUE KINESITHERAPEUTE**
CONTENU		**Bilan initial :** • **Extrait du dossier masso-kinésithérapique** • **Buts :** – **Etablit le diagnostic kinésithérapique** – **Assure la liaison avec le médecin prescripteur** • **Le bilan est le reflet des examens cliniques successifs réalisés par le masseur-kinésithérapeute et comporte :** – **L'évaluation initiale des déficiences** (analyse des déformations et des degrés de liberté articulaire, évaluation de la force musculaire, de la sensibilité, de la douleur…) – **L'évaluation initiale des incapacités fonctionnelles** (évaluation des aptitudes gestuelles, possibilité ou non de réaliser les gestes de la vie courante et de la vie professionnelle…) • **Ces évaluations permettent d'établir un diagnostic kinésithérapique et de choisir les actes et les techniques les plus appropriés :** – **Nombre et rythme des séances** – **Objectifs** – **Techniques** de rééducation **Le suivi du kiné :** • La **description du protocole thérapeutique** mis en œuvre (choix des actes et des techniques, nombre et rythme des séances, lieu de traitement, traitement individuel et/ou en groupe) • La **description des événements** ayant éventuellement justifié des modifications thérapeutiques ou l'interruption du traitement • Les **résultats obtenus** par le traitement, notamment en termes anatomiques et fonctionnels par rapport à l'objectif initial • Les **conseils** éventuellement donnés par le masseur-kinésithérapeute à son patient • Les **propositions consécutives** (poursuite du traitement, exercices d'entretien et de prévention…)
ENVOI DU BILAN AU MEDECIN PRESCRIPTEUR		• Une **fiche synthétique du bilan-diagnostic kinésithérapique initial** est adressée dès le début du traitement au médecin prescripteur : – **Evaluation** – **Diagnostic kinésithérapique** – **Protocole thérapeutique précisant le nombre de séances** • Toutefois, lorsque le nombre de séances préconisé par le masseur-kinésithérapeute est inférieur à 10, l'information du médecin prescripteur peut se limiter à une copie de demande d'entente préalable • Une fiche synthétique du bilan-diagnostic kinésithérapique est adressée au médecin prescripteur au terme d'un traitement supérieur ou égal à 10 séances. Le cas échéant, cette fiche comporte les motifs et les modalités d'une proposition de prolongation du traitement, notamment quant au nombre de séances. Une nouvelle demande d'entente préalable est adressée au service médical, accompagnée d'une nouvelle prescription et d'une copie de la fiche • A tout moment, notamment au vu de la fiche synthétique, le médecin prescripteur peut intervenir, en concertation avec le masseur-kinésithérapeute, pour demander une modification du protocole thérapeutique ou interrompre le traitement « La fiche synthétique du bilan-diagnostic kinésithérapique est tenue à la disposition du patient et du service médical à sa demande »

NOMBRE DE SEANCES	< 10 SEANCES	≥ 10 SEANCES
ENVOI DU BILAN AU MEDECIN PRESCRIPTEUR OBLIGATOIRE	NON	OUI
INFORMATION DU MEDECIN PRESCRIPTEUR PAR LE KINE	Copie de la demande d'entente préalable	Fiche synthétique du bilan-diagnostic kinésithérapique initial Fiche synthétique du bilan-diagnostic kinésithérapique post-thérapeutique

DEROULEMENT DE LA PRISE EN CHARGE KINESITHERAPEUTIQUE

KINE

MEDECIN

Bilan-diagnostic kinésithérapique initial
- Evaluation (déficience, incapacité)
- Diagnostic kinésithérapique
- Protocole thérapeutique précisant le nombre de séances
- Rédaction de la fiche synthétique du bilan-diagnostic kinésithérapique initial

Prescription de kinésithérapie par le médecin

| < 10 SEANCES | ≥ 10 SEANCES |

Fiche synthétique du bilan-diagnostic kinésithérapique initial :
- Evaluation
- Diagnostic kinésithérapique
- Protocole thérapeutique précisant le nombre de séances

Demande d'entente préalable

Copie de demande d'entente préalable

Traitement

Fin du traitement

Fiche synthétique du bilan-diagnostic kinésithérapique :
- Protocole thérapeutique utilisé
- Description des événements
- Conseils au patient
- Proposition éventuelle de poursuite du traitement

Bilan-diagnostic kinésithérapique
- Protocole thérapeutique utilisé
- Description des événements
- Conseils au patient
- Proposition éventuelle de poursuite du traitement

+/-

Prescription de kinésithérapie par le médecin

STOP

STOP
OU
POURSUITE DU TRAITEMENT

OBJECTIFS DE LA REEDUCATION	• **Levée de l'inhibition douloureuse** • Lutte contre les **rétractions musculo-tendineuses et ligamentaires** • Maintien des **amplitudes** articulaires fonctionnelles • Lutte contre l'**amyotrophie** et renforcement musculaire • Lutte contre les attitudes vicieuses • **Réadaptation à l'effort** • Travail de **l'équilibre et de la marche** et rééducation proprioceptive • **Education** du patient (économie articulaire et hygiène de vie)

	TYPE DE KINESITHERAPIE	CONTENU	BUTS (Non exhaustif)
TECHNIQUES DE KINESITHERAPIE	**KINESITHERAPIE PASSIVE**	• Massages • Postures • Mobilisations • Tractions • Etirements musculo-tendineux • Mécanothérapie • Relaxation neuro-musculaire	• Diminuer les douleurs • Préserver la trophicité musculaire • Gain d'amplitude

	KINESITHERAPIE ACTIVE	• Renforcement musculaire :
		  – Isométrique (longueur constante)
		  – Isotonique (charge constante)
		  – Isocinétique (vitesse constante)
			• Renforcement musculaire
			• Rééducation sensorimotrice

	PHYSIOTHERAPIE	• Cryothérapie : physiothérapie par le chaud
		• Thermothérapie : physiothérapie par le froid
		• Electrothérapie :
		  – Application de courants électriques
		  – Utilisation des ondes mécaniques (infrasons, vibrations sonores, ultrasons)
		  – Utilisation des ondes électromagnétiques (ondes courtes, ondes centrimétriques, infrarouge, ultraviolets)
			• Action antalgique
			• Action trophique
			• Lutte contre les raideurs

	HYDROTHERAPIE	• Balnéothérapie • Massage en jet	• Effet antalgique • Lutte contre la raideur

MASSAGE	**Définition** selon le décret de compétence (Art 1 et 2) :
	• « Toute **manœuvre externe, réalisée sur les tissus, dans un but thérapeutique ou non, de façon manuelle ou par l'intermédiaire d'appareils autres** que les appareils d'électrothérapie, avec ou sans l'aide de produits, qui comporte une mobilisation ou une stimulation méthodique, mécanique ou réflexe de ces tissus »
	Contre-indications :
	• Dermatoses infectieuses (impétigo, érysipèle…)
	• Dermatoses surinfectées (eczéma surinfecté…)
	• Matériel d'ostéosynthèse sous-cutané
	Types :
	• **Pressions :**
	  – Multiples : proprioception, œdème, contractures musculaires…
	  – Types :
	    ▪ Glissées (superficielles ou profondes)
	    ▪ Locales à but circulatoire

MASSAGE	• **Pétrissage :**
	  – Contractures musculaires
	  – Types :
	    ▪ Pression et étirement
	    ▪ Le palper-rouler est la technique la plus utilisée
	• **Frictions :**
	  – Séquelles cicatricielles ligamentaires
	• **Drainage lymphatique :**
	  – Massage à visée circulatoire

MOBILISATION	**Déroulement :**
	• **Mobilisations régulières :**
	  – Actives
	  – Passives
	• **Positionnement après les mobilisations :**
	  – = Phases de repos articulaires dans certaines postures pour maintenir ou gagner les amplitudes articulaires
	  – 2 types de postures :
	    ▪ Postures manuelles
	    ▪ Postures instrumentales (à l'aide d'orthèse)
	Buts :
	• Maintenir l'amplitude articulaire
	• Augmenter l'amplitude articulaire

RENFORCEMENT MUSCULAIRE

TYPES	MECANISMES	PHYSIOLOGIE MUSCULAIRE
STATIQUE	**Sans déplacement** d'un segment de membre	**Isométrique** (longueur constante)
DYNAMIQUE	**Avec déplacement** d'un segment de membre : • Soit en concentrique • Soit en excentrique	**Isotonique** (charge constante)
ISOCINETIQUE	**Vitesse constante**	**Isocinétique** (vitesse constante)

BALNEOTHERAPIE	**Contre-indications :** • Dermatoses infectieuses (impétigo, érysipèle…) • Dermatoses surinfectées (eczéma surinfecté…) • Certaines pathologies cardiaques ou infectieuses… **Mécanismes :** • Chaleur • Pression hydrostatique • Disparition des appuis • Fluidité des mouvements **Remboursement des soins :** • Valide si précision spécifique sur l'ordonnance
ELECTRO-PHYSIOTHERAPIE	• Applications de courants électriques : courant continu ou galvanique, galvanisation, diélectrolyse médicamenteuse, le choix du produit médicamenteux étant de la compétence exclusive du médecin prescripteur, et courant d'électro-stimulation antalgique et excitomoteur • Utilisation des ondes mécaniques (infrasons, vibrations sonores, ultrasons) • Utilisation des ondes électromagnétiques (ondes courtes, ondes centrimétriques, infrarouge, ultraviolets)

ACTES DE REEDUCATION SUR ORDONNANCE	Les traitements de rééducation que le kiné peut effectuer uniquement sur ordonnance médicale sont définis de manière très précise :
	• Rééducation concernant un système ou un appareil :
	  – Rééducation orthopédique
	  – Rééducation neurologique
	  – Rééducation des affections traumatiques ou non de l'appareil locomoteur
	  – Rééducation respiratoire
	  – Rééducation cardiovasculaire, sous réserve des dispositions – article 8
	  – Rééducation des troubles trophiques vasculaires et lymphatiques
	• Rééducation concernant des séquelles :
	  – Rééducation de l'amputé, appareillé ou non
	  – Rééducation abdominale, y compris du *post-partum* à compter de l'examen postnatal
	  – Rééducation périnéo-sphinctérienne dans les domaines urologique, gynécologique et proctologique, y compris du *post-partum* à compter du 90ème jour après l'accouchement
	  – Rééducation des brûlés
	  – Rééducation cutanée
	• Rééducation d'une fonction particulière :
	  – Rééducation de la motilité faciale et de la mastication
	  – Rééducation de la déglutition
	  – Rééducation des troubles de l'équilibre

ACTES REALISABLES SANS ORDONNANCE	Le kiné est « habilité :
	• A pratiquer des élongations vertébrales par tractions mécaniques (mise en œuvre manuelle ou électrique)
	• A participer à la rééducation cardiovasculaire de sujets atteints d'infarctus du myocarde récent et à procéder à l'enregistrement d'électrocardiogrammes au cours des séances de rééducation cardiovasculaire, l'interprétation en étant réservée au médecin
	• A participer à la rééducation respiratoire
	• A prendre la pression artérielle et les pulsations
	• Au cours d'une rééducation respiratoire :
	  – A pratiquer les aspirations rhinopharyngées et les aspirations trachéales chez un malade trachéotomisé ou intubé
	  – A administrer en aérosols, préalablement à l'application de techniques de désencombrement ou en accompagnement de celle-ci, des produits non médicamenteux ou des produits médicamenteux prescrits par le médecin
	  – A mettre en place une ventilation par masque
	  – A mesurer le débit respiratoire maximum
	• A prévenir les escarres
	• A assurer la prévention non médicamenteuse des thromboses veineuses
	• A contribuer à la lutte contre la douleur et à participer aux soins palliatifs »

AUTRES ACTIONS DU KINE	Le kiné est habilité : • A pratiquer les gestes de secours (article 10) • A « participer à l'établissement des bilans d'aptitude aux activités physiques et sportives et au suivi de l'entraînement et des compétitions » (article 11) • A « participer à la réalisation de bilans ergonomiques et à participer à la recherche ergonomique » (article 13) Le kiné peut participer « à différentes actions d'éducation, de prévention, de dépistage, de formation et d'encadrement. Ces actions concernent en particulier : • La formation initiale et continue des masseurs-kinésithérapeutes • La contribution à la formation d'autres professionnels • La collaboration, en particulier avec les autres membres des professions sanitaires et sociales, permettant de réaliser des interventions coordonnées, notamment en matière de prévention • Le développement de la recherche en rapport avec la massokinésithérapie • La pratique de la gymnastique hygiénique, d'entretien ou préventive »

6	NOMENCLATURE GENERALE DES ACTES DE KINESITHERAPIE	

Art. 1er Rééducation des conséquences des affections orthopédiques et rhumatologiques	• Rééducation d'un membre et de sa racine, quelles que soient la nature et la localisation de la pathologie traitée (la cotation est la même, que la rééducation porte sur l'ensemble du membre ou sur un segment de membre) : 7
	• Rééducation de tout ou partie de plusieurs membres, ou du tronc et d'un ou plusieurs membres : 9
	• Rééducation et réadaptation, après amputation, y compris l'adaptation à l'appareillage :
	  – Amputation de tout ou partie d'un membre : 7
	  – Amputation de tout ou partie de plusieurs membres : 9
	Les cotations afférentes aux 4 actes ci-dessus comprennent l'éventuelle rééducation des ceintures
	• Rééducation du rachis et/ou des ceintures quelles que soient la nature et la localisation de la pathologie traitée (la cotation est la même quand la pathologie rachidienne s'accompagne d'une radiculalgie n'entraînant pas de déficit moteur) : 7
	• Rééducation de l'enfant ou de l'adolescent pour déviation latérale ou sagittale du rachis : 7	

Art. 2 Rééducation des conséquences des affections rhumatismales inflammatoires	• Rééducation des malades atteints de rhumatisme inflammatoire (pelvispondylite, polyarthrite rhumatoïde…) :
	  – Atteinte localisée à un membre ou au tronc : 7
	  – Atteinte de plusieurs membres, ou du tronc et d'un ou plusieurs membres : 9	

Art. 3 Rééducation de la paroi abdominale	• Rééducation abdominale préopératoire ou postopératoire : 7 • Rééducation abdominale du *post-partum* : 7	

Art. 4 Rééducation les conséquences d'affections neurologiques et musculaires	• Rééducation des atteintes périphériques radiculaires ou tronculaires :
	  – Atteintes localisées à un membre ou à la face : 7
	  – Atteintes intéressant plusieurs membres : 9
	• Rééducation de l'hémiplégie : 8
	• Rééducation de la paraplégie et de la tétraplégie : 10
	• Rééducation des affections neurologiques stables ou évolutives pouvant regrouper des déficiences diverses (commande musculaire, tonus, sensibilité, équilibre, coordination…) en dehors de l'hémiplégie et de la paraplégie :
	  – Localisation des déficiences à un membre et sa racine : 7
	  – Localisation des déficiences à 2 membres ou plus, ou d'un membre et à tout ou partie du tronc et de la face : 9
	Les cotations afférentes aux 2 actes ci-dessus ne s'appliquent pas à la rééducation de la déambulation chez les personnes âgées
	• Rééducation des malades atteints de myopathie : 10
	• Rééducation des malades atteints d'encéphalopathie infantile : 10	

Art. 5 Rééducation des conséquences des affections respiratoires	• Rééducation des maladies respiratoires avec désencombrement urgent (bronchiolite du nourrisson, poussée aiguë au cours d'une pathologie respiratoire chronique, poussée aiguë au cours d'une mucoviscidose) : 7 • Les séances peuvent être réalisées au rythme de 2 par jour et la durée est adaptée en fonction de la situation clinique • Par dérogation aux dispositions liminaires du titre XIV, dans les cas où l'état du patient nécessite la conjonction d'un acte de rééducation respiratoire (pour un épisode aigu) et d'un acte de rééducation d'une autre nature, les dispositions de l'article 11B des dispositions générales sont applicables à ces 2 actes • Rééducation des maladies respiratoires, obstructives, restrictives ou mixtes (en dehors des situations d'urgence) : 7 « Rééducation respiratoire préopératoire ou postopératoire : 7	
Art. 6 Rééducation dans le cadre des pathologies maxillo-faciales et oto-rhino-laryngologiques	• Rééducation maxillo-faciale en dehors de la paralysie faciale : 7 • Rééducation vestibulaire et des troubles de l'équilibre : 7 • Rééducation des troubles de la déglutition isolés : 7	

Art. 7
Rééducation
des conséquences
des affectations vasculaires
	• Rééducation pour artériopathie des membres inférieurs (claudication, troubles trophiques) : 7
	• Rééducation pour insuffisance veineuse des membres inférieurs avec retentissement articulaire et/ou troubles trophiques : 7
	• Rééducation pour lymphœdèmes vrais (après chirurgie et/ou radiothérapie, lymphœdèmes congénitaux) par drainage manuel :
	  – Pour 1 membre ou pour le cou et la face : 7
	  – Pour 2 membres : 9
	• Supplément pour bandage multicouche :
	  – 1 membre : 1
	  – 2 membres : 2

Art. 8 **Rééducation** **des conséquences** **des affections périnéo-** **sphinctériennes**	• Rééducation périnéale active sous contrôle manuel et/ou électro-stimulation et/ou biofeedback : 7
Art. 9 **Rééducation** **de la déambulation** **du sujet âgé**	Les actes ci-dessous sont réalisés en dehors des cas où il existe une autre pathologie nécessitant une rééducation spécifique : • Rééducation analytique et globale, musculo-articulaire des 2 membres inférieurs, de la posture, de l'équilibre et de la coordination chez le sujet âgé : 8 • Rééducation de la déambulation dans le cadre du maintien de l'autonomie de la personne âgée (séance d'une durée de l'ordre de 20 minutes) : 6 • Cet acte vise à l'aide au maintien de la marche, soit d'emblée, soit après la mise en œuvre de la rééducation précédente
Art. 10 **Rééducation des patients** **atteints de brûlures**	Les séances peuvent être réalisées au rythme de 2 par jour en fonction de la situation clinique : • Rééducation d'un patient atteint de brûlures localisées à un membre ou à un segment de membre : 7 • Rééducation d'un patient atteint de brûlures étendues à plusieurs membres et/ou au tronc : 9
Art. 11 **Soins palliatifs**	• Prise en charge, dans le cadre des soins palliatifs, comportant les actes nécessaires en fonction des situations cliniques (mobilisation, massage, drainage bronchique…), cotation journalière forfaitaire quel que soit le nombre d'interventions : 12
Art. 12 **Manipulations vertébrales**	• La séance, avec un maximum de 3 séances : 7

7	CONTENU DU DOSSIER
RENSEIGNEMENTS SOCIO-ADMINISTRATIFS	• Numéro de dossier • Nom • Prénom • Sexe • Date et lieu de naissance • Adresse • Téléphone • Profession • Situation familiale • Environnement – Conditions de vie • Activité(s) et sport(s) pratiqué(s) • Nom de l'assuré • Numéro de Sécurité Sociale • Personne référente du patient (père, mère, tuteur, etc.) • Référence de la mutuelle • Date de la demande d'entente préalable (DEP) • Mode de transport • Date de la première séance • Date de la dernière séance • Nom du masseur-kinésithérapeute • Autres intervenants

RENSEIGNEMENTS MEDICAUX	• Diagnostic médical
	• Histoire de la maladie
	• Pathologie(s) :
	  – Nécessitant l'hospitalisation
	  – Nécessitant la prise en charge masso-kinésithérapique
	  – Autre(s) pathologie(s)
	• Antécédents :
	  – Médicaux
	  – Chirurgicaux
	  – Masso-kinésithérapiques
	  – Familiaux
	• Comptes-rendus :
	  – D'examens (imagerie, explorations fonctionnelles, etc.)
	  – Opératoire
	  – D'hospitalisation
	  – De consultation
	• Traitement(s) actuels(s)
	• Prescription médicale du traitement masso-kinésithérapique
	• Médecin prescripteur

EXAMEN MASSO-KINESITHERAPIQUE	• Contenant les fiches de bilans réactualisées et identifiées
DIAGNOSTIC KINESITHERAPIQUE	–

OBJECTIFS DE LA PRISE EN CHARGE MASSO-KINESITHERAPIQUE	• Comprenant notamment :
	  – Les objectifs de traitement et les priorités
	  – Les délais prévus pour atteindre les objectifs fixés

TRAITEMENT MASSO-KINESITHERAPIQUE INDISPENSABLE	• Il fait état de la prise en charge masso-kinésithérapique :
	  – La stratégie thérapeutique, préventive et éducative
	  – Des techniques exprimées selon la cotation de la nomenclature générale des actes professionnels ou selon le codage PMSI
	• La tenue d'un « séancier » pour le suivi thérapeutique est recommandée

RESULTATS DU TRAITEMENT – EVALUATION	–
COMPTE-RENDU DE FIN DE TRAITEMENT	–
CORRESPONDANCE PROFESSIONNELLE	–

C   ORTHOPHONIE

1		PRINCIPES
	ROLES DE L'ORTHOPHONISTE	• **Bilans :** – Bilan orthophonique avec **rééducation si nécessaire** – Bilan orthophonique **d'investigation** – Bilan orthophonique **de renouvellement** • **Rééducations :** – Rééducation **individuelle** – Rééducation **nécessitant des techniques de groupe**
	CARACTERISTIQUES DES ACTES D'ORTHOPHONIE	La nomenclature des actes d'orthophonie dont la date d'effet a eu lieu le 24 décembre 2006 fixe : • **La cotation de chaque acte :** – Les **bilans** – Les **rééducations** • **Les caractéristiques de chaque séance de rééducation :** – **Durée minimale** – **Nombre de séances initiales** – Nombre de séances **renouvelables** Chaque acte est assimilé à une cotation proportionnelle à la rémunération effectuée

ACTES	INTITULES	DETAILS
BILAN	**EXAMENS AVEC COMPTE-RENDU ECRIT OBLIGATOIRE**	**TYPES DE BILAN** • **Bilan orthophonique avec rééducation si nécessaire :** – L'orthophoniste pose le diagnostic – Il détermine lui-même : 　▪ Les objectifs de la rééducation 　▪ Le nombre 　▪ La nature des séances de rééducation • **Bilan orthophonique d'investigation :** – L'orthophoniste pose le diagnostic – Il propose au médecin un plan de soins • **Bilan orthophonique de renouvellement :** – A l'issue des 50 ou 100 premières séances, si la rééducation doit être poursuivie – L'orthophoniste dresse un constat – Il détermine les modalités de poursuite de la rééducation **CONTENU DU BILAN** • **Diagnostic orthophonique** • Détermination des **objectifs, nombre et nature des séances** (cas du bilan orthophonique avec rééducation si nécessaire) • Proposition de **plan de soins** (cas du bilan orthophonique d'investigation) • **Compte-rendu établi** pour le médecin consignant l'ensemble des éléments du bilan
REEDUCATION	**REEDUCATION INDIVIDUELLE (ENTENTE PREALABLE)**	• Durée minimale de 30 minutes • La première série de 30 séances est renouvelable par séries de 20 séances au maximum • Durée minimale de 45 minutes • La première série de 50 séances est renouvelable par séries de 50 séances au maximum • Ce renouvellement est accompagné d'une note d'évolution au médecin prescripteur
	REEDUCATION NECESSITANT DES TECHNIQUES DE GROUPE	• Dispensée à raison d'au moins 1 praticien pour 4 personnes • Il est conseillé de constituer des groupes de gravité homogène • Par première série de 30 séances d'une durée minimale d'1 heure, renouvelable par séries de 20 séances au maximum • Entente préalable

TRAITEMENT RENOUVELLEMENT

Bilan orthophonique
avec rééducation
si nécessaire

Bilan orthophonique
d'investigation

Bilan
orthophonique
de renouvellement

2	DEROULEMENT DE LA PRISE EN CHARGE	
PRESCRIPTION MEDICALE *Prescription*	Elle contient : • Les motivations de la demande de bilan • Tout élément susceptible d'orienter la recherche de l'orthophoniste Elle mentionne l'un des 2 types de demande : • Bilan orthophonique avec rééducation si nécessaire • Bilan orthophonique d'investigation	
BILAN ORTHOPHONIQUE PAR L'ORTHOPHONISTE	Bilan orthophonique avec rééducation si nécessaire	Bilan orthophonique d'investigation
COMPTE-RENDU AU MEDECIN PAR L'ORTHOPHONISTE	• Diagnostic orthophonique • Si des séances de rééducation doivent être dispensées, il comprend : – Les objectifs de la rééducation – Le nombre – La nature des séances	• Diagnostic orthophonique • Propositions de l'orthophoniste concernant un plan de soins
AVIS DU MEDECIN A LA RECEPTION DU COMPTE-RENDU	*Prescription* NON Aucun avis n'est donné sauf contre-indications médicales	OUI • Le médecin décide • Il peut alors prescrire une rééducation orthophonique en conformité avec la nomenclature
ACTIONS DE L'ORTHOPHONISTE	• Il n'a pas besoin de l'avis du médecin sauf contre-indications médicales • Il établit de façon autonome une demande d'entente préalable • Il traite le patient	• Il a besoin de l'avis du médecin • Il reçoit la prescription de rééducation orthophonique du médecin • Il établit une demande d'entente préalable • Il traite le patient
A LA FIN DU TRAITEMENT (A L'ISSUE DES 50 OU 100 PREMIERES SEANCES SELON LE TYPE DE REEDUCATION)	• 1er cas : la rééducation est finie • 2ème cas : la rééducation doit être poursuivie : – L'orthophoniste demande au prescripteur un bilan de renouvellement *Prescription*	
LE MEDECIN	Prescrit le bilan orthophonique de renouvellement	
L'ORTHOPHONISTE	• Reçoit le bilan orthophonique de renouvellement • Traite le patient conformément à la procédure décrite pour le 1er type de bilan	

 = Moments où le médecin peut prescrire

3	PRESCRIPTION MEDICALE	
PRINCIPES	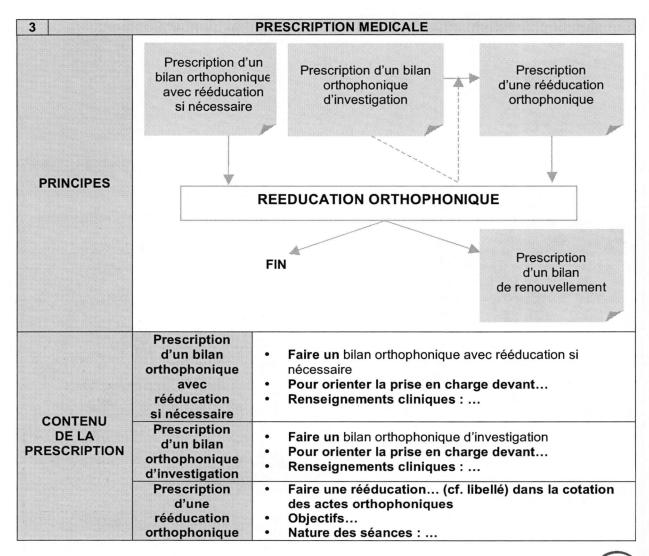	
CONTENU DE LA PRESCRIPTION	**Prescription d'un bilan orthophonique avec rééducation si nécessaire**	• **Faire un** bilan orthophonique avec rééducation si nécessaire • **Pour orienter la prise en charge devant…** • **Renseignements cliniques : …**
	Prescription d'un bilan orthophonique d'investigation	• **Faire un** bilan orthophonique d'investigation • **Pour orienter la prise en charge devant…** • **Renseignements cliniques : …**
	Prescription d'une rééducation orthophonique	• **Faire une rééducation… (cf. libellé) dans la cotation des actes orthophoniques** • **Objectifs…** • **Nature des séances : …**

4	NOMENCLATURE GENERALE DES ACTES ORTHOPHONIQUES	
EXAMENS AVEC COMPTE-RENDU ECRIT OBLIGATOIRE	• Bilan de la déglutition et des fonctions oro-myo-fonctionnelles : 16 • Bilan de la phonation : 24 • Bilan du langage oral et/ou bilan d'aptitudes à l'acquisition du langage écrit : 24 • Bilan du langage écrit : 24 • Bilan de la dyscalculie et des troubles du raisonnement logico-mathématique : 24 • Bilan des troubles d'origine neurologique : 30 • Bilan du bégaiement : 30 • Bilan du langage dans le cadre des handicaps moteurs, sensoriels ou mentaux (inclus surdité, IMC, autisme, maladies génétiques) : 30	
REEDUCATION INDIVIDUELLE (ENTENTE PREALABLE)	Durée minimale de 30 minutes, sauf mention particulière La première série de 30 séances est renouvelable par séries de 20 séances au maximum	• Rééducation des troubles d'articulation isolés chez des personnes ne présentant pas d'affection neurologique, par séance : 5, 1 • Rééducation des troubles de l'articulation liés à des déficiences perceptives, par séance : 8 • Rééducation des troubles de l'articulation liés à des déficiences d'origine organique, par séance : 8 • Rééducation de la déglutition atypique, par séance : 8 • Rééducation vélo-tubo-tympanique, par séance : 8

REEDUCATION INDIVIDUELLE (ENTENTE PREALABLE)	Durée minimale de 30 minutes, sauf mention particulière La première série de 30 séances est renouvelable par séries de 20 séances au maximum	• Rééducation des troubles de la voix d'origine organique ou fonctionnelle, par séance : 10 • Rééducation du mouvement paradoxal d'adduction des cordes vocales à l'inspiration, par séance : 10 • Rééducation des dysarthries neurologiques, par séance : 11 • Rééducation des dysphagies chez l'adulte et chez l'enfant, par séance : 11 • Rééducation des anomalies des fonctions oro-faciales entraînant des troubles de l'articulation et de la parole, par séance : 10 • Education à l'acquisition et à l'utilisation de la voix oro-œsophagienne et/ou trachéo-œsophagienne, par séance : 11, 2 • Education à l'utilisation des prothèses phonatoires quel qu'en soit le mécanisme, par séance : 11, 1 • Rééducation des pathologies du langage écrit : lecture et/ou orthographe, par séance : 10, 1 • Rééducation des troubles du calcul et du raisonnement logico-mathématique, par séance : 10, 2 • Rééducation des troubles de l'écriture, par séance : 10 • Rééducation des retards de parole, des retards du langage oral, par séance : 12, 1 • Rééducation du bégaiement, par séance : 12, 2 • Education précoce au langage dans les handicaps de l'enfant de type sensoriel, moteur, mental, par séance : 13, 6 • Education ou rééducation du langage dans les handicaps de l'enfant de type sensoriel, moteur, mental, par séance : 13, 5 • Education ou rééducation du langage dans le cadre de l'infirmité motrice d'origine cérébrale, par séance : 13, 8 • Education ou rééducation du langage dans le cadre de l'autisme, par séance : 13, 8 • Education ou rééducation du langage dans le cadre des maladies génétiques, par séance : 13, 8 • Réadaptation à la communication dans les surdités acquises appareillées et/ou éducation à la pratique de la lecture labiale par séance : 12
	Durée minimale de 45 minutes, sauf mention particulière La première série de 50 séances est renouvelable par séries de 50 séances au maximum Ce renouvellement est accompagné d'une note d'évolution au médecin prescripteur	• Rééducation des dysphasies, par séance d'une durée minimale de 30 minutes : 14 • Rééducation du langage dans les aphasies, par séance : 15, 3 • Rééducation des troubles du langage non aphasiques dans le cadre d'autres atteintes neurologiques par séance : 15, 2 • Maintien et adaptation des fonctions de communication chez les personnes atteintes de maladies neuro-dégénératives, par séance : 15 • Démutisation dans les surdités du 1er âge, appareillées ou non, y compris en cas d'implantation cochléaire, par séance : 15, 4 • Rééducation ou conservation du langage oral et de la parole dans les surdités appareillées ou non, y compris en cas d'implantation cochléaire, par séance : 15, 1
REEDUCATION NECESSITANT DES TECHNIQUES DE GROUPE (ENTENTE PREALABLE)	Dispensée à raison d'au moins 1 praticien pour 4 personnes Il est conseillé de constituer des groupes de gravité homogène	• Rééducation des troubles de la voix d'origine organique ou fonctionnelle, par séance : 5 • Education à l'acquisition et à l'utilisation de la voix oro-œsophagienne et/ou trachéo-œsophagienne, par séance : 5 • Rééducation des pathologies du langage écrit : lecture et/ou orthographe, par séance : 5 • Rééducation des troubles du calcul et du raisonnement logico-mathématique, par séance : 5 • Rééducation des retards de parole, des retards du langage oral, par séance : 5 • Rééducation du bégaiement, par séance : 5 • Education à la pratique de la lecture labiale, par séance : 5 • Rééducation des dysphasies, par séance : 5

	Par première série de 30 séances d'une durée minimale d'une heure, renouvelable par séries de 20 séances au maximum	• Rééducation du langage dans les aphasies, par séance : 5 • Rééducation des troubles du langage non aphasiques dans le cadre d'autres atteintes neurologiques par séance : 5 • Maintien et adaptation des fonctions de communication chez les personnes atteintes de maladies neuro-dégénératives, par séance : 5 • Démutisation dans les surdités du 1er âge, appareillées ou non, y compris en cas d'implantation cochléaire, par séance : 5 • Rééducation ou conservation du langage oral et de la parole dans les surdités appareillées ou non, y compris en cas d'implantation cochléaire, par séance : 5

D AUTRES TECHNIQUES DE REEDUCATION ET DE READAPTATION

1	**ERGOTHERAPEUTE**
BUT	• **Optimiser des fonctions restantes de capacités gestuelles diminuées**
MOYENS	• Utilisation **d'aides techniques** • Utilisation de **techniques de rééducation**
ACTIVITES	• **Evaluation et rééducation des troubles des fonctions supérieures** (mémoire, apraxie, fonctions exécutives) • **Travail de rééducation motrice et sensorielle** des déficits de préhension • **Evaluation de l'autonomie d'un patient** en situation réelle • **Installation et développement d'interface** homme machine • Confection **d'orthèses** (orthèse araignée pour une paralysie radiale, orthèse d'immobilisation de la trapézo-métacarpienne du pouce)
REGLES DU DOSSIER **(Recommandations ANAES – Mai 2001)**	• « La personne qui remplit le dossier doit être **identifiée** • Le dossier est **structuré et simple d'utilisation** • Il utilise un **langage précis, clair, un vocabulaire compréhensible** • Il contient des **informations spécifiques à la pratique ergothérapique** • La gestion du dossier respecte la confidentialité des données concernant le patient »
CONTENU DU DOSSIER **(Recommandations ANAES – Mai 2001)**	• 1ère partie : **informations générales** • 2ème partie : **connaissance de la personne** • 3ème partie : **synthèse des évaluations en ergothérapie** • 4ème partie : **plan d'intervention ergothérapique** • 5ème partie : **évolution du patient durant le séjour** • 6ème partie : **compte-rendu et transmission**

PARTIE DU DOSSIER	CONTENU DU DOSSIER

1ère partie :
 	
INFORMATIONS GENERALES
	1. Renseignements socio-administratifs
	• Numéro de dossier
	• Nom et prénom
	• Sexe
	• Situation familiale
	• Date et lieu de naissance
	• Adresse
	• Téléphone
	• Couverture sociale
	• Nom de l'assuré
	• Numéro de Sécurité Sociale
	• Personne référente du patient (père, mère, tuteur, etc.)
	• Référence de la mutuelle
	• Profession, niveau scolaire
	• Date de fin de la prise en charge
	• Nom de l'ergothérapeute responsable
	• Autres intervenants
	2. Renseignements médicaux
	• Motifs de prise en charge, diagnostic médical ou pathologie :
	  – Nécessitant l'entrée dans la structure de soins
	  – Nécessitant la prise en charge ergothérapique
	  – Autre(s) pathologie(s)
	• Histoire de la maladie et éléments significatifs
	• Antécédents :
	  – Médicaux
	  – Chirurgicaux
	  – Psychiatriques
	  – De rééducation
	• Prescription médicale du traitement ergothérapique
	• Médecin prescripteur

2ème partie : **CONNAISSANCE DE LA PERSONNE**	**Rubrique 1 : présentation clinique** • Concerne l'aspect physique, les installations et positionnements, les comportements du patient, l'aspect relationnel **Rubrique 2 : habitudes antérieures de vie** • Décrit les habitudes de vie de la personne avant son hospitalisation ou sa demande de prise en charge **Rubrique 3 : projet du patient** • Recueille les attentes et les projets du patient et de son entourage
3ème partie : **SYNTHESE DES EVALUATIONS EN ERGOTHERAPIE**	**Rubrique 1 : facteurs personnels indispensables** • Evaluations des systèmes organiques, aptitudes, déterminants personnels (valeurs et motivations) **Rubrique 2 : facteurs environnementaux indispensables** • Evaluations des éléments liés aux environnements humains et matériels qui influencent l'autonomie de la personne **Rubrique 3 : situations de handicaps indispensables** • Evaluations de l'autonomie qui résulte des interactions entre les facteurs personnels et environnementaux
4ème partie : **PLAN D'INTERVENTION ERGOTHERAPIQUE**	**Rubrique 1 : objectifs** • Objectifs visés à court et à moyen termes et à la fin de la prise en charge • Problèmes de la personne **Rubrique 2 : moyens d'intervention et de traitement** • Interventions proposées en individuel ou en groupe **Rubrique 3 : échéancier** • Planification des actes **Rubrique 4 : résultat du traitement-validation** • Avis de l'ergothérapeute et du patient après les évaluations finales

5ème partie : **EVOLUTION DU PATIENT DURANT LE SEJOUR**	**Rubrique 1 : fiche de suivi indispensable** • Tenue régulière des actions ergothérapiques et des observations du patient en activité et analyse des entretiens **Rubrique 2 : fiche d'actualisation indispensable** • Synthèse des évaluations et de l'évolution du patient durant le séjour ou lors d'une nouvelle prise en charge
6ème partie : **COMPTE-RENDU ET TRANSMISSION**	**Rubrique 1 : compte rendu de fin de traitement indispensable** • Synthèse écrite du programme d'intervention ergothérapique et des résultats obtenus **Rubrique 2 : fiche de liaison indispensable** • Transmission des informations aux équipes professionnelles

2	APPAREILLAGE

ORTHESE PROTHESE

Définition :

Types	Rôle	Handicap
ORTHESE	Suppléance fonctionnelle	Défaut de fonction d'un segment de membre
PROTHESE	Remplace un segment de membre manquant	Perte d'un segment de membre

Types d'appareillages :
- **Petit appareillage :**
  - Semelles, talonnettes
  - Orthèse de soutien ou de contention
- **Grand appareillage :**
  - Prothèses de membres
  - Orthèses de tronc

Mode de prescription :
- Prescription **par le médecin** (médecin de Médecine Physique et de Réadaptation si possible)
- Prescription **adressée à la Caisse d'Assurance Maladie**
- **Retrait du matériel par le patient :**
  - Pharmacie spécialisée en appareillage médical
  - Centre d'appareillage médical

FAUTEUIL ROULANT

2 types :
- Fauteuil roulant à propulsion manuelle
- Fauteuil électrique

Indications :

Types	Indications
A propulsion manuelle	Pas de perte fonctionnelle des membres supérieurs
Electrique	Perte fonctionnelle des membres supérieurs

Prescription :

Types	Essai dans un service de Médecine Physique et de Réadaptation	Médecin prescripteur
A propulsion manuelle	Non obligatoire	Tous
Electrique	Obligatoire	Médecin de Médecine Physique et de Réadaptation

Conférences de consensus - Recommandations

Année	Source	Titre
2000	Législatif	Décret de compétence kinésithérapie
2000	Législatif	Actes en kinésithérapie
2000	ANAES	Recommandations kinésithérapie
2000	ANAES	Rééducation de l'entorse externe de la cheville
2001	ANAES	Recommandations ergothérapie
2001	ANAES	Pathologies de la coiffe des rotateurs et massokinésithérapie
2003	ANAES	Cervicalgies communes : massokinésithérapie
2005	HAS	Lombalgies communes : prise en charge masso-kinésithérapique
2006	Législatif	Actes en orthophonie
2007	HAS	Polyarthrite rhumatoïde : massokinésithérapie
2012	HAS	Rééducation réadaptation

Sujets tombés à l'ECN

Année	Contenu
2004	Syndrome de Korsakoff. Prise en charge thérapeutique à court, moyen et long terme. Rééducation
2005	Gonarthrose. Objectifs et méthodes de rééducation et de réadaptation
2006	Sclérose en plaques
2007	Algodystrophie. Prescription d'une massokinésithérapie. Objectifs de la prise en charge
2010	Spondylarthrite ankylosante. Diagnostic et prise en charge globale Prescription des différentes méthodes de rééducation adaptées

ECN+

POUR FAIRE LA DIFFERENCE

« Les fiches de synthèse des ECN couvrent l'ensemble du programme de la spécialité et comprennent pour chaque item : module, numéro, objectifs, zéros, mots clés, fiche de cours, conférences de consensus, sujets tombés et tombables »

DERNIERS TOURS ECN+

La réussite à l'ECN

MODULES 4 & 6
Handicap
Douleur

E. GRAIVE - P. ALEXELINE - J. FERNANDEZ - P.CARON

- Fiches de synthèse couvrant l'ensemble du programme de la spécialité
- Identité de la question : module, numéro, objectifs, nombre de fois où elle est tombée à l'ECN
- Encadrés zéros et mots clés
- Rédaction type grille de correction ECN
- Sujets tombés aux ECN et sujets tombables
- Tableau récapitulatif des conférences de consensus utilisées

VG

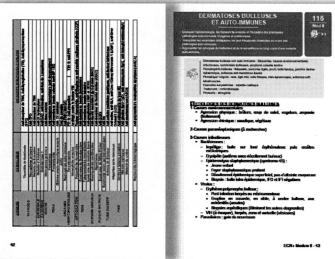

DERNIER TOU

- **ANESTHÉSIE - RÉANIMATION**
- **CANCÉROLOGIE MODULE 10**
- **CARDIOLOGIE MODULE 9**
- **CHIRURGIE ORTHOPÉDIQUE - TRAUMATO GIE - RÉÉDUCATION**
- **DERMATOLOGIE - VÉNÉROLOGIE**
- **ECG**
- **CONFÉRENCES DE CONSENSUS ET RECOM DATIONS**
- **ENDOCRINOLOGIE**
- **GÉRIATRIE MODULE 5**
- **GYNÉCOLOGIE - OBSTÉTRIQUE**
- **HÉMATOLOGIE**
- **HÉPATO-GASTRO-ENTÉROLOGIE**
- **IMAGERIE AUX ECN**
- **LECTURE CRITIQUE D'ARTICLE**
- **LES QUESTIONS INCONTOURNABLES PAR MODULE**
- **MALADIES INFECTIEUSES**
- **MÉDICAMENTS**
- **MODULES 4 ET 6 HANDICAP - DOULEUR**
- **MODULE 11 THÉRAPEUTIQUE**
- **MODULE 3 MATURATION - VULNÉRABILI**
- **MODULE 8 MÉDECINE INTERNE**
- **NÉPHROLOGIE**
- **NEUROLOGIE**
- **OPHTALMOLOGIE**
- **ORIENTATION DIAGNOSTIQUE**
- **ORL - OPHTALMOLOGIE - STOMATOLOGIE**
- **ORTHOPÉDIE - TRAUMATOLOGIE**
- **PÉDIATRIE**
- **PSYCHIATRIE**
- **RÉFLEXES À L'ECN - TIROIRS TYPES...**
- **RHUMATOLOGIE**
- **SANTÉ PUBLIQUE**
- **UROLOGIE**
- **ZÉROS ET MOTS CLÉS - RÉFLEXES ECN**

 www.vg-editions.com

OBJECTIFS DE L'ECN

- Reconnaître et évaluer une douleur aiguë et une douleur chronique

MOTS CLES

- Aiguë (< 3 mois) = symptôme d'alarme à but protecteur
- Chronique (≥ 3 à 6 mois) = syndrome douloureux
- Prise en charge : mécanisme de la douleur, évaluation de l'intensité ; traitement adapté
- Mécanismes de la douleur : nociceptive, neuropathique, mixte, psychogène
- Evaluation de l'intensité : autoévaluation ou hétéro-évaluation

Pour mieux comprendre

- La douleur est « sensation désagréable et expérience émotionnelle en réponse à une atteinte tissulaire réelle ou potentielle ou décrite en ces termes »
- Celle-ci repose sur des bases physiopathologiques complexes mettant en jeu des stimulus, des récepteurs spécifiques, des neurones, des neurotransmetteurs et des systèmes de contrôle
- L'analyse sémiologique est nécessaire, afin dévaluer l'intensité de la douleur et d'identifier son mécanisme ; le but final étant d'administrer le traitement antalgique adapté

- **Plan du chapitre :**
  - A. Généralités sur la douleur :
    - 1- Définitions
    - 2- Caractériser une douleur
  - B. Physiologie de la douleur :
    - 1- Principes physiologiques
    - 2- Système nociceptif périphérique
    - 3- Voies ascendantes médullaires nociceptives
    - 4- Structures supra-spinales
    - 5- Systèmes de contrôle
  - C. Principes d'analyse d'une douleur :
    - 1- Examen clinique
    - 2- Principes d'analyse d'une douleur
  - D. Reconnaître le type de douleur :
    - 1- Distinguer douleur aiguë et douleur chronique
    - 2- Reconnaître l'étiologie
  - E. Evaluer la douleur (échelles d'évaluation) :
    - 1- Principes généraux des échelles
    - 2- Intensité de la douleur
    - 3- Echelle multidimensionnelle
    - 4- Echelle comportementale
    - 5- « Echelle » topographique
  - F. Perception et comportement vis-à-vis de la douleur :
    - 1- Généralités
    - 2- Composante sensori-discriminative
    - 3- Composante affectivo-émotionnelle
    - 4- Composante cognitive
    - 5- Composante comportementale

A GENERALITES SUR LA DOULEUR

1	DEFINITIONS (IASP-ANAES)
DEFINITION DE LA DOULEUR	**Selon l'IASP** (International Association for the Study of Pain) : • **« Sensation désagréable et expérience émotionnelle en réponse à une atteinte tissulaire réelle ou potentielle ou décrite en ces termes »**
DEFINITION SELON LA DUREE	**Dénomination communément admise :** | DOULEUR	DUREE | |---|---| | **AIGUE** | **< 3 mois** | | **CHRONIQUE** | **≥ 3 mois** | **Définition de la douleur chronique (ANAES) :** • **« Expérience sensorielle et émotionnelle désagréable,** liée à une **lésion tissulaire existante ou potentielle,** ou décrite en termes évoquant une telle lésion, évoluant depuis **plus de 3** (à 6) **mois** et/ou **susceptible d'affecter de façon péjorative le comportement ou le bien-être du patient,** attribuable à toute cause non maligne » • « Le terme de « douleur chronique », sans autre qualificatif, s'applique à des douleurs non cancéreuses. En cas de pathologie maligne, il est préférable de préciser qu'il s'agit de « douleur d'origine cancéreuse ». Cependant, en pratique courante, le terme de douleur chronique est fréquemment employé »

2	CARACTERISER UNE DOULEUR (ANAES)
ANCIENNETE DE LA DOULEUR	• **Aiguë : < 3 mois** • **Chronique : ≥ 3 mois** (à 6 mois)
MODE DE DEBUT	• **Circonstances exactes** (maladie, traumatisme, accident de travail…) • **Description** de la douleur initiale • Modalités de prise en charge immédiate • Evénements de vie concomitants • Diagnostic initial, explications données • **Retentissement** (anxiété, dépression, troubles du sommeil, incapacités fonctionnelle et professionnelle…)
PROFIL EVOLUTIF DU SYNDROME DOULOUREUX	• Comment s'est installé l'état douloureux, a-t-il persisté à partir d'une douleur initiale ? • **Profil évolutif** (douleur permanente, récurrente, intermittente…) • **Degré du retentissement** (anxiété, dépression, troubles du sommeil, incapacités fonctionnelle et professionnelle…)
TRAITEMENTS EFFECTUES ET ACTUELS	• **Traitements médicamenteux et non médicamenteux** antérieurs, actuels • Modes d'administration des médicaments, doses, durées • **Effets bénéfiques** partiels, effets indésirables, raisons d'abandon • Attitudes vis-à-vis des traitements
ANTECEDENTS ET PATHOLOGIES ASSOCIEES	• **Familiaux** • **Personnels** (médicaux, obstétricaux, chirurgicaux et psychiatriques) et leur évolutivité • Expériences douloureuses antérieures

DESCRIPTION DE LA DOULEUR ACTUELLE	• **Topographie** • Type de **sensation** (brûlure, décharge électrique…) • **Intensité** • **Retentissement** (anxiété, dépression, troubles du sommeil • **Facteurs d'aggravation et de soulagement** de la douleur
CONTEXTES FAMILIAL, PSYCHOSOCIAL, MEDICOLEGAL ET INCIDENCES	• Situation familiale • Situation sociale • Statut professionnel et satisfaction au travail • Indemnisations perçues, attendues ; implications financières • Procédures
FACTEURS COGNITIFS	• **Représentation de la maladie** (peur d'une maladie évolutive…) • Interprétation des avis médicaux
FACTEURS COMPORTEMENTAUX	• **Attitude vis-à-vis de la maladie** (passivité…) • **Observance** des prescriptions • Modalités de prise des médicaments
ANALYSE DE LA DEMANDE	• Attentes du patient (faisabilité, reformulation) • Objectifs partagés entre le patient et le médecin

ITEM 65

B PHYSIOLOGIE DE LA DOULEUR

1	PRINCIPES PHYSIOLOGIQUES		
3 NEURONES INTERVENANT DANS LA DOULEUR	1er neurone	Protoneurone	Conduit **l'influx des nocicepteurs jusqu'à la corne postérieure de la moelle**
	2ème neurone	Deutoneurone	Transmission **spinothalamique** (voies ascendantes médullaires)
	3ème neurone	3ème neurone	**Transmission thalamo-corticale**

PHYSIOLOGIE DE « L'INFLUX DE LA DOULEUR »	• **Stimulus**
	• **Système nociceptif périphérique :**
	  – Récepteur/nocicepteur
	  – Fibres nerveuses sensitives afférentes du protoneurone
	• **Etage médullaire :**
	  – Corps cellulaire des protoneurones
	  – Voies ascendantes médullaires = deutoneurone assurant la transmission spino-thalamique
	• **Etage supra-médullaire :**
	  – 3ème neurone assurant la transmission thalamo-corticale
	  – Cortex cérébral		

SYSTEMES DE CONTROLE	• Contrôle **neurochimique de la corne postérieure** : système **opioïde**
	• Contrôle **médullaire : gate control**
	• Contrôle **supra-médullaire :**
	  – Systèmes descendants cérébro-médullaires à médiation **sérotoninergique et noradrénergique**
	  – **Contrôles Inhibiteurs Diffus induits par la Nociception (CIDN)**
	  – Contrôles intra-thalamiques
	  – Contrôles activateurs supra-spinaux		

2	SYSTEME NOCICEPTIF PERIPHERIQUE

RECEPTEURS NOCICEPTEURS	• **Direct :**
	  – Correspondent à la **terminaison nerveuse libre, périphérique des neurones sensitifs afférents**
	  – Repartis à la surface de la peau, des viscères, des muscles et des articulations
	  – Activés par des « **stimuli nociceptifs** » :
	    ▪ Stimulation **thermique** : chaud/froid
	    ▪ Stimulation **mécanique** : pression
	    ▪ Stimulation **chimique**
	    ▪ Stimulation **électrique**
	• **Indirect :**
	  – Par lésion tissulaire et inflammation
	  – Conduisant à la production de **substances algogènes :**
	    ▪ **Libérées par les cellules lésées par le stimulus : histamine,** sérotonine, ATP, ions H+, K+…
	    ▪ **Sensibilisent les nocicepteurs aux autres substances : prostaglandine,** leucotriènes, bradykinine (explique l'hyperalgie des phénomènes inflammatoires et l'action antalgique des AINS)
	    ▪ **Sécrétées par le nocicepteur lui-même** (fibres Aδ et C) : **substance P** (vasodilatation + œdème)

FIBRES NOCICEPTIVES DES PROTONEURONES	• **Fibres sensitives afférentes des protoneurones**
	• **Conduction du message nociceptif jusqu'à la corne postérieure de la moelle**
	• Différents calibres en fonction du type de nocicepteur :
	  – **Fibres A alpha et A bêta :**
	    ▪ Myélinisées, à conduction rapide
	    ▪ Bonne discrimination spatiale
	    ▪ Fibres **tactiles et proprioceptives**
	  – **Fibres A delta :**
	    ▪ Myélinisées, petits calibres, conduction lente
	    ▪ Epicritiques
	    ▪ Stimulation **mécanique nociceptive brève initiale**
	  – **Fibres C :**
	    ▪ Amyélinique, très petit diamètre, conduction lente
	    ▪ Nocicepteurs **polymodaux**
	    ▪ **Douleur diffuse et prolongée à type de brûlure**

Stimulus	Mécanique léger Aα (proprioception) Aβ (tactile)	Mécanique fort Thermique	Mécanique fort Thermique Chimique
Récepteurs périphériques	Récepteursspécialisés	**Mécano-nocicepteurs**	**Nocicepteurs polymodaux**
Fibres dendritiques	Aα, Aβ	Aδ	C
Diamètre	+++	++	+
Vitesse	+++	++	+
Myéline	Myélinisés +++	Myélinisés ++	Amyéléniques

PHYSIOLOGIE DE LA DOULEUR

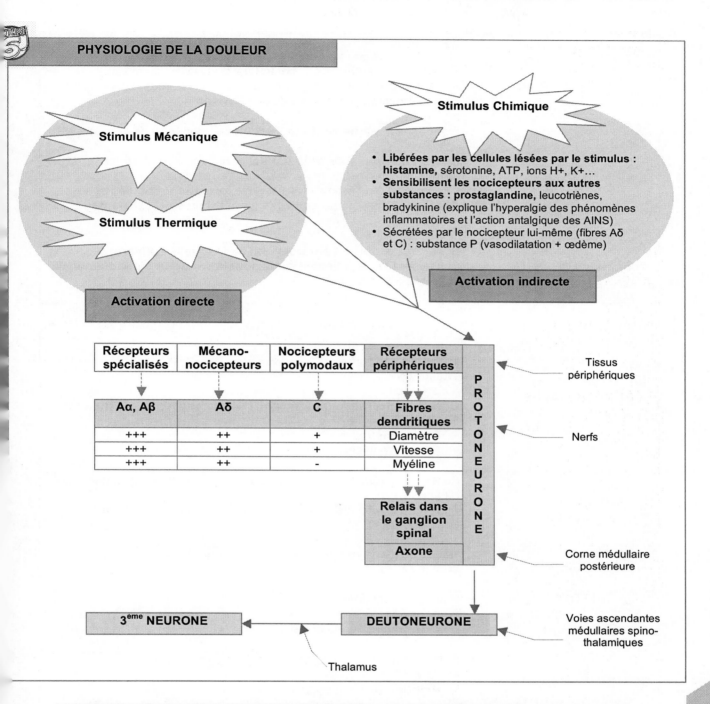

Stimulus Mécanique

Stimulus Thermique

Activation directe

Stimulus Chimique

- **Libérées par les cellules lésées par le stimulus :
  histamine,** sérotonine, ATP, ions H+, K+...
- **Sensibilisent les nocicepteurs aux autres
  substances : prostaglandine,** leucotriènes,
  bradykinine (explique l'hyperalgie des phénomènes
  inflammatoires et l'action antalgique des AINS)
- Sécrétées par le nocicepteur lui-même (fibres Aδ
  et C) : substance P (vasodilatation + œdème)

Activation indirecte

Récepteurs spécialisés	Mécano-nocicepteurs	Nocicepteurs polymodaux	Récepteurs périphériques	
Aα, Aβ	Aδ	C	Fibres dendritiques	
+++	++	+	Diamètre	
+++	++	+	Vitesse	
+++	++	-	Myéline	

Tissus périphériques

Nerfs

PROTONEURONE

Relais dans le ganglion spinal

Axone

Corne médullaire postérieure

3ème NEURONE ← **DEUTONEURONE** ← Voies ascendantes médullaires spino-thalamiques

Thalamus

3	VOIES ASCENDANTES MEDULLAIRES NOCICEPTIVES	
TYPE	• **Spino-thalamique** • **Spino-réticulo-thalamique** • **Spino-ponto-mésencéphalique** • Spino-para-brachio-amygdalien • Spino-para-brachio-hypothalamique • Spino-hypothalamique	
SPINO-THALAMIQUE	• Situé dans le **cordon antérolatéral** de la moelle épinière • Il joue un rôle essentiel dans la **conduction de la sensibilité thermique et douloureuse** chez l'homme (douleur rapide et de topographie précise)	

	• Schématiquement :
	  – Les axones des neurones de la corne postérieure cheminent dans le faisceau antérolatéral controlatéral (système lemniscal)
	  – Se projettent sur les régions latérales du thalamus (noyau ventro-postéro-latéral) postérieures et médianes

SPINO-RETICULO-THALAMIQUE	• Situé dans la **partie ventrale, cordon antérolatéral** de la moelle épinière • **Il serait responsable de la transmission de la douleur lente diffuse et intense** • Il se termine à différents niveaux de la **formation réticulée** et envoie des projections vers les **centres sympathiques et le thalamus médian**
SPINO-PONTO-MESENCEPHALIQUE	• Situé dans le **cordon antérolatéral de la moelle épinière** • Ses faisceaux se projettent sur **la substance grise péri-aqueducale et l'aire para-brachiale**

4	STRUCTURES SUPRA-SPINALES

LES PRINCIPALES STRUCTURES	**Structures sous-corticales :**
	• Formation **réticulée**
	• **Thalamus**
	Centres corticaux :
	• **Cortex somesthésique** primaire et secondaire
	• **Système limbique :**
	  – **Cortex insulaire**
	  – Cortex cingulaire

FORMATION RETICULEE	• Au niveau **bulbaire,** le noyau giganto-cellulaire et le noyau du raphé Magnus • Au niveau **ponto-mésencéphalique,** la substance grise péri-acqueducale
THALAMUS	• Neurones du **noyau ventro-postéro-latéral** organisés de façon **somatotopique**

CORTEX SOMESTHESIQUE PRIMAIRE ET SECONDAIRE	• Rôle important dans l'aspect :
	  – **Sensoriel**
	  – **Discriminatif** de la douleur

SYSTEME LIMBIQUE	• Rôle important dans l'aspect :
	  – **Affectif**
	  – **Emotionnel** de la douleur

5	SYSTEMES DE CONTROLE

LES PRINCIPAUX MECANISMES DE CONTROLE DE LA DOULEUR	• Contrôle **neurochimique de la corne postérieure :** système **opioïde**
	• Contrôle **médullaire : gate control**
	• Contrôle **supra-médullaire :**
	  – Systèmes descendants cérébro-médullaires :
	    ▪ Faisceau bulbo-spinal à médiation **sérotoninergique**
	    ▪ Système descendant à médiation **noradrénergique**
	  – Contrôles Inhibiteurs Diffus induits par la Nociception (CIDN)
	  – Contrôles intra-thalamiques
	  – Contrôles activateurs supra-spinaux

GATE CONTROL	• « Gate control » ou **« théorie de la porte »**
	• Les **fibres Aα et Aβ :**
	   – Concernent la **sensation tactile et proprioceptive**
	   – **Exercent sur les voies de la douleur un effet inhibiteur**
	• Les **messages nociceptifs provenant des fibres Aδ et C peuvent donc être bloqués** par une action inhibitrice des fibres de la sensibilité tactile

SYSTEMES DESCENDANTS CEREBRO-MEDULLAIRES	**Faisceau bulbo-spinal à médiation sérotoninergique :** • Son **origine** se situe dans le noyau du **raphé Magnus** • Le **médiateur chimique** est la **sérotonine** • Il va **inhiber la transmission du message douloureux au niveau de la substance gélatineuse de la corne postérieure (avec la participation du système opioïde endogène)** Système descendant à médiation noradrénergique

CIDN (CONTROLES INHIBITEURS DIFFUS INDUITS PAR DES STIMULATIONS NOCICEPTIVES)	• Son **origine** se situe dans la **formation réticulée**
	• **Mécanisme :**
	   – Il existe certains **neurones nociceptifs non spécifiques, dits convergents** de la corne postérieure de la moelle, possédant un champ excitateur périphérique bien localisé
	   – Ceux-ci peuvent être puissamment **inhibés par des stimulations nociceptives appliquées sur n'importe quelle partie du corps distincte du champ périphérique de ces neurones**

SYSTEME OPIOIDE	**Il existe des récepteurs aux opiacés :**
	• Dans le système nerveux central (surtout dans la substance gélatineuse), mais également en dehors
	• **Sensibles :**
	   – **A la morphine**
	   – **Aux endomorphines : substances endogènes analogues :**
	      ▪ **Enképhalines**
	      ▪ **Endorphines**
	      ▪ **Dynorphines**
	• Il existe **3 types de récepteurs morphiniques : µ, δ et κ**
	Mécanisme :
	• Chaque type d'endomorphine agit sur tous les types de récepteurs morphiniques, mais elle présente une affinité plus ou moins grande pour chacun d'eux :
	   – Endorphines : affinité préférentielle pour les récepteurs µ
	   – Enképhalines : affinité préférentielle pour les récepteurs δ
	   – Dynorphines : affinité préférentielle pour les récepteurs κ
	• Conclusion : les **endomorphines dépriment fortement les réponses dues à l'activation des fibres C et Ad**
	Application thérapeutique :
	• **Les morphiniques utilisés en clinique agissent sur ces divers récepteurs**
	• Leur **action** est :
	   – **Agoniste**
	   – **Agoniste partielle**
	   – **Antagoniste**
	   – **Agoniste antagoniste** (agoniste pour un récepteur et antagoniste pour les autres)
	Interaction avec le faisceau bulbo-spinal à médiation sérotoninergique :
	• Le faisceau bulbo-spinal va inhiber la transmission du message douloureux au niveau de la substance gélatineuse de la corne postérieure avec la participation du système opioïde endogène

C   PRINCIPES D'ANALYSE D'UNE DOULEUR

1		EXAMEN CLINIQUE

INTERROGATOIRE	**ANTECEDENTS**	• Antécédents médicaux et **psychiatriques**
		• **Contexte familial et psychosocial**
		  – Situation familiale, sociale
		  – **Situation professionnelle, indemnisation, ITT…**

	CARACTERISTIQUES DE LA DOULEUR	• **Ancienneté de la douleur :**
		  – Douleur aiguë
		  – Douleur chronique
		• **Mode d'apparition :**
		  – Circonstances exactes : traumatisme, maladie
		  – Caractéristiques de la douleur initiale
		  – Modalités de prise en charge immédiate
		• **Profil évolutif :** intermittent, continue, récurrent
		• **Caractéristiques de la douleur actuelle :**
		  – Localisation précise, irradiations
		  – Type de douleur ressentie : brûlure, décharge…
		  – Horaire : rythme mécanique ou inflammatoire
		  – Facteurs aggravants, facteurs déclenchants
		  – Positions antalgiques
		  – Périodicité : continue, paroxystique
		• **Intensité :** l'autoévaluation sera toujours privilégiée sur l'hétéro-évaluation
		• **Signes associés**
		• **Traitements effectués :** échecs/efficacité :
		  – Antalgiques classiques
		  – Mode d'administration, posologies, durée
		  – Effets bénéfiques, effets indésirables

	COMPLICATIONS	• Retentissement :
		  – Troubles du sommeil, de l'appétit
		  – Symptômes anxieux, dépression
		  – **Retentissement socioprofessionnel**

EXAMEN PHYSIQUE		• **Bilan étiologique :**
		  – Examen clinique complet
		  – Examen neurologique
		  – Topographie de la douleur, à la recherche d'une atteinte systématisée d'un territoire neurologique
		• **Signes de gravité : attitude générale du patient, position antalgique, limitation des mouvements, retentissement…**
		• **Prescrire des examens complémentaires :**
		  – Dans un but étiologique
		  – Dans un but pré-thérapeutique

2		PRINCIPES D'ANALYSE D'UNE DOULEUR
TYPE DE DOULEUR		• **Ancienneté : aiguë ou chronique** (cf. partie D1 ci-après) • **Etiologies : nociceptive, neuropathique, mixte, psychogène** (cf. partie D2 ci-après)
EVALUATION DE LA DOULEUR		• **Intensité : autoévaluation ou hétéro-évaluation** (cf. partie E2, E3, E4) • **Topographie** (cf. partie E5 ci-après) • **Retentissement comportemental** (cf. partie F ci-après)

D **RECONNAITRE LE TYPE DE DOULEUR**

1	DISTINGUER DOULEUR AIGUE ET DOULEUR CHRONIQUE	
TYPE	**DOULEUR AIGUE**	**DOULEUR CHRONIQUE**
DEFINITION	• **< 3 mois**	• **≥ 3 mois** (à 6 mois)
ETIOLOGIE	• **Mono**factoriel	• **Pluri**factorielle • **Incertaine**

SEMIOLOGIE	• Douleur **isolée**
	• **Réaction végétative :**
	  – Tachycardie
	  – Polypnée
	  – Mydriase
	  – Sueurs
		• **« Syndrome Douloureux Chronique »**
		• **Absence de diagnostic** clairement défini
		• **Manifestations :**
		  – **Physiques**
		  – **Psychologiques**
		  – **Comportementales**
		  – **Sociales**
		• **Toxicomanie aux antalgiques**
		• Existence de **facteurs de renforcement**

RETENTISSEMENT PSYCHOLOGIQUE	• **Anxiété**	• **Dépression :**
		  – Perte de l'appétit
		  – Troubles du sommeil
		  – Irritabilité
		  – Repli sur soi
		  – Diminution de la tolérance à la douleur

TRAITEMENT	• **Curatif = étiologique**
	• **Symptomatique = antalgique**
		• **Curatif = étiologique**
		• **Pluridimensionnel somato-psychosocial :**
		  – **Somato** = traitement symptomatique par **antalgique**
		  – **Psycho = anxiolytiques, antidépresseurs**
		  – **Social = réadaptatif**

OBJECTIF	• **Disparition complète** de la douleur	• **Disparition complète** de la douleur
		• **Disparition des manifestations :**
		  – **Physiques**
		  – **Psychologiques**
		  – **Comportementales**
		  – **Sociales**

EVOLUTION	• Douleur **transitoire**	• Douleur **permanente, récurrente ou répétitive** • **Auto-entretien** par les différents composants de la douleur

FINALITE	• Signe d'alarme **utile**
	• Le plus souvent **protectrice**
	• Oriente le diagnostic
	• **Symptôme**
		• **Inutile**
		• **Pas** de valeur **protectrice**
		• **Détruit :**
		  – Physiquement
		  – Psychologiquement
		  – Socialement

2	RECONNAITRE L'ETIOLOGIE (ANAES)	

ETIOLOGIES ET PHYSIOPATHOLOGIE	**Organique :**
	• Douleur **nociceptive** : excès de stimulations **nociceptives**
	• Douleur **neuropathique** : origine **nerveuse**
	• Douleur **mixte**
	• **Syndromes douloureux chroniques** : complexe, mixte, sympathique...
	  – Fibromyalgie
	  – Syndromes myofasciaux douloureux spécifiques
	  – Syndrome régional complexe ou algodystrophie
	Psychogène : psychique
	Idiopathique : diagnostic **d'élimination**	

CARACTERISTIQUES	DOULEUR NOCICEPTIVE	DOULEUR NEUROGENE

PHYSIOPATHOLOGIE	• Stimulation des **nocicepteurs**	• **Lésion nerveuse :**
		  – **Périphérique**
		  – **Centrale**

SEMIOLOGIE	• **Rythme mécanique**
	• Rythme **inflammatoire**
		• **Composante continue :**
		  – Brûlure
		• **Composante fulgurante, paroxystique, intermittente :**
		  – Décharges électriques
		• **Dysesthésies :**
		  – Fourmillements
		  – Picotements

TOPOGRAPHIE	• **Sans topographie neurologique systématisée**
	• Topographie **locale**
	• Topographie **régionale**
		• Topographie compatible avec un **territoire neurologique systématisé**
		• Compatible avec une origine neurologique **périphérique :**
		  – **Tronc**
		  – **Racine**
		• Compatible avec une origine neurologique **centrale :**
		  – **Douleur hémi-corporelle**

EXAMEN NEUROLOGIQUE	• **Normal**	• Signes **d'hyposensibilité :** hypoesthésie, anesthésie • Signes **d'hypersensibilité :** allodynies • **Territoire neurologique systématisé**
SENSIBILITE AUX THERAPEUTIQUES	• Analgésiques « classiques »	• Anticonvulsivants • Et/ou antidépresseurs

QUESTIONNAIRE DN4 (HAS 2007)	**Ce questionnaire permet de diagnostiquer les douleurs neuropathiques.** Il est administré par le praticien pendant la consultation. La réponse positive à chaque item est cotée 1 et la réponse négative est cotée 0. Le score maximum est de 10 et le diagnostic de la douleur neuropathique est posé à partir d'un score de 4/10. **Interrogatoire du patient :** • **Question 1 : La douleur présente-t-elle une ou plusieurs des caractéristiques suivantes ?** – 1. Brûlure – 2. Sensation de froid douloureux – 3. Décharges électriques • **Question 2 : La douleur est-elle associée dans la même région à un ou plusieurs des symptômes suivants ?** – 1. Fourmillements – 2. Picotements – 3. Engourdissement – 4. Démangeaisons **Examen du patient :** • **Question 3 : La douleur est-elle localisée dans un territoire où l'examen met en évidence :** – 1. Hypoesthésie du tact ? – 2. Hypoesthésie à la piqûre ? • **Question 4 : La douleur est-elle provoquée ou augmentée par :** – 1. Le frottement ?
SYNDROME DOULOUREUX COMPLEXE (selon IASP)	**<u>Fibromyalgie</u>** • **Douleur diffuse des muscles,** associée à de **multiples points douloureux dans des sites définis** • La douleur est considérée comme diffuse quand toutes les caractéristiques suivantes sont présentes : douleur de la partie gauche du corps, douleur de la partie droite du corps, douleur au-dessous de la taille, douleur au-dessus de la taille • De plus, la douleur du squelette axial (rachis cervical ou partie antérieure du thorax ou rachis thoracique ou rachis lombaire) doit être présente • *N.B. : l'IASP considère que le syndrome myofascial douloureux (diffus ou pas) a une signification quelque peu différente et qu'utiliser ce terme à propos de la fibromyalgie ajoute à la confusion* **<u>Syndromes myofasciaux douloureux spécifiques</u>** • Les syndromes douloureux myofasciaux spécifiques peuvent survenir au niveau de **n'importe lequel des muscles de la motricité volontaire avec une douleur projetée, une hypersensibilité locale et projetée, et un muscle tendu raccourci** • La **douleur a les mêmes caractéristiques que les syndromes diffus (fibromyalgie)** • Le diagnostic repose sur la mise en évidence d'un **point gachette (point douloureux)** et sur la **reproduction de la douleur par des manœuvres cliniques**

	Syndrome régional complexe ou algodystrophie • Le syndrome régional complexe est un syndrome qui se développe habituellement **après un événement délétère** • Il n'est **pas limité au territoire d'un nerf périphérique unique** et est apparemment **disproportionné par rapport à l'événement initial** • Il est associé, à un degré variable, à un **œdème**, des **troubles vasomoteurs cutanés,** une **activité sudorale anormale** dans la région de la douleur, ou à une **allodynie** ou à une **hyperalgésie**
DOULEUR PSYCHOGENE	• L'origine psychogène de la douleur est **toujours difficile à reconnaître** et nécessite une attention particulière à la rechercher • Selon la classification internationale des maladies : « Il peut être difficile d'affirmer l'origine psychologique de ces troubles, même quand elle paraît très probable (…). **En l'absence d'arguments en faveur d'une cause psychologique,** le diagnostic doit rester provisoire et **on doit poursuivre les explorations somatiques et psychologiques** » • De plus, il est important de réaliser **précocement** le diagnostic d'une pathologie psychiatrique à l'origine de la douleur chronique • En effet, les **états conversifs « ayant déjà évolué depuis plus d'1 ou 2 ans (…) sont souvent résistants à tout traitement »** • Une douleur peut se rencontrer dans des pathologies psychiatriques bien définies • Il **peut y être associé** des symptômes du registre de **l'anxiété** ou de la **dépression** • **L'aide d'un spécialiste** dans l'évaluation des troubles psychiatriques sera nécessaire dans le cas où aucune entité psychopathologique n'émerge après l'évaluation initiale et où le praticien reste convaincu d'une origine psychogène à la plainte douloureuse chronique
DOULEUR IDIOPATHIQUE	• **Quand le clinicien ne retrouve pas de lésion organique ou de cause psychogène, la douleur peut être définie comme idiopathique** • C'est parfois dans ce cadre que rentrent certaines douleurs dites « fonctionnelles », terme ne correspondant pas à une définition nosographique, même si ces douleurs sont caractérisées sur le plan symptomatique (comme les glossodynies, par exemple) • Leurs **mécanismes sont actuellement inconnus** • On regroupe également ici les **plaintes inclassables ailleurs** • **Toutefois,** comme on l'a vu au chapitre précédent, « en l'absence d'arguments en faveur d'une cause psychologique, le diagnostic doit rester provisoire et **on doit poursuivre les explorations somatiques et psychologiques** » • **En effet, il se peut que l'on arrive à rattacher une origine à ces douleurs au cours de leur évolution**

E EVALUER LA DOULEUR (ECHELLES D'EVALUATION)

1	PRINCIPES GENERAUX DES ECHELLES
METHODE	• **Quantitative** (intensité de la douleur) • **Qualitative** (retentissement de la douleur) • **Multidimensionnelle**
EVALUATION	**Autoévaluation :** • Le **patient évalue lui-même** sa douleur • Ex. : **EVA, EVS, EN** **Hétéro-évaluation :** • La douleur n'est **pas évaluée par le patient mais par le soignant** • Intéressant **lorsque le patient a des difficultés de communication** : âge, troubles cognitifs… • Ex. : **ECPA, Doloplus,** échelle de **Bourrhis**

ECHELLES D'EVALUATION DE LA DOULEUR

TYPE D'ECHELLES	CARACTERISTIQUES	EXEMPLES D'ECHELLES
INTENSITE DE LA DOULEUR	Quantitative Unidimensionnelle Autoévaluation	• EVS = Echelle Verbale Simple • EVA = Echelle Visuelle Analogique • Echelle Numérique
MULTIDIMENSIONNELLE	Multidimensionnelle	• Questionnaire de douleur de Saint Antoine (QDSA)
COMPORTEMENTALE	Qualitative Hétéro-évaluation	• ECPA = Echelle Comportementale d'évaluation de la douleur chez la Personne Agée • Echelle Doloplus-2 • Echelle comportementale de Bourrhis
PSYCHOLOGIQUE	Qualitative	• BDI = Beck Depression Inventory • HAD = Hospital Anxiety and Depression scale
TOPOGRAPHIE	Qualitative Schématique	• Schéma des zones douloureuses • Répartition des dermatomes

2	INTENSITE DE LA DOULEUR
EVS **Echelle Verbale Simple**	• Le patient quantifie **sa douleur** subjectivement • Le soignant quantifie de 0 à 3 **(selon le tableau)** • **Méthode** se révélant **la plus facile** | **NON**	**Pas** de douleur	**0** | |----|----|----|
UN PEU	Douleur **modérée**	1
BEAUCOUP	Douleur **importante**	2
ENORMEMENT	Douleur **très intense**	3	
Echelle Numérique	• **Le patient cote sa douleur** de 1 à 10

EVA
Echelle Visuelle Analogique
	• Il existe **2 faces** :
	  – Celle vue par le **patient (non chiffrée)**
	  – Celle vue par le **soignant (chiffrée)**

ECHELLE EVA

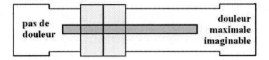

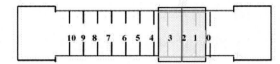

Face EVA vue par le patient   Face EVA vue par le soignant

3	ECHELLE MULTIDIMENSIONNELLE
PARAMETRES EVALUES	**Comme son nom l'indique, elle prend en compte l'ensemble des dimensions de la douleur :** • Intensité de la douleur • Composantes sensorielles • Composantes psychologiques • Retentissement global • …
QDSA	• **Questionnaire de douleur de Saint Antoine** • **Echelle d'autoévaluation** • **C'est l'adaptation française du Mac Gill Pain Questionnary (MPQ)** • **Le patient cote chacun des qualificatifs de la douleur de 0 à 4**

CRITERES DU QDSA

A	Battements
	Pulsations
	Elancements
	En éclairs
	Décharges électriques
	Coups de marteau
B	Rayonnante
	Irradiante
C	Piqûre
	Coupure
	Pénétrante
	Transperçante
	Coups de poignard
D	Pincement
	Serrement
	Compression
	Ecrasement
	En étau
	Broiement
E	Tiraillement
	Etirement
	Distension
	Déchirure
	Torsion
	Arrachement
F	Chaleur
	Brûlure
G	Froid
	Glacé

H	Picotements
	Fourmillements
	Démangeaisons
I	Engourdissement
	Lourdeur
	Sourde
J	Fatigante
	Epuisement
	Ereintante
K	Nauséeuse
	Suffocante
	Syncopale
L	Inquiétante
	Oppressante
	Angoissante
M	Harcelante
	Obsédante
	Cruelle
	Torturante
	Suppliciante
N	Gênante
	Désagréable
	Pénible
	Insupportable
O	Enervante
	Exaspérante
	Horripilante
P	Déprimante
	Suicidaire

0 = absent
1 = faible
2 = modéré
3 = fort
4 = extrêmement fort

4	ECHELLE COMPORTEMENTALE

CARACTERISTIQUES	• **Echelle d'hétéro-évaluation**
	• **Principales échelles utilisées :**
	  – **ECPA** = Echelle Comportementale d'évaluation de la douleur chez la Personne Agée
	  – Echelle **Doloplus-2**
	  – Echelle comportementale de **Bourrhis**

PARAMETRES EVALUES	Observation analysant : • La manière dont la plainte est formulée • Les termes utilisés • Le faciès plus ou moins crispé • Les postures parfois antalgiques • Les déplacements • L'habillage • Les gestes de la vie quotidienne

**ECPA
ECHELLE COMPORTEMENTALE D'EVALUATION DE LA DOULEUR CHEZ LA PERSONNE AGEE**

Observation 5 mn avant les soins	**Plaintes**	0-Le sujet ne se plaint pas spontanément 1-Le sujet se plaint si l'on s'adresse à lui 2-Le sujet se plaint en présence de quelqu'un 3-Le sujet gémit ou pleure silencieusement de façon spontanée 4-Le sujet crie ou se plaint violemment de façon spontanée
	Regard et mimique	0-Visage détendu 1-Visage soucieux 2-Le sujet grimace de temps en temps 3-Regard effrayé et/ou visage crispé 4-Expression complètement figée
	Position spontanée	0-Aucune position antalgique 1-Le sujet évite une position 2-Le sujet choisit une position antalgique 3-Le sujet recherche sans succès une position antalgique 4-Le sujet reste immobile comme cloué par la douleur
	Mouvements	0-Le sujet se mobilise comme d'habitude 1-Le sujet bouge comme d'habitude mais évite certains mouvements 2-Lenteur, rareté des mouvements 3-Immobilité 4-Prostration ou agitation
Observation pendant les soins	**Relation à autrui**	0-Présence d'un contact immédiat 1-Contact difficile à établir 2-Evite la relation 3-Absence de tout contact 4-Indifférence totale
	Anticipation anxieuse	0-Le sujet ne montre pas d'anxiété 1-Angoisse du regard, impression de peur 2-Sujet agité 3-Sujet agressif 4-Cris, soupirs, gémissements
	Mobilisation	0-Le sujet se laisse mobiliser ou se mobilise sans y accorder une attention particulière 1-Le sujet à un regard attentif et semble craindre la mobilisation et les soins 2-Le sujet retient de la main le geste lors de la mobilisation ou des soins 3-Le sujet adopte une position antalgique lors de la mobilisation ou des soins 4-Le sujet s'oppose à la mobilisation ou aux soins
	Soins des zones douloureuses	0-Aucune réaction pendant les soins 1-Réaction pendant les soins, sans plus 2-Réactions au toucher des zones douloureuses 3-Réactions à l'effleurement des zones douloureuses 4-L'approche des zones est impossible
	Plaintes pendant les soins	0-Le sujet ne se plaint pas 1-Le sujet se plaint si l'on s'adresse à lui 2-Le sujet se plaint en présence de quelqu'un 3-Le sujet gémit ou pleure silencieusement de façon spontanée 4-Le sujet crie ou se plaint violemment de façon spontanée

• **Score maximal de 36**
• **Plus le score est élevé, plus la douleur est intense et agit sur le comportement**

RETENTISSEMENT SOMATIQUE		/15
Plaintes somatiques	Pas de plainte	0
	Plaintes uniquement à la sollicitation	1
	Plaintes spontanées occasionnelles	2
	Plaintes spontanées continues	3
Positions antalgiques au repos	Pas de position antalgique	0
	Le sujet évite certaines positions de façon occasionnelle	1
	Position antalgique permanente et efficace	2
	Position antalgique permanente et inefficace	3
Protection de zones douloureuses	Pas de protection	0
	Protection à la sollicitation n'empêchant pas la poursuite de l'examen ou des soins	1
	Protection à la sollicitation empêchant tout examen ou soin	2
	Protection au repos, en l'absence de toute sollicitation	3
Mimique	Mimique habituelle	0
	Mimique semblant exprimer la douleur à la sollicitation	1
	Mimique semblant exprimer la douleur en l'absence de toute sollicitation	2
	Mimique inexpressive en permanence et de manière inhabituelle (atone, figée, regard vide)	3
Sommeil	Sommeil habituel	0
	Difficultés d'endormissement	1
	Réveils fréquents (agitation motrice)	2
	Insomnie avec retentissement sur les phases d'éveil	3
RETENTISSEMENT PSYCHOMOTEUR		/6
Toilette et/ou habillage	Possibilités habituelles inchangées	0
	Possibilités habituelles peu diminuées	1
	Possibilités habituelles très diminuées, toilette et/ou habillage étant difficiles et partiels	2
	Toilette et/ou habillage impossibles, le malade exprimant son opposition à toute tentative	3
Mouvements	Possibilités habituelles inchangées	0
	Possibilités habituelles actives limitées (le malade évite certains mouvements, diminue son périmètre de marche)	1
	Possibilités habituelles actives et passives limitées (même aidé, le malade diminue ses mouvements)	2
	Mouvement impossible, toute mobilisation entraînant une opposition	3
RETENTISSEMENT PSYCHOSOCIAL		/9
Communication	Inchangée	0
	Intensifiée (la personne attire l'attention de manière inhabituelle)	1
	Diminuée (la personne s'isole)	2
	Absence ou refus de toute communication	3
Vie sociale	Participation habituelle aux différentes activités	0
	Participation aux différentes activités uniquement à la sollicitation	1
	Refus partiel de participation aux différentes activités	2
	Refus de toute vie sociale	3
Troubles du comportement	Comportement habituel	0
	Troubles du comportement à la sollicitation et itératifs	1
	Troubles du comportement à la sollicitation et permanents	2
	Troubles du comportement permanents (en dehors de toute sollicitation)	3
	SCORE/30 :	

Lexique :

Plaintes somatiques	Le patient exprime sa douleur par la parole, le geste ou les cris/pleurs/gémissements
Positions antalgiques	Position corporelle inhabituelle visant à éviter ou à soulager la douleur
Protection de zones douloureuses	Le malade protège une ou plusieurs zones de son corps par une attitude ou certains gestes de défense
Mimique	Le visage semble exprimer la douleur à travers les traits (grimaçants, tirés, atones) et le regard (fixe, absent ou larmes)
Sollicitation	Toute sollicitation quelle qu'elle soit (approche d'un soignant, mobilisation, soins, etc.)
Toilette, habillage	Evaluation de la douleur pendant la toilette et/ou l'habillage, seul ou avec aide
Mouvements	Evaluation de la douleur dans le mouvement pour les changements de position, les transferts, la marche, seul ou avec aide
Communication	Verbale ou non verbale
Vie sociale	Repas, animations, activités, ateliers thérapeutiques, accueil des visites, etc.
Troubles du comportement	Agressivité, agitation, confusion, indifférence, glissement, régression, demande d'euthanasie, etc.

Résultat :

< 5/30	Pas de douleur
≥ 5/30	Douleur
↑	Plus le score est élevé et plus la douleur est importante
↓	Plus le score est bas et plus la douleur est faible

ECHELLE COMPORTEMENTALE DE BOURRHIS

ENVAHISSEMENT DU LANGAGE PAR LA PLAINTE

0	**Pas de plainte, même à l'interrogatoire**
1	**Plainte uniquement à l'interrogatoire**
2	**Plainte spontanée, peu fréquente, s'adressant uniquement à certaines personnes de l'entourage**
3	**Envahissement partiel du langage par la plainte : le patient se plaint à tout le monde, mais est cependant capable de parler d'autre chose**
4	**Envahissement complet du langage par la plainte**

REDUCTION DES ACTIVITES SPONTANEES

0	**Activité normale, le sujet se rend au travail**
1	**Activité extérieure partielle, le sujet abandonne certains travaux et distractions habituelles**
2	**Activité d'intérieur seule**
3	**Activité de chambre**
4	**Confinement au lit, malade grabataire**

DEMANDE QUOTIDIENNE D'ANALGESIQUES

0	**Demande nulle**
1	**Demande inférieure ou égale à 3 fois/24 h d'antalgique *per os***
2	**Demande supérieure ou égale à 3 fois/24 h d'antalgique *per os***
3	**Demande inférieure ou égale à 3 fois/24 h d'antalgique injectable**
4	**Demande supérieure ou égale à 3 fois/24 h d'antalgique injectable**

5	« ECHELLE » TOPOGRAPHIQUE (ANAES)
CARACTERISTIQUES	But : • Mieux préciser la topographie des douleurs • Mieux préciser le type de douleurs en fonction de leur localisation Méthodes : • Schéma des zones douloureuses • Répartition des dermatomes

SCHEMA DES ZONES DOULOUREUSES

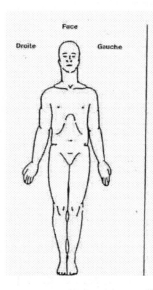
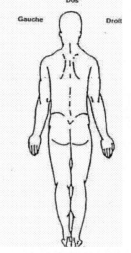

Le patient inscrit :

« S »	Pour une douleur près de la surface de votre corps
« P »	Pour une douleur plus profonde dans le corps
« I »	A l'endroit où vous ressentez la douleur la plus intense

REPARTITION DES DERMATOMES

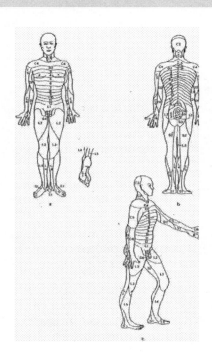

F | PERCEPTION ET COMPORTEMENT VIS-A-VIS DE LA DOULEUR (ANAES)

1	GENERALITES
MECANISMES INITIATEURS DE LA DOULEUR	• **Quel que soit son mécanisme initiateur** somatique, neurologique ou psychologique, **la douleur** proprement dite **constitue** dans tous les cas **une expérience subjective, un phénomène neuropsychologique** central • La **classique dichotomie somatique/psychologique concerne donc le mécanisme générateur (l'étiologie), mais non le phénomène** douleur lui-même

PHENOMENE DOULEUR	• Il s'agit d'un **phénomène complexe**
	• On distingue **4 composantes interactives dans la perception de la douleur :**
	  – **Sensori-discriminative**
	  – **Affective et émotionnelle**
	  – **Cognitive**
	  – **Comportementale**

FACTEURS INFLUENÇANTS	• L'ensemble de ces dimensions est lui-même sous **l'influence de facteurs passés ou présents :**
	  – **Environnementaux**
	  – **Professionnels**
	  – **Familiaux**
	  – **Sociaux**
	  – **Culturels**
	• Un autre facteur peut jouer un rôle important : il s'agit de la **durée de la douleur** en fonction de laquelle on oppose la douleur aiguë à la douleur chronique

2	COMPOSANTE SENSORI-DISCRIMINATIVE

DEFINITION	• La composante sensori-discriminative correspond aux mécanismes neurophysiologiques qui permettent le décodage de :
	  – La qualité (brûlure, décharges électriques, torsion…)
	  – La durée (brève, continue…)
	  – L'intensité
	  – La localisation des messages nociceptifs

UNE COMPOSANTE SENSORI-DISCRIMINATIVE IMPARFAITE	• En comparaison avec d'autres systèmes sensoriels, les **performances du décodage des messages nociceptifs ne sont pas parfaites** • On sait que **la douleur peut manquer dans de nombreux cas** ou n'apparaître qu'à **un stade trop avancé,** dans le cancer par exemple • On connaît la **localisation imprécise** des **douleurs profondes,** en particulier **viscérales,** et le phénomène de douleur **projetée** • Du fait de ces caractéristiques sensorielles, certains auteurs considèrent que la douleur se rapproche plus de la perception d'un état de besoin comme la faim ou la soif plutôt que d'un système sensoriel comme la vision ou l'audition
UN ELEMENT CLE A PRENDRE EN COMPTE PAR LE CLINICIEN	• Pour le clinicien, **l'écoute attentive de la description de la sensation douloureuse** (qualité, topographie, variation des niveaux de douleur selon certains facteurs, évolution dans le temps, recherche de douleur provoquée, examen de la sensibilité) est une **étape indispensable de l'évaluation de tout malade** • Lorsque ces éléments de base manquent, il peut être impossible de décider d'une **stratégie appropriée** pour un malade, même si l'on connaît par ailleurs le diagnostic somatique

3	COMPOSANTE AFFECTIVO-EMOTIONNELLE	
PERCEPTION DE LA DOULEUR	• Si la **douleur** occupe une place particulière parmi les perceptions, c'est du fait de **sa composante affective** particulière qui fait partie intégrante de l'expérience douloureuse et **lui confère sa tonalité désagréable, agressive, pénible, difficilement supportable** • Si la **douleur intense** impose un traitement symptomatique, c'est à cause de ce retentissement sur l'individu • Elle est **déterminée,** non seulement **par la cause** de la douleur elle-même, **mais également par son contexte** • La signification de la maladie, l'incertitude sur son évolution sont autant de facteurs qui vont venir moduler le vécu douloureux	
EVOLUTION DE LA DOULEUR	• Cette **composante affective peut se prolonger vers des états émotionnels voisins comme l'anxiété ou la dépression** • Cette proximité **explique une règle d'approche de tout malade douloureux** qui est **d'évaluer systématiquement les niveaux d'anxiété et de dépression** ainsi que les facteurs en cause	

4	COMPOSANTE COGNITIVE	

DEFINITION	• Le terme cognitif désigne un **ensemble de processus mentaux susceptibles d'influencer une perception** (ici la douleur) **et les réactions comportementales qu'elle détermine :**
	  – Processus **d'attention et de diversion** de l'attention
	  – **Interprétations et valeurs attribuées à la douleur**
	  – **Anticipations**
	  – **Références à des expériences douloureuses** antérieures personnelles ou observées
	  – **Décisions** sur le comportement à adopter	

INFLUENCE SUR LA DOULEUR	• On connaît **l'influence de la signification accordée à la maladie sur le niveau d'une douleur** • En étudiant comparativement 2 groupes de blessés, militaires et civils, qui présentaient des lésions en apparence identiques, les militaires réclamaient moins d'analgésiques • L'explication de cette différence serait que, dans les 2 groupes, le traumatisme et son contexte revêtent des significations tout à fait différentes : comparativement positives pour les militaires (vie sauve, fin des risques du combat, bonne considération du milieu social, etc.), comparativement négatives pour les civils (perte d'emploi, pertes financières, désinsertion sociale, etc.)	

5	COMPOSANTE COMPORTEMENTALE	
DEFINITION	• La composante comportementale englobe l'**ensemble des manifestations verbales et non verbales observables chez la personne qui souffre** (plaintes, mimiques, postures antalgiques, impossibilité de maintenir un comportement normal, etc.)	
INFLUENCE SUR LA DOULEUR	• Ces manifestations peuvent apparaître comme réactionnelles à une douleur perçue • Elles constituent des **indices reflétant l'importance du problème de douleur** • Elles assurent aussi une **fonction de communication avec l'entourage** • **Les apprentissages antérieurs,** fonction de l'environnement familial et ethnoculturel, de standards sociaux liés à l'âge et même au sexe, **sont susceptibles de modifier la réaction** actuelle d'un individu • Les **réactions de l'entourage** (familial, professionnel, soignant) **peuvent interférer** avec le comportement du malade douloureux et contribuer à son entretien	

Conférences de consensus - Recommandations

Année	Source	Titre
1999	SFAP	Attitude pratique pour la prise en charge de la douleur postopératoire
1999	ANAES	Evaluation et suivi de la douleur chronique chez l'adulte en médecine ambulatoire
2003	SOR	Evaluation de la douleur chez l'adulte et l'enfant atteints d'un cancer
2007	HAS	Prise en charge diagnostique des neuropathies périphériques
2012	IASP	International Association for the Study of Pain
2012	ANAES	Douleurs : étiologies et caractéristiques

Sujets tombés à l'ECN

Année	Contenu
2005	Gonarthrose Evaluation d'une douleur de type mécanique Evaluation de son intensité, utilisation d'échelles d'évaluation
2007	Accès palustre/infarctus splénique Evaluer l'intensité de la douleur Traitement symptomatique d'une douleur intense
2008	Erysipèle/Lombosciatique non compliquée Diagnostiquer une douleur neurogène Caractériser une douleur chronique à l'interrogatoire

Notes personnelles :

OBJECTIFS DE L'ECN

- Argumenter la stratégie de prise en charge globale d'une douleur aiguë ou chronique chez l'adulte
- Prescrire les thérapeutiques antalgiques médicamenteuses (P) et non médicamenteuses
- Evaluer l'efficacité d'un traitement antalgique

MOTS CLES

- Analgésiques : règle des paliers 1, 2 et 3 de l'OMS
- Morphiniques : titration, prévention des effets secondaires, surveillance
- Co-analgésiques : AINS, corticoïdes, biphosphonates…
- Douleurs neurogènes : antidépresseurs tricycliques, anti-épileptiques, neurostimulation transcutanée
- Surveillance de la tolérance et de l'efficacité, réévaluation régulière (EVA) pour adaptation du traitement
- Mesures non médicamenteuses

Pour mieux comprendre

- Toute douleur nécessite un bilan analytique soigneux :
    - Ancienneté : aiguë ou chronique
    - Etiologie : nociceptive, neuropathique, mixte, psychogène
    - Intensité : autoévaluation ou hétéro-évaluation
    - Topographie
    - Retentissement comportemental

- Une fois la douleur caractérisée, les traitements antalgiques peuvent être adaptés à la situation clinique : terrain, âge, état général, antécédents du patient, ainsi que les effets indésirables potentiels du traitement

- Les analgésiques de palier 1, 2 ou 3 seront classiquement efficaces sur les douleurs nociceptives. A l'inverse, les douleurs neurogènes seront plutôt traitées par les antidépresseurs tricycliques, les anti-épileptiques, la neurostimulation transcutanée…

- **Plan du chapitre :**
    - A. Généralités :
        - 1- Principes de prescription
        - 2- Type de mesures antalgiques
    - B. Traitement des douleurs nociceptives :
        - 1- Antalgiques OMS
        - 2- Antalgique de palier I
        - 3- Antalgique de palier II
        - 4- Antalgique de palier III
    - C. Traitement des douleurs neurogènes
    - D. Co-antalgiques

A **GENERALITES**

1	**PRINCIPES DE PRESCRIPTION**
LES 5 PRINCIPES OMS	• Par la **voie la moins invasive** • **A intervalles réguliers** • Selon une **échelle d'intensité de la douleur** • De façon **adaptée** aux besoins individuels • Avec un constant souci du détail
PRINCIPES GENERAUX	• Choisir un traitement **adapté au mécanisme de la douleur** : toute douleur n'est pas sensible aux antalgiques habituels (y compris la morphine) • **Adapter la puissance** de l'antalgique à l'intensité de la douleur • Administrer l'antalgique **à horaires fixes** et non pas à la demande • Adapter une **posologie suffisante** pour avoir un effet réel • **Adapter la voie d'administration** à l'état du malade • **Personnaliser** la prescription • **Respecter les contre-indications** pour éviter les incidents • **Prévenir les effets secondaires** pour éviter le rejet du traitement • Ne pas utiliser un placebo mais un antalgique vrai • **Ne pas associer 2 antalgiques de même palier de puissance** • **Expliquer** le traitement et ses effets indésirables éventuels au malade et à son entourage • Ne pas oublier de **traiter la cause** des douleurs quand cela s'avère possible • **Réévaluer** régulièrement l'efficacité et les effets secondaires
ANALGESIE PAR VOIE GENERALE : SFAR 2010	• Il faut traiter les **douleurs faibles à modérées** par des **antalgiques de palier I ou II**, utilisés **seuls ou en association** avec d'autres thérapeutiques • Les experts recommandent l'utilisation du **MEOPA** en **traumatologie légère** et pour les **douleurs induites par les soins** • Pour **les douleurs intenses (EVA ≥ 60 mm ou EN ≥ 6)**, il faut recourir d'emblée aux **morphiniques intraveineux en titration, seuls ou en analgésie multimodale**

2	**TYPES DE MESURES ANTALGIQUES**	
	Médicamenteux	**Non médicamenteux**

TRAITEMENT SYMPTOMATIQUE	• Douleur **nociceptive** :
	  – Antalgique **palier I OMS**
	  – Antalgique palier II OMS
	  – Antalgique palier III OMS
	• Douleur **neurologique** :
	  – **Antidépresseurs tricycliques**
	  – **Neuroleptiques**
	  – **Anticonvulsivants**
	  – (Neurostimulation)
	• Mesures **co-analgésiques** :
	  – **Myorelaxants**
	  – **Antispasmodiques**
	  – **Biphosphonates**
	  – **Corticoïdes**
	  – **Anesthésiques**
	  – **Hormonothérapie**
	  – Chimiothérapie
		• **Kinésithérapie** :
		  – Passive (massage…)
		  – Physiothérapie (cryothérapie, thermothérapie, électrothérapie…)
		• **Psychothérapie** :
		  – De soutien
		  – Comportementale (hypnose, relaxation, biofeedback…)
		• **Chirurgie** :
		  – Neurostimulation chirurgicale
		  – Dérivation chirurgicale (urinaire, digestive…)
		  – Endoprothèse
		  – Symphyse pleurale
		  – Cimentoplastie
		• Radiothérapie
		• **Acupuncture**
		• **Appareillage** (contention, orthèse…)

TRAITEMENT ETIOLOGIQUE	**Spécifique de la pathologie**	

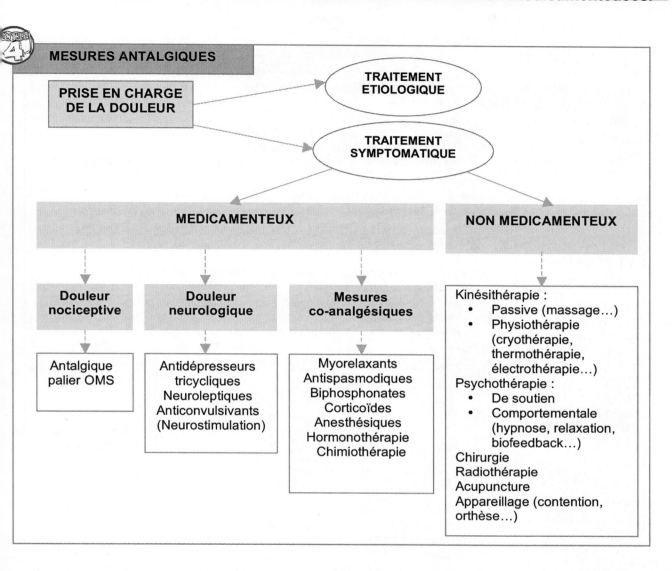

MESURES ANTALGIQUES

PRISE EN CHARGE DE LA DOULEUR → TRAITEMENT ETIOLOGIQUE

TRAITEMENT SYMPTOMATIQUE

MEDICAMENTEUX — **NON MEDICAMENTEUX**

Douleur nociceptive	Douleur neurologique	Mesures co-analgésiques	Kinésithérapie :

Douleur nociceptive

Antalgique palier OMS

Douleur neurologique

Antidépresseurs tricycliques
Neuroleptiques
Anticonvulsivants
(Neurostimulation)

Mesures co-analgésiques

Myorelaxants
Antispasmodiques
Biphosphonates
Corticoïdes
Anesthésiques
Hormonothérapie
Chimiothérapie

Kinésithérapie :
- Passive (massage…)
- Physiothérapie (cryothérapie, thermothérapie, électrothérapie…)

Psychothérapie :
- De soutien
- Comportementale (hypnose, relaxation, biofeedback…)

Chirurgie
Radiothérapie
Acupuncture
Appareillage (contention, orthèse…)

ITEM 66

B TRAITEMENT DES DOULEURS NOCICEPTIVES

1	ANTALGIQUE OMS	
TYPES DE PALIERS OMS	**I** (Périphérique)	**Analgésiques non-morphiniques :** • Paracétamol • Aspirine • Autres anti-inflammatoires non stéroïdiens (AINS) • Néfopam (Acupan®)
	II (Central) (Opioïdes faibles)	**Agonistes morphiniques faibles :** • Efferalgan codéiné® • Tramadol (Topalgic®)
	III (Central) (Opioïdes forts)	**Agonistes morphiniques forts :** • Morphine (*PO*, SC, IV) • Fentanyl transdermique (Durogésic®) • Oxycodone • Hydromorphone (Sophidone®) **Agonistes antagonistes :** • Buprénorphine (Temgésic®) **Agoniste partiel :** • Nalbuphine (Nalbuphine®) • Pentazocine (Fortal®)

REGLES D'UTILISATION	Institution du traitement :		
		Douleur **faible à modérée**	Palier **1**
		Douleur **modérée à intense**	Palier **2**
		Douleur **intense à très intense**	Palier **3**
	Règles d'utilisation : • **Réévaluer** régulièrement • Escalade **progressive dans les paliers** • Escalade **progressive dans les doses** • **Ne pas associer 2 antalgiques de même palier de puissance**		

ANTALGIQUE ET GROSSESSE		
	Palier 1	**Paracétamol**
	Palier 2	Préférer le **dextropropoxyphène** à la codéine)
	Palier 3	**Morphine** *(N.B. : il faudra penser au sevrage du nourrisson)*
	CONTRE-INDICATION FORMELLE DE TOUS LES AINS A PARTIR DU 6ème MOIS DE GROSSESSE (RAPPEL DE L'AFSSAPS) Plusieurs cas de **toxicité fœtale et/ou grave** après prise d'AINS en fin de grossesse ont été rapportés : • Morts fœtales *in utero* • Morts néonatales • Atteintes rénales et/ou cardio-pulmonaires néonatales	

CLASSIFICATION DES OPIOIDES		**AGONISTES PURS**	**AGONISTES PARTIELS**	**AGONISTES ANTAGONISTES**
	MAJEURS	**Morphine** (*PO*, SC, IV) **Fentanyl** (Durogésic®) **Oxycodone** **Hydromorphone** (Sophidone®) **Méthadone**	**Buprénorphine** (Temgésic®)	**Nalbuphine** (Nalbuphine®) **Pentazocine** (Fortal®)
	MINEURS	**Efferalgan codéiné®** **Tramadol** (Topalgic®)	-	-

RETRAIT DU MARCHE DE L'ASSOCIATION DEXTROPROPOXYPHENE/ PARACETAMOL
• L'association dextropropoxyphène/paracétamol (Di-Antalvic®), médicament antalgique de niveau II, a été retiré du marché par le nombre important de décès retrouvés dans certains pays   • Depuis juin 2009, l'AFSSAPS recommande aux professionnels de santé de ne plus prescrire de médicaments contenant du DXP à de nouveaux patients

Posologies (à connaître, au programme de l'ECN) :

DCI	Posologies adulte	Posologies enfant	Age minima
Paracétamol	**Doliprane®** **1 g x 4/j**	**Doliprane®** **60 mg/kg/j**	**Naissance**
Paracétamol IV	**Perfalgan®** **1 g x 4/j**	Perfalgan® 60 mg/kg/j	Naissance
Aspirine	Aspégic® 1 g *4/j	Aspégic® 50 mg/kg/j	Naissance
Ibuprofen *PO*	Advil®, Nureflex® 30 mg/kg/j	**Advil®**, Nureflex® **30 mg/kg/j**	**6 mois**
Néfopam IM, IV	**Acupan®** 20 mg x 6 par jour Max : 120 mg	-	**15 ans**
Codéine	**Efferalgan codéiné®** **1 g x 4 /j** (contient du paracétamol)	**Codenfan®** **1 mg/kg x 4 à 6/j**	**1 an**
Tramadol	Topalgic®	Topalgic® 400 mg/j max	3 ans

Nalbuphine	Nalbuphine®	Nalbuphine® 0.2 mg/kg x 4 à 6/j	18 mois
Morphine *PO*	Actiskenan® 10 mg/4 h	Sevredol® 0.2 mg/kg/4 h	6 mois
Morphine IV	Morphine	Morphine (PCA dès 6 ans) 0.025 mg/kg/5 mn 30 mcg/kg/h en continu avec bolus si nécessaire	Naissance

FACTEURS DE CONVERSION EQUIVALENCE DE POSOLOGIES

CLASSE OMS + CARACTERISTIQUES PHYSICOCHIMIQUES		DENOMINATION COMMUNE INTERNATIONALE		COEFFICIENT DE CONVERSION	POSOLOGIE EQUIVALENTE A 60 MG DE MORPHINE *PER OS*
II **OPIOIDES MINEURS**	AGONISTES PURS	Codéine		1/6	360 mg
		Tramadol	PO	1/5	300 mg
			IV	3/10	200 mg

< 1   > 60

REFERENTIEL = MORPHINE *PER OS*	1	60 mg

> 1   < 60

III **OPIOIDES MAJEURS**	AGONISTES PURS	Morphine	PO	1	60 mg
			SC	2	30 mg
			IV	3	20 mg
		Oxycodone		2	30 mg
		Hydromorphone		7,5	8 mg
		Fentanyl		150	25 µg/h
	AGONISTES PARTIELS	Buprénorphine	Subling	30	2 mg
			IV	60	1 mg
	AGONISTES ANTAGONISTES	Nalbuphine		3	20 mg

Les équivalences sont indispensables à connaître dans le cadre de la morphine (cf. cadre encadré en noir dans le diagramme ci-dessus)

2	ANTALGIQUE PALIER I
TYPE D'ANTALGIQUES	**Analgésiques non morphiniques :** • Paracétamol • Aspirine • Autres anti-inflammatoires non stéroïdiens (AINS)

PARACETAMOL	**Contre-indications :**
	• Insuffisance **hépatocellulaire**
	• Hypersensibilité connue
	Effets secondaires :
	• Réactions **allergiques**
	• **Hépatotoxicité :**
	  – Facteurs de risque : insuffisance hépatique, alcoolisme chronique, déficit en glutathion synthétase
	  – Surdosage aigu : cytolyse hépatique, hypophosphorémie
	  – **Dose toxique > 120 mg/kg** chez l'adulte en 1 prise
	  – Prise en charge en urgence : **lavage gastrique dans les 6 h** après la prise, **antidote : N-acétylcystéine** *per os* **ou IV**
	Posologie :
	• 1 g/6 h quelle que soit la voie d'administration
	Noms commerciaux :
	• Dafalgan®, Efferalgan®, Doliprane®, Paralyoc®, Perfalgan®...

ASPIRINE	**Contre-indications :**
	• **Allergie** connue à l'aspirine ou aux salicylés
	• **Asthme**
	• **Insuffisance rénale** évolutive
	• **Maladies hémorragiques** constitutionnelles ou acquises
	• Risques **hémorragiques** (ex. UGD)
	• Certaines viroses
	• **Grossesse au 3ème trimestre**
	• Association aux **AVK** ou au **méthotrexate**
	Effets secondaires :
	• Réactions **allergiques :**
	  – Eruption cutanée
	  – Bronchospasme
	  – Choc anaphylactique
	• Troubles **digestifs :**
	  – Gastralgies
	  – Ulcérations gastriques
	  – Hémorragie digestive
	• Syndrome **hémorragique**
	• Risque de surdosage aigu
	Posologie :
	• *PO :* 500 mg à 1 g/8 h ; mini. 4 h entre 2 prises ; maxi. 2 g/prise, 6 g/24 h
	• IV : 1 g IVL/6 ou 8 h ; maxi. 4 g/24 h
	Noms commerciaux :
	• Aspégic®, Aspirine UPSA®...

AINS (Autres que l'aspirine)	**Contre-indications :** • Allergie • Antécédent récent ou ulcère gastroduodénal évolutif • Asthme à l'aspirine et/ou allergie croisée aux autres AINS (syndrome de Fernand-Vidal) • Insuffisance rénale, hépatique ou cardiaque (sévères) • Grossesse (3ème trimestre) et allaitement • Maladies hémorragiques

Effets secondaires :
- Complications digestives +++ :
  - Troubles dyspeptiques (lésions érosives et pétéchiales superficielles dans 50% des cas)
  - Ulcères gastroduodénaux (15 à 25%, risque diminué avec les coxibs) et leurs complications : perforation et saignement ; traitement préventif chez les sujets à risque (> 65 ans et antécédent d'UGD) par prostaglandine (Cytotec®) ou IPP (Mopral®). En cas de suspicion d'ulcère digestif sous AINS → endoscopie digestive haute : si ulcère, arrêt des AINS, traitement anti-ulcéreux et endoscopie de contrôle à 6 semaines ; si pas d'ulcère, poursuite des AINS et traitement protecteur
  - Ulcération du grêle ou du côlon. Augmentation du risque de sigmoïdite diverticulaire
- Complications rénales (inhibition des prostaglandines rénales) :
  - Insuffisance rénale fonctionnelle (rétention hydrosodée, HTA) surtout chez le sujet âgé, en situation d'hypovolémie et co-prescription d'IEC +++
  - Néphropathie interstitielle, hyperkaliémie (hypoaldostéronisme secondaire)
- Complications allergiques :
  - Urticaire, dermatose bulleuse, bronchospasme, œdème de Quincke, choc anaphylactique
- Autres :
  - Hépatite immuno-allergique ou toxique, complications neurosensorielles (céphalées, vertiges), cytopénie immuno-allergique

Posologie :
- *PO :* - Nureflex® (ibuprofène) 400 mg/6 h ; maxi. 1.200 mg/24 h, Profenid® (kétoprofène) LP 200 mg 1 cp ou 1 gel/24 h. Autres présentations : 100 à 300 mg/24 h
- IR : - Profénid® 100 à 300 mg/24 h (1-3 suppos)
- IM : - Profénid® 100 mg/12-24 h
- IV : - Profénid® 50 mg IVL/6 h ou 100 mg IVL/8 h maxi. 48 h

---

NEFOPAM

Caractéristiques spécifiques :
- **Antalgique non morphinique d'action centrale donc palier I OMS par définition, mais effet puissant comme les antalgiques de palier II**
- Non antipyrétique
- Non anti-inflammatoire
- Propriétés **anticholinergiques** faibles, absence d'effet dépresseur respiratoire et toxicomanogène

Effets secondaires :
- Sueurs, somnolence
- Douleur à l'injection
- Nausées, vomissements
- **Effets atropiniques :** sécheresse buccale, tachycardie, palpitations, vertiges, rétention d'urine

Contre-indications :
- Enfants de **moins de 15 ans**
- Convulsions ou antécédents épileptiques
- Troubles prostatiques, glaucome
- Déconseillé chez la femme enceinte ou allaitante

Posologie :
- Néfopam IM, IV : **Acupan® 20 mg x 6 par jour** (max : 120 mg)

3	ANTALGIQUE PALIER II
TYPE D'ANTALGIQUES	**Agonistes morphiniques faibles :** • Efferalgan codéiné® • Tramadol (Topalgic®)
CODEINE	**Contre-indications :** • **Allergie** à la codéine • **Asthme** • **Insuffisance respiratoire** • **Insuffisance hépatique** • Toxicomanes • Association aux agonistes-antagonistes morphiniques • Grossesse – allaitement : éviter **Effets secondaires :** • **Constipation** • **Nausées** • **Somnolence** • **Bronchospasme** • Risque de dépendance et de syndrome de sevrage à l'arrêt brutal • **Surdosage :** (codéine base $\geq$ 2 mg/kg/prise) myosis, excitation, somnolence, vomissements, convulsions, bronchoconstriction, arrêt respiratoire **Posologie :** • *PO :* 1 ou 2 cp/4-6 h ; maxi. 6 cp/24 h • Insuffisance rénale : 8 h mini. entre 2 prises **Noms commerciaux :** • Codoliprane® cp (20 mg codéine, 400 mg paracétamol) • Dafalgan codéiné® cp (30 mg codéine, 500 mg paracétamol) • Efferalgan codéiné® cp (30 mg codéine, 500 mg paracétamol) • Remarque : la codéine se transformant en morphine, l'association des 2 est possible

TRAMADOL	**Contre-indications :**
	• Hypersensibilité tramadol et/ou opiacés
	• Insuffisance respiratoire sévère
	• Insuffisance hépatocellulaire, insuffisance rénale sévère
	• Epilepsie
	• Grossesse, allaitement
	• < 3 ou 12 ans selon les formes
	• IMAO®
	• Non adapté pour le sevrage toxico
	Effets secondaires :
	• Etourdissements, nausées, constipation, céphalées
	• Convulsion
	• Dépendance, syndrome de sevrage
	• Surdosage
	Posologie :
	• *PO :* 50-100 mg/6 h ; maxi. 400 mg/24 h
	  – Insuffisance rénale : toutes les 12 h
	  – Insuffisance hépatique : 1/2 dose ou par 12 h
	  – > 75 ans : toutes les 8-10 h
	  – LP : 100-200 mg/12 h
	• IV : 100 mg IVL (15 min) +/- 50 mg/10-20 min, maxi. 250 mg la 1ère heure :
	  – Relais PSE : 200 mg/8-12 h ; maxi. 600 mg/24 h
	Noms commerciaux :
	• Contramal®, Topalgic® :
	  – Gél, cp 50 mg
	  – Cp LP 100 et 200 mg
	  – Inj. 100 mg/2 mL

	ANTALGIQUE PALIER III		
4			
PROPRIETES PHARMACOLOGIQUES	**Action antalgique** : douleurs par excès de nociception sévères, double action : • **Action centrale (principale)** : agoniste des récepteurs opioïdes de la corne postérieure avec diminution de la libération de neurotransmetteurs • **Action périphérique** : effet anti-hyperalgésique **Action psychomotrice** : bien-être, euphorie **Action sur la fonction respiratoire** : • **Effet dépresseur respiratoire** • **Effet antitussif** • **Effet histaminolibérateur** : bronchoconstriction **Action émétisante** : • **Action sur la musculature lisse : diminution du transit intestinal et constipation**, rétention urinaire, **myosis** **Action cardiovasculaire : hypotension orthostatique** **Action sur le système immunitaire : immunomodulatrice voire immunosuppression** à concentration élevée		
PRECAUTIONS D'EMPLOI	• Insuffisance **respiratoire** sévère • Insuffisance **hépatique** : TP < 60% • Insuffisance **rénale** : clairance < 50 mL/mn (utiliser la formule de Cockcroft) • Sujet âgé : **> 65 ans** • Grossesse, allaitement		
EQUIVALENT DE DOSE	**1 mg** morphine **IV** = **1,5 mg** morphine **sous-cutanée** = **3 mg** morphine *per os*	**1 mg** morphine *per os* = **1/10 à 1/20 mg** morphine **péridurale** = **1/50 à 1/200 mg** morphine **intrathécale**	
DUREE DE PRESCRIPTION	**7 jours**	• **Morphine injectable discontinue**	
	28 jours	• **Morphine injectable continue (par pompe)** • **Morphine *per os*** • **Rapide (Actiskenan®, Sevredol®)** • **Lente (Skenan LP®, Moscontin LP®)** • **Oxycodone** • **Hydromorphone** • **Fentanyl transdermique**	
DELIVRANCE FRACTIONNEE	**La délivrance par le pharmacien est fractionnée pour certains produits :** • **Fentanyl en patch - Durogésic® - ou en comprimé à dispersion buccale - Actiq®** • Le pharmacien ne délivre qu'une certaine quantité à la fois, le malade doit revenir (avec la même ordonnance pour obtenir une nouvelle délivrance sur la période de prescription prévue) • **En cas de besoin, le prescripteur peut ordonner le non fractionnement par mention expresse**		
VOIES D'ADMINISTRATION	**Voie intraveineuse**	• **La plus rapide** • **La plus fiable**	
	Voie *per os*	• **Fiable** • **Moins rapide**	
	Voie intramusculaire	• Résorption irrégulière • Effet peu prévisible	
	Voie sous-cutanée	• A éviter en urgence	

TYPE		DCI		NOM COMMERCIAL	VOIES D'ADMINISTRATIONS	
CLASSIFICATION MORPHINIQUE **AGONISTES PURS**	**Morphine**	**Sulfate**		**Actiskenan®** **Sevredol®**	Orale	Libération immédiate
				Skenan LP® **Moscontin LP®**	Orale	Libération prolongée
		Chlorydrate		**Morphine®**	Orale	Libération immédiate
					Parentérale	SC, IV, IM Péridurale Intrathécale
	Oxycodone			**Oxynorm®**	Orale	Libération immédiate
				Oxycontin®	Orale	Libération prolongée
	Hydromorphone			**Sophidone®**	Orale	Libération prolongée
	Fentanyl			**Durogésic®**	Transcutanée	
				Actiq®	Transmuqueuse	
AGONISTES PARTIELS	**Buprénorphine**			**Temgésic®**	Sublinguale	
					Parentérale	SC, IV, IM
AGONISTES ANTAGONISTES	**Nalbuphine**			**Nalbuphine®**	Parentérale	SC, IV, IM

EFFETS SECONDAIRES ET PREVENTION	• **Constipation :** – Quasi systématique – Doit toujours être prévenue = règles **hygiéno-diététiques, laxatifs** (FORLAX® 1 sachet de 10 grammes le matin) • **Nausées :** – **Fréquentes** – Traitement **anti-émétique (**MOTILIUM®**)** • **Prurit (et xérostomie) :** – Antihistaminique • **Somnolence :** – **Habituelle** en début de traitement (= récupération de la dette de sommeil) – Rechercher des signes éventuels de surdosage (penser aux médicaments associés) • **Rétention urinaire :** – **Rétention urinaire aiguë chez les patients prédisposés (adénome de la prostate) par hypertonie du sphincter externe de la vessie** – Sondage, néostigmine • **Confusion :** – En l'absence d'insuffisance de traitement, de situation de manque ou de surdosage : rechercher et traiter toute cause habituelle de confusion – **Traitement étiologique,** neuroleptiques et/ou modification du traitement antalgique • **Dépression respiratoire :** – Toujours **annoncée par une somnolence profonde** – La fréquence respiratoire **est un paramètre simple et essentiel de surveillance :** ▪ **Fréquence respiratoire (FR) entre 10 et 12 : surveillance,** réévaluation toutes les 3 à 5 mn ; attitude à adapter en fonction du traitement en cause ▪ **FR < 10 : oxygénothérapie + naloxone**

		Pharmacodépendance :

- **Pharmacodépendance :**
  - Effet psychodysleptique : très limitée, la crainte d'induire une toxicomanie ne doit pas limiter la prescription.
  - **Dépendance physique : syndrome de sevrage,** dont la prévention repose sur la réduction progressive des posologies lors de l'arrêt d'un traitement par morphine
  - **Phénomène de tolérance :** augmentation des doses pour obtenir le même effet thérapeutique
- **Sédation :**
  - Présente chez presque la moitié des patients
  - Apparition précoce, mais peut être spontanément résolutive
  - Surveillance : scores de sédation

	NIVEAU DE SEDATION	SCORE DE RAMSAY	ECHELLE DE SEDATION (EDS)
EFFETS SECONDAIRES ET PREVENTION	1	Patient anxieux et agité	Absence de sédation, patient bien éveillé
	2	Patient coopérant, calme et orienté	Patient somnolant mais stimulable verbalement
	3	Somnolence, réponse rapide après stimulation verbale	Patient somnolant mais stimulable tactilement
	4	Patient endormi mais avec une réponse nette à la stimulation de la glabelle ou à un bruit intense	Patient non réveillable, état comateux
	5	Patient endormi répondant faiblement aux stimulations ci-dessus	-
	6	Absence de réponse	-

- **Prévention :**
  - **Augmentation progressive** des posologies
  - **Surveillance stricte** de l'état de somnolence et de la fréquence respiratoire
  - Naloxone immédiatement disponible
- **Syndrome opioïde :**
  - Somnolence profonde : score de sédation EDS > 2
  - Myosis serré bilatéral aréactif
  - Hypothermie
  - Bradypnée : FR < 10 par minute, apnées
  - Bradycardie, hypotension
- **Prise en charge en urgence :**
  - **Bradypnée avec FR entre 10 et 12 :**
    - Surveillance stricte toutes les 3 minutes
    - FR, état de conscience (score de Ramsay, score EDS), tension artérielle, EVA
  - **FR < 10 ou EDS > 2 ou désaturation :**
    - Arrêt de tout traitement dépresseur respiratoire
    - **Oxygénothérapie au masque**
    - Antidote : **naloxone (NARCAN®)** en titration par bolus de 0,04 mg IV toutes les 5 minutes
    - Jusqu'à normalisation de la fréquence respiratoire
    - Relais par naloxone IVSE : prévention du risque de remorphinisation secondaire

(colonne **SURDOSAGE EN OPIACES** en marge gauche)

TITRATION DE MORPHINE	**ORALE**	<ul><li>Débuter par du **sulfate de morphine par voie orale,** à libération immédiate (Actiskenan®) **en relais d'un opioïde faible**</li><li>Le traitement est **débuté** à la dose de :<ul><li>– **1 mg/kg/j soit environ 10 mg/4 h**</li><li>– Dose réduite de moitié chez les patients à risque (0.5 mg/kg/j soit environ 5 mg/4 h) : personnes âgées, insuffisants rénaux ou hépatiques</li></ul></li><li>**Augmenter** à raison de **50% toutes les** 8 à **12 h jusqu'à obtenir le contrôle de la douleur (EVA < 3)**</li><li>Par la suite, le **traitement de fond** va reposer sur les **morphiniques longue durée** (type **Skenan LP® ou Moscontin LP®** en 1 prise toutes les 12 h) ou du fentanyl transdermique (patch)</li><li>Prévoir des **inter-doses d'action rapide (= 1/6 de la dose quotidienne)** en cas de besoin **toutes les 4 h**</li><li>Si prise de **plus de 3 inter-doses par jour durant 2 jours : augmenter la dose de morphiniques**</li></ul>
	IV	<ul><li>Chlorhydrate de morphine IV</li><li>**Bolus de 2 mg (patient < 60 kg) à 3 mg (patient > 60 kg) toutes les 5 minutes, y compris chez les sujets âgés**</li><li>Réévaluation de la douleur toutes les 5 minutes : EVA</li><li>Objectif EVA ≤ 30</li></ul>
REGLES DE L'ORDONNANCE DE MORPHINIQUES		<ul><li>**Ordonnance sécurisée (stupéfiant)**</li><li>Nom et prénom du **patient**</li><li>Nom du **médecin**</li><li>**Ecrite en toutes lettres :**<ul><li>– **Durée = pendant vingt-huit jours**</li><li>– **Dose cumulée = soit cinquante-six gélules**</li></ul></li><li>Prescription simultanée sur ordonnance bi-zone ALD</li><li>**Mesures associées :**<ul><li>– **Lutte contre la constipation :** règles hygiéno-diététiques, hydratation, prescription d'un laxatif osmotique (lactulose, Duphalac®), surveillance du transit (recherche d'un fécalome en l'absence de selles > 3 jours)</li><li>– Prévention systématique des nausées et vomissements : **anti-émétique neuroleptique (Primpéran®)**</li><li>– Prurit : antihistaminique</li><li>– Somnolence : surveillance et diminution des doses si nécessaire</li></ul></li></ul>
ANALGESIE PAR VOIE IV ET PLACE DES MORPHINIQUES **(ADULTE)**		**Evaluation quantitative de l'intensité de la douleur à l'aide d'échelles validées : EVA en 1ère intention, EN ou EVS** **Si l'EVA est < 60 :**<ul><li>Paracétamol 1 g IV en 15 min ou palier 2</li><li>+/- Anti-inflammatoires non stéroïdiens IV en 15 minutes</li><li>+/- MEOPA</li><li>+/- Analgésie locale ou locorégionale</li><li>Réévaluation de la douleur par l'EVA toutes les 5 minutes :<ul><li>– Si EVA ≥ 30 : morphine en titration IV sans dose maximale</li><li>– Bolus de 2 à 3 mg IVD toutes les 5 minutes</li><li>– Surveillance : FR, score de sédation, saturation, tension artérielle</li></ul></li></ul>**Si l'EVA est ≥ 60 :**<ul><li>Morphine IV en titration par bolus de 2 à 3 mg IVD toutes les 5 minutes</li><li>+/- MEOPA</li><li>+/- Anti-inflammatoire non stéroïdien IV en 15 minutes</li><li>+/- Analgésie locale ou locorégionale</li><li>Réévaluation de la douleur toutes les 5 minutes :<ul><li>– Si EVA > 30 : poursuite de la morphine IV sans dose minimale</li><li>– Si EVA ≤ 30 ou sédation excessive ou bradypnée ou désaturation</li><li>– Arrêt de la morphine +/- traitement symptomatique si nécessaire</li></ul></li></ul>

Nom du médecin

Fonction

N° de siret

Lieu

Date

Nom et prénom du patient

1- Skenan LP® 30 mg :
Une gélule de trente milligrammes le matin et une le soir.
Par voie orale.
Pendant vingt-huit jours.
Soit cinquante-six gélules.

2- Actiskenan® 10 mg :
Si à-coups douloureux.
Une gélule de dix milligrammes toutes les 6 heures.

3- Duphalac® :
Trois sachets par jour.

4- Motilium® :
En cas de nausées.
Un comprimé de quarante-cinq milligrammes avant la prise de Skenan®.

Signature
Cachet

4

C TRAITEMENT DES DOULEURS NEUROGENES

1	THERAPEUTIQUE		INDICATION	
Anti-épileptiques	Gabapentine Clonazépam Carbamazépine	Neurontin® Rivotril® Tegretol®	**Douleur aiguë**	**Composante paroxystique**
Antidépresseurs tricycliques	Amitriptyline Clomipramine Imipramine Désipramine	Laroxyl® Anafranil® Tofranil® Pertofran®	**Douleur chronique**	**Composante continue**
Neuroleptiques	Halopéridol Chlorpomazine	Haldol® Largactil®	**Douleur chronique rebelle**	**Composante continue**
Neurostimulation	**Impulsion électrique destinée à bloquer la douleur**	**Transcutanée**	**Spécifique à certaines douleurs neuropathiques**	
		Chirurgicale		

Remarque : les douleurs migraineuses d'origine multifactorielle (neurogènes, vasomoteurs…) seront traitées dans les chapitres concernés.

2	GABAPENTINE NEURONTIN®	
PROPRIETES	• **Anti-épileptique**	
INDICATIONS	• Epilepsie partielle de l'adulte et de l'enfant > 3 ans • **Douleurs neuropathiques**	
CONTRE-INDICATIONS	• **Hypersensibilité**	
PRECAUTIONS D'EMPLOI	• Prudence chez les **conducteurs** et chez les sujets ayant des troubles comitiaux mixtes comportant des absences • **Insuffisance rénale**	
EFFETS SECONDAIRES	• Neuro-psychiques • Somnolences • Sensations vertigineuses • Equilibre	• Asthénie • Céphalées • Tremblements • Nausées

3	CLONAZEPAM RIVOTRIL®	
PROPRIETES	• **Anticonvulsivant** • **Benzodiazépines** • **Anxiolytique** • **Sédatif, myorelaxant** • 1ère intention dans la crise d'épilepsie et état de mal épileptique pour action rapide	
INDICATIONS	• **Etat de mal épileptique** • **Crise d'épilepsie** • Tétanos • Prémédication • **Douleurs neuropathiques**	• *Delirium tremens* • Agitation • Crises d'angoisse aiguës • Anxiété • Névrotiques • Prévention des convulsions hyperthermiques
CONTRE-INDICATIONS	• Hypersensibilité • **Insuffisance respiratoire** • Apnées du sommeil • **Myasthénie**	

PRECAUTIONS D'EMPLOI	• **Prudence en cas d'insuffisance respiratoire,** chez les conducteurs et les sujets âgés, en cas d'insuffisance hépatique ou rénale
EFFETS SECONDAIRES	• **Somnolence** • **Dépendance** physique et psychique • Syndrome de sevrage • Hypersécrétion bronchique • Coma, dépression respiratoire

4	CARBAMAZEPINE TEGRETOL®	
PROPRIETES	• **Anti-épileptique** • **Antalgique** • **Thymorégulateur** • Anti-maniaque	
INDICATIONS	• **Epilepsie de type grand mal** • **Epilepsie partielle** • Prévention des rechutes des psychoses maniaco-dépressives • Traitement de certains états maniaques • **Douleurs neuropathiques**	
CONTRE-INDICATIONS	• Hypersensibilité • **BAV** • Absences	• Antécédents d'hypoplasie médullaire • Porphyries aiguës intermittentes • Allaitement
PRECAUTIONS D'EMPLOI	• **Bilan hépatique et hémogramme** • **Prudence aux associations médicamenteuses car inducteur enzymatique** • **Si grossesse, apport de vitamine K**	
EFFETS SECONDAIRES	• Rarement sédatif • **Sécheresse buccale** • Nausées et vomissements fréquents en début de traitement • Syndrome cérébello-vestibulaire et/ou confusion en cas de surdosage • **Neutropénie** (souvent modérée et sans gravité) • SIADH • Troubles de la conduction cardiaque • **Réactions idiosyncrasiques :** toxidermie, hépatite, aplasie médullaire • Risque de surdosage : diminution de la bio-transformation de l'isoniazide et de certains macrolides • **Inducteur enzymatique**	

5	ANTIDEPRESSEURS TRICYCLIQUES	
PROPRIETES	• Psychotropes thymo-analeptiques	
INDICATIONS	• Dépressions • Enurésie • Trouble panique et trouble phobique • Troubles obsessionnels compulsifs	• Algies rebelles • Akinésie • Narcolepsie • Troubles des conduites alimentaires
CONTRE-INDICATIONS	Absolues : • **Glaucome aigu à angle fermé** • **Hypertrophie bénigne de la prostate** • **Antécédent de rétention aiguë d'urines** • **Cardiopathies non stabilisées** • **Infarctus du myocarde récent** • **Insuffisance cardiaque décompensée**	• **1er trimestre de grossesse** • **Association avec IMAO® non sélectifs** Relatives : • Epilepsie • Insuffisance hépatique • Insuffisance rénale

PRECAUTIONS D'EMPLOI	• Prudence chez les conducteurs • **Arrêt du traitement se faisant de manière progressive**
EFFETS SECONDAIRES	• **Anticholinergiques :** sécheresse buccale, constipation, rétention urinaire, dysurie, trouble de l'accommodation, mydriase • **Cardiovasculaires :** hypotension orthostatique, tachycardie, trouble du rythme et de la conduction auriculo-ventriculaire • **Psychiques :** excitation, levée d'inhibition, risque suicidaire, délire, insomnies, cauchemars, prise de poids avec le Laroxyl® • **Neurologiques :** sédation pour certains antidépresseurs, troubles mnésiques, dysarthrie, syndrome confusionnel, tremblements, polynévrite, névrite optique rétrobulbaire possible en cas de traitement prolongé • **Hématologiques :** thrombopénie, hyperéosinophilie (rares) • **Stomatologiques :** glossite, stomatite en cas de traitements prolongés

6	AUTRES TRAITEMENTS

LISTE NON EXHAUSTIVE	**Non chirurgicaux :**
	• **Neurolyse** (ex. : nerf médian)
	• **Neurostimulation percutanée**
	Chirurgicaux :
	• **Neurostimulation :**
	  – **Médullaire**
	  – **Cérébrale** profonde
	• **Interruption des voies nociceptives :**
	  – **Thermocoagulation** (ex. : percutanée du ganglion de Gasser)
	  – Autres **chirurgies ultra-spécialisées** (radicellotomie postérieure sélective, cordotomie spino-thalamique…)

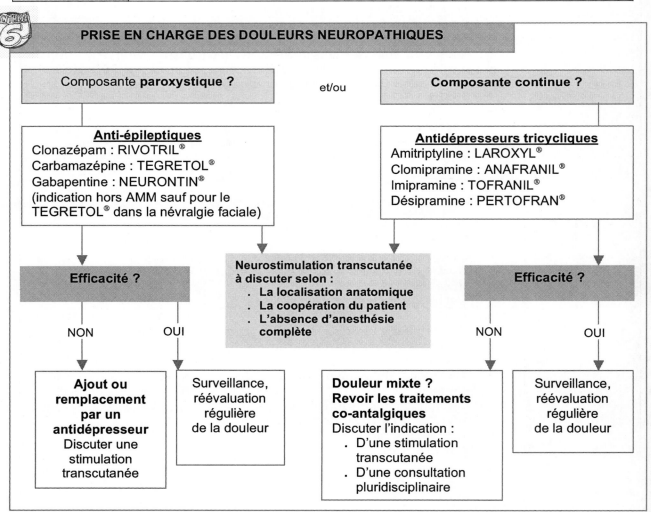

PRISE EN CHARGE DES DOULEURS NEUROPATHIQUES

Composante **paroxystique ?**　　et/ou　　**Composante continue ?**

Anti-épileptiques
Clonazépam : RIVOTRIL®
Carbamazépine : TEGRETOL®
Gabapentine : NEURONTIN®
(indication hors AMM sauf pour le TEGRETOL® dans la névralgie faciale)

Antidépresseurs tricycliques
Amitriptyline : LAROXYL®
Clomipramine : ANAFRANIL®
Imipramine : TOFRANIL®
Désipramine : PERTOFRAN®

Efficacité ?

Neurostimulation transcutanée à discuter selon :
. **La localisation anatomique**
. **La coopération du patient**
. **L'absence d'anesthésie complète**

Efficacité ?

NON　　OUI

NON　　OUI

Ajout ou remplacement par un antidépresseur
Discuter une stimulation transcutanée

Surveillance, réévaluation régulière de la douleur

Douleur mixte ?
Revoir les traitements co-antalgiques
Discuter l'indication :
. D'une stimulation transcutanée
. D'une consultation pluridisciplinaire

Surveillance, réévaluation régulière de la douleur

D CO-ANTALGIQUES

1	PRINCIPES GENERAUX	

LISTES DES PRINCIPAUX CO-ANTALGIQUES	• **Corticoïdes**
	• **Biphosphonates**
	• **Antispasmodiques**
	• **Myorelaxants (dont benzodiazépines)**
	• **Anti-épileptiques (dont benzodiazépines)**
		• **Psychotropes :**
		  – **Neuroleptiques**
		  – **Antidépresseurs tricycliques**
		  – **Benzodiazépines**
		• **Anesthésiques**
		• **Hormonothérapie**
		• **Chimiothérapie**

EXEMPLES (ANAES)	**DOULEURS NEUROGENES**	• Corticoïdes en cas de compression péri-médullaire ou nerveuse périphérique
	DOULEURS VISCERALES PAR ENVAHISSEMENT TUMORAL	• Corticoïdes • Antispasmodiques • En 2ème intention, noramidopyrine • En cas de douleurs rebelles, bloc cœliaque à discuter
	COLIQUES ABDOMINALES LIEES A UNE OCCLUSION	• Traitement chirurgical à discuter en 1ère intention • En cas d'impossibilité de celui-ci, antalgiques opiacés associés aux antispasmodiques
	CEPHALEES PAR HYPERTENSION INTRACRANIENNE	• Corticoïdes injectables

	DOULEURS OSSEUSES	• Anti-inflammatoires non stéroïdiens
		• Corticoïdes
		• En cas de métastases osseuses :
		  – Radiothérapie, conventionnelle ou métabolique
		  – Biphosphonates

	DOULEURS LIEES A UNE INFECTION	• Drainage d'une collection

	COMPOSANTE EMOTIONNELLE ET COGNITIVE SOUFFRANCE PSYCHOLOGIQUE	• Prise en charge spécifique :
		  – Psychiatrique dont médicamenteuse
		  – Psychologique

2	CORTICOIDES
PROPRIETES	• **Anti-inflammatoire** • **Anti-allergique** • **Immunosuppresseurs** à fortes doses
CONTRE-INDICATIONS « pudick »	**PAS DE CONTRE-INDICATION ABSOLUE LORSQUE LE PRONOSTIC VITAL EST ENGAGE** • **Psychiatrique grave** (excitation psychomotrice) • **Ulcère gastroduodénal** • **Diabète déséquilibré** • **Infection (sévère, évolutive, ou non traitée)** et vaccins vivants • **Cœur** (insuffisance cardiaque, HTA non équilibrée) • Kératite herpétique

PRECAUTIONS D'EMPLOI	**BILAN PRE-THERAPEUTIQUE minimum :**
	• **Pression artérielle et ECG** (cardiopathie) (HTA)
	• Poids (calcul de dose, surveillance de surcharge)
	• **Ionogramme** sanguin (K+) et **dextro** (diabète)
	• **Recherche et traitement d'une infection :**
	  – BU +/- ECBU
	  – Antécédents tuberculose : radio thorax et IDR. Si IDR + ➜ prophylaxie par rifampicine + isoniazide ou quadrithérapie si antécédents de traitement anti-BK incomplet
	  – Déparasitage (anguillulose) systématique pour tout patient ayant voyagé en zone d'endémie (Afrique/Antilles) par ivermectine (STROMECTOL®) en 1 prise
	  – ORL et stomato (dents/radio sinus + pano-dentaire)
	Mesures associées :
	• **Régime hyposodé, pauvre en sucres rapides et en graisses, riche en protéines et en potassium**
	• **Prévenir la perte osseuse :** maintien d'une activité physique régulière et **supplémentation calcique et en vitamine D.** Possibilité de mise en route ou reprise d'un THS ou prescription d'un bisphosphonate (posologie ≥ 7.5 mg/j pour une durée ≥ 3 mois)
	• **Prévenir les risques infectieux** (récidive de tuberculose, anguillulose : mintézole chez l'antillais)
	• Prévenir le risque athéromateux +++
	• **Prévenir le syndrome de sevrage : réduction progressive** des doses par paliers. Puis à 5 mg/j :
	  – Remplacement par 20-30 mg/j d'hydrocortisone pendant 1 à 3 mois pour permettre la remise en action de l'axe neuro-surrénal
	  – Ou baisse lente de 1 mg/mois jusqu'à l'arrêt
	  – Ou si cortisolémie double lors du test au Synachtène® immédiat

EFFETS SECONDAIRES « corticoïdes »	• **Cutanéo-musculaire :** amyotrophie, vergetures, retard de cicatrisation, fragilité cutanée et ecchymoses, acné, folliculites bactériennes, hypertrichose • **Obésité fascio-tronculaire** (Cushing) et prise de poids • **Rétention hydrosodée** (HTA) et hypokaliémie • Triglycérides augmentés, FDRCV • **Infections** par réactivation • **Cataracte** (sous-capsulaire postérieure) et glaucome • **Ostéoporose, ostéonécrose aseptique** • **Insuffisance surrénale** • **Diabète** • Excitation/euphorie/insomnie, estomac (UGD), endocrinien (dysménorrhées) • **Sang :** modifications hématologiques (polynucléose neutrophile par démargination, lymphopénie et éosinopénie)

3	MYORELAXANTS MYOLASTAN®
PROPRIETES	• **Benzodiazépines** • Effets **myorelaxants** • Action sédative anxiolytique • Anticonvulsivants
INDICATIONS	• **Contractures musculaires douloureuses** d'origine rhumatologique
CONTRE-INDICATIONS	• Hypersensibilité connue aux benzodiazépines • **Myasthénie** • **Insuffisance respiratoire sévère** • **Apnées du sommeil** • Insuffisance hépatique sévère • Grossesse (1er trimestre) et allaitement
PRECAUTIONS D'EMPLOI	• Prudence chez les conducteurs
EFFETS SECONDAIRES	• Ceux des benzodiazépines

4	BISPHOSPHONATES – ACIDE RISEDRONIQUE	
PROPRIETES	• **Bisphosphonates** • **Effet ostéoclastique** • Gain progressif de masse osseuse	
INDICATIONS	• Maladie de Paget • Traitement de l'ostéoporose post-ménopausique avérée • Prévention primaire de l'ostéoporose post-ménopausique	
CONTRE-INDICATIONS	• **Insuffisance rénale sévère** • **Hypocalcémie** • Hypersensibilité	
PRECAUTIONS D'EMPLOI	• Administrer **2 heures avant un repas** • Prudence en cas d'affection gastro-intestinale haute évolutive • **Apport suffisant en calcium et en vitamine D** • Paget : surveillance clinique et biologique (hypoxyprolinurie, phosphatases alcalines) toutes les 6 semaines pendant les cures	
EFFETS SECONDAIRES	• Douleurs abdominales • Nausées • Constipation • Diarrhée • Flatulences	• Douleurs ostéo-musculaires • Céphalées • Allergiques • Surdosage

5	PHLOROGLUCINOL SPASFON®	
PROPRIETES	• **Antispasmodiques musculotropes** de fibres musculaires lisses du tube digestif, urinaires et du muscle utérin	
INDICATIONS	• **Coliques hépatiques et coliques néphrétiques** • Manifestations spasmodiques et/ou douloureuses au niveau du tube digestif • Manifestations spasmodiques et/ou douloureuses d'origine utérine	
CONTRE-INDICATIONS	• Intolérance connue	
PRECAUTIONS D'EMPLOI	• Surveillance clinique (état d'hydratation, auscultation pulmonaire, diurèse) et biologique (ionogramme plasmatique et urinaire, protidémie, créatininémie et urée sanguine, hématocrite)	
EFFETS SECONDAIRES	• Rares cas de troubles digestifs • Lipothymies en cas d'injection veineuse trop rapide	

6	NORAMIDOPYRINE + ANTISPASMODIQUE MUSCULOTROPE AVAFORTAN®	
PROPRIETES	• **Analgésique – antipyrétique, effet antispasmodique sur les muscles lisses** • Résorption digestive, métabolisation hépatique, élimination urinaire	
INDICATIONS	• **Douleurs aiguës intenses rebelles aux autres antalgiques** • **Coliques néphrétiques** • **Coliques hépatiques** • **Algies néoplasiques**	
CONTRE-INDICATIONS	• **Antécédents d'agranulocytose** • Allergie ou intolérance à la noramidopyrine, à l'aspirine	• Enfants de **moins de 15 ans** Déficit en G6PD • Porphyries hépatiques • Grossesse, allaitement
PRECAUTIONS D'EMPLOI	• **Fièvre, angine ou ulcérations buccales → imposent l'arrêt immédiat du traitement, NFS, hospitalisation en cas d'agranulocytose**	
EFFETS SECONDAIRES	• **Risques d'agranulocytoses immuno-allergiques,** imprévisibles et non liés à la dose • **Allergiques :** éruptions cutanées, asthme, choc anaphylactique • Coloration rose/rouge des urines	

Conférences de consensus - Recommandations

Année	Source	Titre
1999	SFAP	Attitude pratique pour la prise en charge de la douleur postopératoire
2000	ANAES	Evaluation et prise en charge de la douleur chez les personnes âgées ayant des troubles de la communication verbale
2000	Bulletin officiel	Durée de prescription des morphiniques
2002	SOR	Traitements antalgiques médicamenteux des douleurs cancéreuses par excès de nociception chez l'adulte
2009	ANAES	Commission de transparence fentanyl
2009	AFSSAPS	Communiqué : retrait progressif de l'association dextropropoxyphène/paracétamol
2010	SFAR	Analgésie par voie générale
2010	AFSSAPS	Douleur rebelle en situation palliative avancée chez l'adulte
2010	SFAR	Sédation et analgésie en structure d'urgence

Sujets tombés à l'ECN

Année	Contenu
2004	Lumbago. Prise en charge Prescription de traitement antalgique avec les posologies
2005	Syndrome occlusif sur cancer du côlon
2006	Syndrome cave supérieur sur cancer bronchopulmonaire à petites cellules Radiculalgies, tassement vertébral, canal lombaire étroit
2007	Accès palustre compliqué d'infarctus splénique. Evaluer l'intensité de la douleur. Prise en charge d'une douleur intense, non calmée après l'administration de 1 gramme de paracétamol
2008	Tassement vertébral sur myélome multiple
2009	Pyélonéphrite aiguë obstructive
2010	Spondylarthrite ankylosante. Diagnostic et prise en charge globale Prescription de traitements antalgiques médicamenteux Rééducation et réadaptation
2011	Lombosciatique, hernie discale

Chapitre 8

ANESTHESIE LOCALE, LOCOREGIONALE ET GENERALE

Item 67 - Module 6 Partie I

OBJECTIFS DE L'ECN

- Argumenter les indications, les contre-indications et les risques d'une anesthésie locale, locorégionale ou générale
- Préciser les obligations réglementaires à respecter avant une anesthésie

MOTS CLES

- Réglementation de l'anesthésie (médicolégal) : consultation pré-anesthésique, visite pré-anesthésique, dossier d'anesthésie, surveillance post-interventionnelle (SSPI)
- Type d'anesthésie locale (topique, par infiltration), locorégionale (locorégionale intraveineuse, tronculaire) et générale
- Déroulement anesthésie générale : préparation, induction, ventilation, entretien, surveillance, réveil
- 3 classes médicamenteuses de l'anesthésie générale : hypnotiques, analgésiques, curares

---

Pour mieux comprendre

- L'anesthésie est un ensemble d'actes médicaux assurant un état de sédation, d'analgésie et de relâchement musculaire compatible avec la réalisation d'un acte invasif diagnostique et thérapeutique
- Des obligations médicolégales encadrent l'anesthésie en pré, per et postopératoires et limitent les risques potentiels (mortalité : 1/20.000)
- On distingue différents types d'anesthésies : l'anesthésie générale provoquant une perte de conscience et les anesthésies locales ou locorégionales

- **Plan du chapitre :**
    - A. Généralités :
        - 1- Pour comprendre
        - 2- Obligations légales
        - 3- Avant l'anesthésie
        - 4- Après l'anesthésie
    - B. Anesthésie locale :
        - 1- Anesthésie topique
        - 2- Anesthésie par infiltration
    - C. Anesthésie locorégionale :
        - 1- Anesthésie locorégionale intraveineuse
        - 2- Anesthésie péri-médullaire
        - 3- Anesthésie tronculaire
    - D. Anesthésie générale :
        - 1- Principes généraux
        - 2- Déroulement de l'anesthésie générale
        - 3- Complications
    - E. Anesthésie MEOPA chez l'enfant
    - F. Pharmacologie des produits anesthésiants (partie pour aller plus loin)

A GENERALITES

1	POUR COMPRENDRE

DEFINITION DE L'ANESTHESIE	• **Définition :**
	  – Ensemble d'**actes médicaux**
	  – Permettant au patient de **subir des actes diagnostiques ou thérapeutiques douloureux**
	  – **Sans** en subir le **préjudice**
	  – La priorité étant de **garantir la sécurité** des patients
	• **Sujets concernés :**
	  – **Tous :** enfants et adultes
	  – Après **élimination des contre-indications**
	• **Types d'anesthésie :** générale, locorégionale, locale

EPIDEMIOLOGIE DE L'ANESTHESIE	• **8 millions d'actes anesthésiques par an :**
	  – **75%** d'anesthésies **générales**
	  – 25% d'anesthésies locorégionales
	• **Age :**
	  – La **probabilité** d'être anesthésié **augmente,** dans la population adulte, **avec l'âge**
	  – 30% des actes anesthésiques sont réalisés chez des sujets de plus de 60 ans
	• **Mortalité :**
	  – **1/20.000**
	  – Augmente en fonction des facteurs de risque

TYPES D'ANESTHESIES	**LOCALE**	• **Topique** • Par **infiltration**

	LOCOREGIONALE	• Anesthésie **péri-médullaire :**
		  – Anesthésie **péridurale**
		  – **Rachianesthésie**
		• Anesthésie **tronculaire**
		• Anesthésie **locorégionale intraveineuse**

	GENERALE	-

2	OBLIGATIONS LEGALES
DOSSIER D'ANESTHESIE (**Référentiels des pratiques professionnelles selon la Haute Autorité de Santé)**	• Tous les documents du dossier d'anesthésie comportent : le **nom** patronymique du patient (le nom d'épouse s'il y a lieu), le **prénom** et la **date de naissance** • A chaque étape du processus anesthésique (consultation pré-anesthésique, visite pré-anesthésique, période per-anesthésique, salle de surveillance post-interventionnelle), le **nom du médecin anesthésiste-réanimateur** intervenant est clairement identifié • Les **traitements habituels** du patient ou l'absence de traitement sont mentionnés dans le dossier ainsi que la conduite à tenir avant l'anesthésie (arrêt, relais, maintien, modifications de posologies) • **A l'issue de la consultation pré-anesthésique,** il existe dans le **dossier une synthèse explicite du risque anesthésique compte tenu de l'intervention envisagée** • **Le dossier de consultation pré-anesthésique** contient une **conclusion indiquant le protocole de prise en charge** anesthésique proposé au patient, avec mention des éléments de la **discussion du bénéfice-risque** • Une trace écrite de la **visite pré-anesthésique valide le protocole de prise en charge anesthésique proposé à la consultation pré-anesthésique** • Le dossier d'anesthésie précise en **pré et en peropératoire les conditions d'abord des voies aériennes**

	• L'existence ou l'absence d'**incidents ou d'accidents péri-anesthésiques** est mentionnée dans une **rubrique spécifique** du dossier d'anesthésie • Il existe dans le dossier d'anesthésie un **examen ou des critères cliniques autorisant la sortie du patient de SSPI (Salle de Surveillance Post-Interventionnelle)** • Les **prescriptions pour les 24 premières heures post-anesthésiques** sont explicitement **rédigées, horodatées et signées à la sortie de SSPI**

OBLIGATIONS REGLEMENTAIRES	• **Pré-anesthésie :**
	  – **Consultation pré-anesthésique**
	  – **Visite pré-anesthésique**
	• **Per-anesthésique** (cf. ci-après selon le type d'anesthésie)
	• **Post-anesthésique :**
	  – **Surveillance post-interventionnelle** en Salle de Surveillance Post-Interventionnelle ou de réveil (SSPI)

3	AVANT L'ANESTHESIE

CONSULTATION PRE-ANESTHESIE
 	
(Plusieurs jours avant)
	Obligations réglementaires :
	• La consultation d'anesthésie est une **obligation légale avant tout acte à visée diagnostique ou thérapeutique programmé**
	• Elle apprécie le **risque éventuel** de l'anesthésie pour le patient et le prépare à l'intervention
	• Elle doit être réalisée **plusieurs jours avant l'intervention (≥ 48 h)**
	• **Par un médecin anesthésiste réanimateur**
	• **Et consignée par écrit** dans le **dossier médical**
	Objectifs :
	• Evaluation du **risque opératoire,** du **rapport bénéfice/risque** de l'intervention et **préparation à l'intervention**
	• **Information orale et écrite** de manière claire, loyale et adaptée : **anesthésie, geste chirurgical, risque de transfusion**
	• Recueil du **consentement éclairé** du patient
	• **Autorisation parentale écrite si mineur**
	• **Adaptation du traitement habituel** pour l'intervention (notamment dans le cadre des anti)agrégants – anticoagulants)
	• Décider d'une **prémédication** éventuelle et de la **technique anesthésique**
	Déroulement et modalités de la consultation :
	• **Interrogatoire :**
	  – **Identité** du patient
	  – **Antécédents** personnels et familiaux
	  – Antécédents médicaux et chirurgicaux (insuffisance rénale, hépatique, respiratoire…)
	  – Liste des **traitements actuels** (anti-agrégants – anticoagulants…)
	  – Rechercher des **troubles de coagulation**
	  – Risque **allergique :** antibiotiques, latex, curares, iode…
	  – Antécédents **transfusionnels**
	  – Evaluation du **risque infectieux** (VIH, VHC, VHB) : mode de vie
	• **Examen clinique complet :**
	  – **Seul examen obligatoire**
	  – Données anthropométriques : **poids, taille, IMC**
	  – Examen des **voies aériennes supérieures**
	  – Examen cardiovasculaire, respiratoire, capital veineux…
	• **Recherche de critères d'intubations difficiles :**
	  – **Antécédents** d'intubations ou de ventilations difficiles
	  – **Degrés d'ouverture de la bouche : score de Mallampati**
	  – Etat **dentaire : prothèses**, dents mobiles…
	  – Mobilité du **rachis cervical**

CONSULTATION PRE-ANESTHESIE
 	
(Plusieurs jours avant)
	• **Information orale et écrite :**
	  – Expliquer les différentes **techniques d'anesthésie** et leurs risques spécifiques
	  – De la possibilité de **transfusion sanguine**
	  – Nécessité du **jeûne préopératoire : 6 h minimum** (risque de vomissement lors de l'induction et d'inhalation bronchique par perte du réflexe protecteur)
	  – Risques anesthésiques, allergiques, transfusionnels
	Examens complémentaires :
	• **Non obligatoires (selon les recommandations de la SFAR)**
	• Adaptés en fonction du terrain et du type d'intervention
	• ECG, bilan de coagulation, groupage ABO…

VISITE PRE-ANESTHESIQUE
 	
(Quelques heures avant)
	Obligatoire dans les heures précédant l'intervention
	Par le médecin anesthésiste-réanimateur qui va réaliser l'anesthésie
	Objectifs :
	• Vérifier l'**absence de contre-indication** à l'anesthésie **en prenant en compte les différentes consultations spécialisées et les examens prescrits**
	• **S'assurer que le patient est bien à jeun 6 h avant l'intervention**
	• **Recherche d'un événement récent** non signalé (fièvre, infection…)
	• **Mise en route d'un éventuel traitement** qui accompagnera le geste chirurgical
	• **Prémédication :**
	  – Anxiolytique, sédatif (Hypnovel®, Atarax®)
	  – Parasympatholytique : atropine, scopolamine

EVALUATION DU RISQUE OPERATOIRE	DESCRIPTIFS
FACTEURS CHIRURGICAUX	**Critères :** • **Type de l'intervention** • **Pertes hémorragiques** • **Amputation fonctionnelle secondaire** à l'exérèse chirurgicale • **Modifications circulatoires** peropératoires • …
FACTEURS LIES AU PATIENT	**Critères :** • Antécédents médicaux • Données de l'examen clinique • … **Calcul du score de l'American Society of Anaesthesiology = score ASA :** • ASA **1 : absence** de maladie systémique • ASA **2 : maladie systémique non invalidante** • ASA **3 :** maladie systémique **invalidante** • ASA **4 : risque vital permanent** • ASA **5 :** patient **moribond**
TERRAIN CARDIOVASCULAIRE	**Critères :** • **Cardiopathie,** d'autant plus que l'atteinte cardiaque est grave ou instable • **Equilibre tensionnel** préopératoire • **Complications de l'hypertension artérielle ou l'équilibre du diabète** • L'ischémie myocardique postopératoire le plus souvent silencieuse est un facteur de risque majeur d'infarctus

TERRAIN RESPIRATOIRE	**Difficulté d'intubation (SFAR 2002) :**
	• La **recherche de facteurs morphologiques faisant suspecter une difficulté d'intubation** est donc systématique au cours de l'évaluation préopératoire
	• **Signes prédictifs d'une intubation difficile (ID) : 3 critères anatomiques :**
	  – **Classe de Mallampati (> 2)**
	  – **Distance thyro-mentale (< 65 mm)**
	  – **Ouverture de bouche (< 35 mm)**

	• Complétés par l'évaluation de la **proéminence des incisives supérieures, de la mobilité mandibulaire et cervicale** • Les critères paracliniques n'ont pas démontré leur intérêt dans le dépistage d'une intubation difficile **Décompensation respiratoire :** • Les **facteurs de risque** identifiés sont l'**intoxication tabagique**, l'existence d'une **dyspnée d'effort** et la **bronchopneumopathie chronique obstructive**

ALLERGIE	**Allergènes :**
	   • **Curares**
	   • **Latex**
	   • **Antibiotiques**
	   • **Hypnotiques**
	   • **Morphiniques**
	Méthodes d'évaluation :
	• La **consultation d'allergologie au décours de tout événement per-anesthésique suspecté allergique** est fondamentale
	• Pour les patients n'ayant jamais subi d'anesthésie, en dehors de l'allergie au latex, les antécédents d'allergie médicamenteuse et d'atopie ne permettent pas de prédire le risque anaphylactique per-anesthésique

4	APRES L'ANESTHESIE

SALLE DE SURVEILLANCE POST-INTERVENTIONNELLE	**En SSPI, le patient bénéficie :**
	• D'une **surveillance clinique et instrumentale**
	• **Constante**
	• **Adaptée** à son état
	• Qui doit être **consignée par écrit** : l'ensemble de la surveillance, de l'évolution du patient, des prescriptions, ainsi que l'heure d'entrée et de sortie de la SSPI doit être retranscrit par écrit sur une feuille de réveil ou sur la feuille d'anesthésie
	Elle concerne en particulier :
	• L'état de **conscience** et l'examen **neurologique**
	• L'**oxygénation et la ventilation** (la surveillance est renforcée lors du sevrage du ventilateur et dans les suites de l'extubation trachéale) :
	  – **Fréquence** respiratoire
	  – **Amplitude** et symétrie des mouvements thoraciques
	  – **Oxymétrie** de pouls
	  – Surveillance du **ventilateur**
	• La **circulation** :
	  – **Fréquence** cardiaque
	  – **Pression** artérielle
	  – **Moniteur ECG**
	• L'état **digestif** :
	  – Sonde gastrique
	  – Existence de nausées et vomissements
	• L'état **urinaire** :
	  – Sonde vésicale
	  – Globe vésical
	  – Diurèse spontanée
	• Les **accès vasculaires**, la nature et le débit des perfusions
	• La **zone opératoire** :
	  – **Pansements**
	  – **Drains**
	  – **Pertes sanguines**
	• La **température**, réchauffement avec couverture chauffante
	• La **douleur** :
	  – **Echelle** visuelle analogique, échelle verbale simple
	  – **Titration avant mise en route d'une PCA**

SORTIE DE LA SURVEILLANCE POST-INTERVENTIONNELLE	• **Le retour vers l'unité d'hospitalisation devient possible lorsque les paramètres physiologiques se sont normalisés :** la surveillance des grandes fonctions (neurologique, respiratoire, circulatoire) aboutit à l'établissement du score d'Aldrete modifié • Un **score d'Aldrete modifié supérieur ou égal à 9 autorise la sortie de la SSPI** • Ce score ne tient cependant pas compte de facteurs également importants comme la douleur, les nausées ou les vomissements • La **sortie est décidée et validée par un médecin anesthésiste**

B ANESTHESIE LOCALE

1	ANESTHESIE TOPIQUE		
2 TYPES	• **EMLA®** • **Lidocaïne topique**		
EMLA®	**Définition**	• Euretic Mixture of Local Anesthesics • Mélange équimolaire de **2 anesthésiques : lidocaïne et prilocaïne** • Application topique sous forme de **crème**	
	Mécanisme d'action	• **Application cutanée** • Diffusion à travers l'épiderme, le derme • Atteinte de l'hypoderme et des terminaisons nerveuses sensitives	
	Pharmacodynamique	• Anesthésie **obtenue en 60 à 90 minutes** • **Persiste 1 à 2 h**	

	Indications	• Anesthésie par voie percutanée :
		  – Avant des **ponctions** : PL, fistules artério-veineuses, ponctions veineuses, sous-cutanées
		  – Avant **chirurgie cutanée superficielle :** instrumentale ou laser
		• Anesthésie de **muqueuses génitales** chez l'adulte (biopsies, laser…)
		• Anesthésie locale des **ulcères de jambe** nécessitant une détersion longue et douloureuse	

	Contre-indications	• **Porphyries,** méthémoglobinémie congénitale • Application dans le conduit auditif externe en cas de lésion tympanique • **Allergie**	
	Précautions d'emploi	• **Absence de lésion cutanée atopique** • Ne **pas appliquer sur l'œil**	
	Effets secondaires	• **Locaux :** pâleur, érythème, œdème, prurit • Surdosage	

LIDOCAINE TOPIQUE	**Définition**	• **Anesthésique local : lidocaïne**
		• Plusieurs présentations :
		  – Solution d'instillation ou de **tamponnement** (méchage)
		  – **Pulvérisation** locale (endoscopie nasale)
		  – **Visqueux** (gel pour anesthésie gingivale)
		  – **Gel urétéral** stérile	

Contre-indications	• **Allergie** • Porphyrie • Infection ou traumatisme de la zone concernée • Moins de 6 ans pour le produit à concentration à 5%
Précautions d'emploi	• **Précautions si infection ou traumatisme de la zone concernée** (risque de résorption non souhaitée) • **Pas de boisson ni alimentation si anesthésie bucco-pharyngo-laryngée (risque de fausse route)**
Effets secondaires	• Allergie • **Anesthésie bucco-pharyngo-laryngée** • Surdosage • **Fausse route**

2	ANESTHESIE PAR INFILTRATION
DEFINITION	Molécules : • **Anesthésique : lidocaïne** • **+/- Adrénaline 1 ou 2%**
MECANISME D'ACTION	• Résorption rapide par voie sous-cutanée • Ralenti par les vasoconstricteurs • Diffusion à l'ensemble des tissus
PHARMACODYNAMIQUE	• **Courte durée d'action : 2 à 5 minutes** • Durée : **60 à 90 minutes**
INDICATIONS	• **Suture** de plaie, effraction cutanée • **Ponction, biopsie** rénale, hépatique… • Gestes **dentaires** • **Chirurgie légère superficielle**
CONTRE-INDICATIONS	• **Allergie** • **Porphyrie** • Epilepsie non contrôlée • Sportifs • Méthémoglobinémie (prilocaïne) • Trouble auriculo-ventriculaire non appareillé • Enfant de moins de 30 mois • Patient sous anticoagulants

PRECAUTIONS D'EMPLOI	• Vérifier la **température** de l'AL
	• Intérêt du volume par rapport à la concentration
	• **Injection lente** avec **test d'aspiration**
	• Savoir **attendre**
	• Garder le **contact verbal ++++**
	• **Ne pas montrer les instruments**
	• **Parler pour couvrir les bruits anxiogènes**
	• Bien **respecter la dose maximale**
	• **Limiter les produits adrénalinés aux extrémités**
	• **Surveillance**
	• Réduire la posologie si :
	  – Insuffisance cardiaque ou hépatique sévère
	  – Hypovolémie
	  – Hypoxie
	  – Acidose
	  – Hyperkaliémie
	  – Epilepsie

EFFETS SECONDAIRES	• **Malaise vagal** • **Allergie** rare • **Surdosage** • Passage systémique trop rapide • Injection intravasculaire

C ANESTHESIE LOCOREGIONALE

1	ANESTHESIE LOCOREGIONALE INTRAVEINEUSE
DEFINITION	• **Injection** d'un **anesthésique local** • Par voie **intraveineuse** • **Imprégnant un segment de membre** • **Isolé de la circulation générale par un garrot artériel** • Après qu'il ait été vidé de son sang
MODALITES D'UTILISATION	• Lidocaïne à 0.5% (30 à 40 mL) • **Ne jamais utiliser de solution adrénalinée** • **Dégonflage progressif du garrot en fin d'intervention** • La **durée** doit être **supérieure à 30 minutes** et **inférieure à 60 minutes**

INDICATION	• **La chirurgie d'urgence :**
	  – **De l'avant-bras et de la main**
	  – **D'une durée de 60 minutes**

CONTRE-INDICATIONS	• **Les blocs de conduction intracardiaque** • **L'infection** du membre concerné • **L'anémie falciforme** qui provoque l'ischémie du membre (drépanocytose) • L'utilisation de la bupivacaïne
INCIDENTS ET ACCIDENTS	• **La toxicité systémique (neurologique et cardiaque)** des anesthésiques locaux en cas de lâchage du garrot • L'anesthésie en mosaïque • Pas d'analgésie résiduelle après la levée du garrot

2	ANESTHESIE PERI-MEDULLAIRE
INDICATIONS ET AVANTAGES	• Chirurgie **urologique** • Chirurgie **abdominale basse** • Chirurgie **gynéco-obstétrique** • Chirurgie **orthopédique et traumatologique** • Diminution des saignements peropératoires • Diminution des risques thrombo-emboliques • Déséquilibre moins important qu'avec l'anesthésie générale
CONTRE-INDICATIONS	• **Refus** du patient • **Infection du site de ponction,** septicémie • Troubles de la **coagulation** et traitement anticoagulant • **Allergie vraie** aux anesthésiques locaux • Affections neurologiques démyélinisantes évolutives • Hypovolémie, **troubles hémodynamiques**
ACCIDENTS ET INCIDENTS	• **Hypotension artérielle (vasoplégie) +++** • **Hématome péridural** • **Céphalées par brèche dure-mérienne** • **Infections secondaires (méningite, abcès local...)** • **Nausées, vomissements** • Inefficacité, anesthésie en mosaïque • Toxicité des AL • Rupture du KT • Bloc péri-complet

	PERIDURALE	**RACHIANESTHESIE**

DEFINITION	• Anesthésie **extra-dure-mérienne**
	• Par injection directe d'**AL**
	• Dans l'**espace péridural**
	• **Au contact des racines rachidiennes de la moelle**
	• Effets :
	  – Analgésie
	  – Protection neurovégétative
	  – Relâchement musculaire
		• Anesthésie **intra-dure-mérienne**
		• Par injection directe d'**AL**
		• Dans le liquide **céphalorachidien**
		• **Au contact des racines rachidiennes et de la moëlle**
		• Effets spécifiques :
		  – Brièveté du temps de latence
		  – Intensité du bloc

PRECAUTION	• Absence de reflux de LCR • Absence de reflux de sang • Dose test	• Reflux de LCR • Absence de reflux de sang • Dose test
DUREE D'ACTION	• Lidocaïne : 45 mn à 1 h • Lido adré : 1 h 30 à 2 h • Bupivacaïne : 3 h à 4 h 30 • Bupiva adré : 4 h 30 à 6 h	• Lidocaïne : 45 mn à 1 h • Bupivacaïne : 3 h à 4 h 30
FACTEURS JOUANT SUR LE NIVEAU ET LA PUISSANCE ALR	• **Volume injecté** variable • **Nombre de métamères** à bloquer • **Age** • **Lieu d'injection** • **Concentration** • Type de **produit** utilisé	• **Densité** de la solution • **Espace** ponctionné • **Position** du patient per et post-injection • **Dose** injectée • **Volume** injecté • **Vitesse** d'injection • **Taille** du sujet
EN PRATIQUE	La localisation de l'espace épidural repose sur la mise en évidence d'une pression sub-atmosphérique produite par le déplacement de la dure-mère, sitôt franchi le ligament jaune.	La localisation de l'espace sous-arachnoïdien s'effectue par la mise en évidence après franchissement de la dure-mère, d'un reflux de LCR, spontané ou facilité par aspiration, dans l'aiguille qui sera utilisée pour effectuer l'injection de la solution anesthésique.

3	**ANESTHESIE TRONCULAIRE**
DEFINITION	• Injection **d'anesthésique local** • Au niveau de la **gaine nerveuse** • Après l'avoir **repérée par stimulation électrique**

BUTS	• Blocage de **tout le membre supérieur**
	• Nécessite de temps en temps des blocs tronculaires complémentaires :
	  – Voie axillaire : bloc tronculaire du muscle musculo-cutané
	  – Voie sus-claviculaire : bloc tronculaire du nerf cubital

MATERIEL	• **Aiguilles fines de longueur modérée** • **Stimulateur électrique** • Voie veineuse • Matériel de réanimation

METHODE	**1) Le bloc plexique :**
	• Le patient est installé en **décubitus dorsal,** bras en abduction et coude plié à 90°
	• Garrot placé sur le bras (1/3 moyen, 1/3 sup), pour maintenir l'anesthésique *in situ* et favoriser sa diffusion vers le haut pour imprégner le nerf
	• Les **repères sont :**
	  – Le grand pectoral
	  – Le deltoïde

	• Palper l'artère axillaire le plus loin possible dans **le** creux axillaire • Piquer de manière tangentielle à l'artère en stimulant régulièrement • Injecter 30 à 40 mL **d'anesthésique local directement dans la gaine** **2) Technique en sus-claviculaire :** • Palpation de l'artère sous-clavière • Attention au dôme pleural
DOSES ET PRODUITS	• Lidocaïne 1%, durée du bloc 60 à 90 minutes • Bupivacaïne 0.25%, durée du bloc 3 à 4 h 30 • Les solutions adrénalinées sont utilisables, mais attention aux petites artères (exemple : blocs interdigitaux, risque de nécrose...)
INDICATIONS	• **Intervention sur le membre supérieur** (avant-bras et main) • Estomac plein • Les contre-indications d'une anesthésie générale (IOT difficile)
CONTRE-INDICATIONS	• **Semblables à la péridurale** • Adénopathies axillaires
INCIDENTS ET ACCIDENTS	• **Lésions nerveuses :** – Mécaniques (injection intra-neuronale) – Toxiques (solutions trop concentrées) – Ischémiques (garrot) • **Injections intravasculaires** • Fistules artério-veineuses • Lésion de l'artère axillaire

D ANESTHESIE GENERALE

1	PRINCIPES GENERAUX		
GRANDES ETAPES	• **Pré-anesthésie :** – **Consultation d'anesthésie** – **Visite pré-anesthésique** – **Préparation à l'intervention** • **Per-anesthésique** (la période de l'intervention) : – **Induction + ventilation** – **Entretien + surveillance** – **Réveil** • **Post-anesthésique** (les soins postopératoires) : – En **Salle de Surveillance Post-Interventionnelle ou de réveil (SSPI)** – **En soins intensifs** – En **réanimation chirurgicale**		
3 COMPOSANTES DE L'AG = 3 CLASSES THERAPEUTIQUES	**Analgésie**	Morphiniques	
	Sommeil Amnésie	**Hypnotiques :** • Par **voie veineuse :** – Barbituriques d'action rapide – Non barbituriques • Par **inhalation :** – Gaz – Vapeurs = anesthésiques halogénés	
	Myorelaxation	**Curares :** • Dépolarisants • Non dépolarisants : – Courte durée d'action – Longue durée d'action	

SCORES	**Score de somnolence (conscience)**	
	S0	Bien **éveillé**
	S1	Un peu **somnolent**
	S2	Somnolent, mais **éveillable si on lui parle**
	S3	Très somnolent, **éveillable seulement par stimulation tactile**

	Score de respiration	
	R0	**Régulière**, FR > 10/min
	R1	**Ronflement**, mais FR > 10/min
	R2	**Irrégulière**, FR < 10/min
	R3	**Pauses, apnées**

2	**DEROULEMENT DE L'ANESTHESIE GENERALE**

PREPARATION DU PATIENT	• **Entrée en salle**
	• **Vérification de l'identité** du patient
	• **Installation** du patient :
	  – Vérification de la **position**
	  – Prévention des **compressions**
	• Mise en place du **monitorage** :
	  – **Scope** cardiaque
	  – **Tension** artérielle
	  – **Oxymètre** de pouls
	  – …
	• **Vérification de l'ensemble du matériel** de ventilation
	• **Information du patient** sur le déroulement immédiat
	• Mise en place d'une **voie veineuse** si elle n'est pas présente

INDUCTION + VENTILATION	**Induction :**
	• Par **inhalation** :
	  – Halothane : enfant
	  – Sévoflurane : enfant, adulte
	• Par **voie veineuse** selon la **séquence** particulière :
	  – **Morphiniques**
	  – **Hypnotique**
	  – **+/- Curare**
	
	Ventilation :
	• Canule de **Guedel systématique**
	• **Moyens** :
	  – **Masque facial**
	  – Masque laryngé
	  – **Intubation endo-trachéale** :
	    ▪ Au **laryngoscope**
	    ▪ Aidé du fibroscope si difficulté prévisible
	    ▪ **Vérification systématique par auscultation cardiaque**
	    ▪ **Fixation de la sonde**
	  – Jet ventilation
	• **Méthode** :
	  – **Spontanée**
	  – Assistance manuelle au **ballon (AMBU)**
	  – Assistée et **contrôlée par respirateur** :
	    ▪ **Circuit** fermé ou ouvert
	    ▪ **Monitorage du mélange** inspiré, expiré (O_2, N_2O, halogénés), des **volumes**, des **pressions**
	    ▪ **Alarmes** réglées

ENTRETIEN + SURVEILLANCE		<u>**Entretien :**</u>
		• **Par inhalation : mélange O$_2$, N$_2$O, halogénés**
		• **Par voie veineuse :** perfusion, pompe, bolus
		
		<u>**Surveillance :**</u>
		• **Les « tuyaux » :**
		  – **Scope** cardiaque
		  – **Tension** artérielle
		  – **Oxymètre** de pouls
		  – **Sonde d'ntubation, ventilation** assistée
		  – Voie veineuse
		  – Sonde gastrique
		  – Sonde urinaire
		• **2 paramètres vitaux essentiels :**
		  – **Etat hémodynamique :**
		    ▪ **Pression artérielle**
		    ▪ **Fréquence cardiaque**
		  – **Etat respiratoire :**
		    ▪ **Oxymètre** de pouls
		    ▪ **Fréquence** respiratoire
		    ▪ **Auscultation pulmonaire** (efficacité de l'IVA, éliminer le caractère sélectif…)
		    ▪ **Respirateur : circuit, volume, pressions, mélange des gaz, alarmes**
		    ▪ Amplitude thoracique (efficacité de l'IVA, éliminer le caractère sélectif…)
		• **Profondeur de l'anesthésie :**
		  – S'apprécie **durant toute l'intervention**
		  – Relative aux variations de **pression artérielle** et de **fréquence cardiaque**
		• **Température :**
		  – Maintenir la température du corps proche de la température normale
		• **Pertes corporelles :**
		  – Diurèse : compenser les pertes **hydriques** (en eau) et **sodées** (en sodium)
		  – Aspiration : compenser les pertes **hémorragiques** (en sang)
		• **Occlusion oculaire**
		• **Consignation de l'ensemble des examens dans le dossier d'anesthésie**

REVEIL	**MOYENS**	• **Arrêt :**
		  – Interruption de la délivrance des gaz
		  – Interruption des perfusions IV
		• **Réversion si curares :**
		  – **Anticholinestérasiques (Prostigmine®)**
		• **Associé à de l'atropine**

	SIGNES DE REVEIL	• **Neurologique :**
		  – Réflexe photomoteur
		  – **Réflexe pharyngo-laryngé**
		  – **Réflexe à la douleur**
		  – Mobilité active
		  – **Retour à la conscience**
		• **Cardiaque :**
		  – **Tachycardie**
		  – Normalisation de la **TA**
		• **Respiratoire :**
		  – Respiration **spontanée**

	EXTUBATION	• Sur **table** • Ou **transfert intubé** en SSPI (réveil)

SALLE DE SURVEILLANCE POST-INTERVENTIONNELLE	**En SSPI, le patient bénéficie :**
	• D'une **surveillance clinique et instrumentale**
	• **Constante**
	• **Adaptée** à son état
	Elle concerne en particulier :
	• L'état de **conscience** et l'examen **neurologique**
	• L'**oxygénation et la ventilation** (la surveillance est renforcée lors du sevrage du ventilateur et dans les suites de l'extubation trachéale) :
	  – **Fréquence** respiratoire
	  – **Amplitude** et symétrie des mouvements thoraciques
	  – **Oxymétrie** de pouls
	  – Surveillance du **ventilateur**
	• La **circulation** :
	  – **Fréquence** cardiaque
	  – **Pression** artérielle
	  – **Moniteur ECG**
	• L'état **digestif** :
	  – Sonde gastrique
	  – Existence de nausées et vomissements
	• L'état **urinaire** :
	  – Sonde vésicale
	  – Globe vésical
	  – Diurèse spontanée
	• Les **accès vasculaires,** la nature et le débit des perfusions
	• La **zone opératoire** :
	  – **Pansements**
	  – **Drains**
	  – **Pertes sanguines**
	• La **température,** la couverture chauffante
	• La **douleur** :
	  – **Echelle** visuelle analogique, échelle verbale simple
	  – **Titration avant mise en route d'une PCA**

SORTIE DE LA SURVEILLANCE POST-INTERVENTIONNELLE	• **Le retour vers l'unité d'hospitalisation devient possible lorsque les paramètres physiologiques se sont normalisés :** la surveillance des grandes fonctions (neurologique, respiratoire, circulatoire) aboutit à l'établissement du score d'Aldrete modifié • Un **score d'Aldrete modifié supérieur ou égal à 9 autorise la sortie de la SSPI** • Ce score ne tient cependant pas compte de facteurs également importants comme la douleur, les nausées ou les vomissements

SCORE D'ALDRETE MODIFIE		
SIGNES CLINIQUES	**DETAILS**	**SCORE**
ACTIVITE MOTRICE	Mobilise ses 4 membres Mobilise 2 membres Aucun mouvement	2 1 0
RESPIRATION	Grands mouvements respiratoires Efforts respiratoires limités ou dyspnée Aucune activité respiratoire spontanée	2 1 0
ACTIVITE CIRCULATOIRE	PA systolique +/- 20% valeur préopératoire PA systolique +/- 20-50% valeur préopératoire PA systolique +/- 50% valeur préopératoire	2 1 0
CONSCIENCE	Complètement réveillé Réveillé à l'appel de son nom Aucun réveil à l'appel	2 1 0
SPO$_2$	> 92% à l'air Complément d'O_2 nécessaire pour SpO_2 > 90% < 92% avec complément O_2	2 1 0

Ch. 8 • Item 67

STADE DE REVEIL			
STADE DE REVEIL	**NIVEAU DE RECUPERATION**	**METHODES D'EVALUATION**	**OBJECTIFS**
REVEIL IMMEDIAT	**Conscience et réflexes vitaux**	**Score d'Aldrete**	**Sortie SSPI**
REVEIL INTERMEDIAIRE	**Activité psychomotrice** (coordination, station debout, marche…)	**Tests psychomoteurs** (test de traçage, ailes de Maddox, temps de réaction)	**Retour au domicile** (chirurgie ambulatoire)
REVEIL COMPLET	**Fonctions cérébrales supérieures** (activités cognitives)	**Tests psycho-cognitifs** (mémoire, attention, raisonnement, planification…)	**Activité sociale,** prise de décision, conduite automobile…

3	COMPLICATIONS
COMPLICATIONS GENERALES	<u>**Cardiovasculaire :**</u> • Trouble du rythme cardiaque (halogénés, adrénaline) • **Hypotension** artérielle • **Choc** hypovolémique (par hémorragie) <u>**Pulmonaire :**</u> • **Echec d'intubation** • **Intubation sélective** • **Spasme** laryngé ou bronchique • Inhalation bronchique • Granulome des cordes vocales (à distance) <u>**Générale :**</u> • **Hypothermie, hyperthermie maligne** • **Choc anaphylactique** • Complications infectieuses • Porphyrie

SITUATION HEMORRAGIQUE PEROPERATOIRE	<u>**Prévention :**</u>
	• Bilan sanguin **préopératoire (hémostase et groupage)**
	<u>**Traitement :**</u>
	• Diminuer le saignement :
	  – **Abaisser artificiellement la pression artérielle durant l'opération**
	• Compenser le saignement :
	  – On peut transfuser des **culots globulaires**
	  – Avant l'opération, on peut prélever au patient du sang qui lui sera restitué durant l'intervention
	  – On peut récupérer le sang perdu et le transfuser au fur et à mesure (autotransfusion)

ITEM 67

E | ANESTHESIE MEOPA CHEZ L'ENFANT

DEFINITION	• Mélange de **50% de protoxyde d'azote et de 50% d'oxygène** • Utilisé comme **antalgique lors de la réalisation de certains gestes douloureux :** réfection de pansements, réduction de luxation ou d'autres soins douloureux • Peut être utilisé aussi bien chez l'**adulte** que chez l'**enfant** • **Effet très rapide,** le maximum de l'action étant atteint dès la 5ème minute • La **réversibilité est également très rapide,** en moins de 5 minutes • **Il n'existe pas de surdosage**

EFFETS CLINIQUES	• **Analgésie** de surface • Anxiolyse • Amnésie légère • **Sédation consciente** • **Réflexe de déglutition conservé**
CONTRE-INDICATIONS	• Patient nécessitant une ventilation en oxygène pur • **Epanchement aérique** non drainé, notamment intracrânien ou pneumothorax ou emphysème bulleux ou pneumopéritoine • **Hypertension intracrânienne** • Pathologies ORL spécifiques
UTILISATION	• **Inhalation continue pendant 3 minutes** • **Durée maximale = 30 minutes en gardant un contact verbal** • **Surveillance clinique** • Local ventilé • Matériel d'administration vérifié • Formation des personnels • Sur prescription médicale • Administration par une IADE si morphine et/ou BZD associées
EFFETS INDESIRABLES	• **Nausées** • Vomissements • Effets **euphorisants** importants

ITEM 67

F PHARMACOLOGIE DES PRODUITS ANESTHESIANTS

1	PRINCIPALES CLASSES MEDICAMENTEUSES
MORPHINIQUES	• Morphine • Alfentanil • Fentanyl • Sufentanil • Rémifentanil

HYPNOTIQUES	**Par voie veineuse :**
	• **Barbituriques d'action rapide :**
	  – Thiopenthal (Nesdonal®)
	  – Méthohexital (Brietal®)
	• **Non barbituriques :**
	  – Propofol (Diprivan®)
	  – Etomidate (Hypnomidate®)
	  – Ketamine (Ketalar®)
	  – Benzodiazépines : midazolam (Hypnovel®)
		Par inhalation :
		• **Gaz :**
		  – Protoxyde d'azote = N_2O
		• **Vapeurs = anesthésiques halogénés :**
		  – Isoflurane (Forène®)
		  – Sévoflurane (Sévorane®)
		  – Desflurane (Suprane®)
		  – Halothane et enflurane ne sont plus utilisés

CURARES	**Dépolarisants :**
	• Succinylcholine (Célocurine®)
	Non dépolarisants :
	• **Courte durée d'action :**
	  – Atracuronioum
	  – Mivacurium
	  – Esméron
	  – Norcuron
	• **Longue durée d'action :**
	  – Pavulon
	  – Nimbex	

2		THIOPENTHAL (NESDONAL®)
DEFINITION		• **Barbiturique** soufré • Effet **très irritant en cas d'injection extravasculaire** (pH de 10,5) • Liposoluble donc favorable pour une **diffusion rapide à travers la barrière hémato-encéphalique**
PHARMACODYNAMIQUE		**Actions cardiovasculaires :** • **Tachycardie** • Diminution de la pression artérielle • Dépression myocardique directe et diminution du tonus sympathique • Diminution du débit cardiaque et des débits sanguins régionaux • Faible augmentation du débit sanguin coronaire, consommation d'O_2 du myocarde due à la tachycardie **Actions pulmonaires :** • **Dépression respiratoire centrale** • **Bronchoconstriction** **Actions sur le système nerveux central :** • **Hypnotiques** • **Anticonvulsivant** • **Analgésique pur** • Dépression des centres respiratoires, vasomoteurs et thermorégulateurs à forte dose • Dépression dose dépendante de l'activité EEG **Actions autres :** • **Hypothermie** • Rein : diminution de la diurèse • Utérus : effet tocolytique modeste • Diminution de la pression intraoculaire
INDICATIONS		• Agent **d'induction** • Agent **d'entretien** • **Etat de mal convulsif**
CONTRE-INDICATIONS		• **Etat de mal asthmatique** • **Porphyrie** • Anesthésie **ambulatoire** • Insuffisance hépatique ou rénale sévère • Insuffisance cardiaque sévère • Anémie, hypovolémie non compensée • Dénutrition
EFFETS SECONDAIRES		• **Laryngo et bronchospasme** • **Histaminolibération :** du rush cutané au choc anaphylactique • Excitation et tremblement à l'induction • Nausées, vomissements postopératoires, toux, hoquet • Ischémie et nécrose en injection intra-artérielle • Nécrose cutanée en injection extra-veineuse • Phlébothrombose

3		KETAMINE (KETALAR®)
DEFINITION		• Seul antagoniste puissant du récepteur N-Méthyl-D-Aspartate (NMDA) • Utilisé aussi comme **antalgique à faible dose**
PHARMACODYNAMIQUE		**Actions cardiovasculaires :** • **Pression artérielle augmentée** • Fréquence cardiaque augmentée • Augmentation du débit cardiaque, de la consommation d'O_2 myocardique et du débit sanguin coronaire **Actions pulmonaires :** • **Bradypnée** avec augmentation de l'amplitude respiratoire • Diminution de la ventilation/minute • **Bronchodilatation** **Actions sur le système nerveux central :** • **Anesthésique** général • Effet analgésique de surface à des doses inférieures aux doses anesthésiques • Réflexes laryngé, pharyngé et de déglutition conservés • Effet amnésiant postopératoire • **Réveil : sensation de dissociation, rêves éveillés, hallucinations auditives et visuelles**

INDICATIONS	• **Age extrême** • Etat asthmatique • Etat de choc • Médecine de catastrophe et urgences extra-hospitalières
CONTRE-INDICATIONS	• Porphyrie • **Coronarien sévère** non équilibré, HTA, infarctus récent • Etat **prééclamptique**, éclampsie • Hypertension intracrânienne • Ethylisme, toxicomanie • Epilepsie, maladie psychiatrique • Hyperthyroïdie
EFFETS SECONDAIRES	• Nausées et vomissements • Hallucinations auditives et visuelles • Agitations, troubles psychiques • Crise comitiale • Hypersécrétion salivaire et lacrymale • Mouvements tonico-cloniques • Toux, hoquet, laryngospasme plus fréquent chez l'enfant

4	PROPOFOL (DIPRIVAN®)
DEFINITION	• Dérivé phénolique, insoluble dans l'eau
PHARMACODYNAMIQUE	**Actions vasculaires (majorées si atteinte cardiaque préalable) :** • **Pression artérielle abaissée** • **Légère bradycardie** • Diminution modérée du débit cardiaque • Diminution du débit sanguin coronaire et de la consommation d'O_2 du myocarde **Actions pulmonaires :** • **Apnée transitoire,** puis augmentation de la fréquence respiratoire, enfin diminution et retour à la normale • Diminution prolongée du volume courant et de la ventilation/min • Diminution des réflexes laryngés et trachéobronchiques • **L'absence de bronchoconstriction** explique son intérêt chez l'asthmatique **Actions sur le système nerveux central :** • **Hypnotique** • Pas d'effet analgésique • La perte de conscience est rapide et brève, proportionnelle à la vitesse d'injection • Réveil rapide et de bonne qualité
INDICATIONS	• Anesthésie **ambulatoire** • Agent anesthésique **d'induction et d'entretien** utilisable pour des interventions de courte et moyenne durée • Anesthésie **locorégionale : sédation de complément** • Sédation pour cardiologie interventionnelle, radiologie interventionnelle, endoscopies • Sédation en réanimation
CONTRE-INDICATIONS	• **Epileptique non équilibré**
EFFETS SECONDAIRES	• Nausées et vomissements • Mouvements tonico-cloniques • **Douleur au point d'injection** • Effets hémodynamiques plus marqués chez le sujet âgé • **Désinhibition au réveil** avec sensations agréables

5	MIDAZOLAM (HYPNOVEL®)
DEFINITION	• **L'une des plus récentes des benzodiazépines injectables** • Elle s'est imposée rapidement en anesthésie **pour remplacer le diazépam (Valium®)** et le flunitrazépam (Narcozep®)
PHARMACODYNAMIQUE	**Actions cardiovasculaires :** • **Diminution modérée de la PA** • Fréquence cardiaque non modifiée • Pas de dépression myocardique **Actions pulmonaires :** • **Dépression des centres respiratoires,** augmentation de la fréquence • **Apnée possible**

PHARMACODYNAMIQUE	**Actions sur le système nerveux central :** • Effet **hypnotique** ; sédation dose-dépendante • **Amnésie** antérograde • **Anxiolytique** • Action **anticonvulsivante** • Aucune action antalgique **Actions diverses :** • Action **myorelaxante** (potentialise les curares) • Pas d'histamino-libération • Risque de dépendance et d'accoutumance si administration prolongée
INDICATIONS	• **Sédation** d'anesthésie locale, locorégionale, d'explorations endoscopiques ou vasculaires • **Agent d'induction et d'entretien** de l'anesthésie • Sédation prolongée en réanimation (avec ou sans morphinique)
CONTRE-INDICATIONS	• **Myasthénie** • **Hypovolémie** non corrigée • Insuffisance hépatique ou respiratoire sévère
EFFETS SECONDAIRES	• **Somnolence** résiduelle • Réactions paradoxales possibles

6	CHLORHYDRATE D'ETOMIDATE (HYPNOMIDATE®, ETOMIDATE LIPURO®)
DEFINITION	• Dérivé **imidazolé,** en solution soit dans du propylène glycol (Hypnomidate®), soit dans une émulsion lipidique (Etomidate Lipuro®)
PHARMACODYNAMIQUE	**Actions cardiovasculaires :** • Absence de modifications significatives de la PA, de la fréquence cardiaque, du débit et du métabolisme cardiaque • **Discrète augmentation du débit coronaire** **Actions pulmonaires :** • Dépression respiratoire faible • **Absence de bronchospasme et de laryngospasme** **Actions sur le système nerveux central :** • Effet **hypnotique de durée brève** • Aucun effet analgésiant • Conservation du réflexe cornéen et du réflexe photomoteur • Diminution du débit sanguin cérébral, de la consommation d'O_2, de la pression intracrânienne **Actions diverses :** • **Myoclonies** • Absence d'histamino-libération • Interaction avec le métabolisme des corticostéroïdes (blocage de la production de cortisol et d'aldostérone), notamment en cas d'administration prolongée
INDICATIONS	• Induction notamment pour l'anesthésie **ambulatoire,** malades en situation **hémodynamique précaire** • Patient **allergique** • Anesthésie pré-hospitalière du polytraumatisé
CONTRE-INDICATIONS	• **Insuffisance surrénalienne non traitée** • Etat comitial non équilibré • Insuffisant hépatique
EFFETS SECONDAIRES	• **Douleurs à l'injection** • Nausées et vomissements • Hypersialorrhée à l'induction • **Mouvements anormaux à l'induction** (réduits si benzodiazépines en prémédication ou morphiniques associés) • **Agitation au réveil**

7	AGENTS ANESTHESIQUES PAR INHALATION

DEFINITION	**Les agents anesthésiques par inhalation sont de 2 types :**
	• **Gaz :**
	  – Protoxyde d'azote = N_2O
	• **Vapeurs = anesthésiques halogénés :**
	  – Isoflurane (Forène®)
	  – Sévoflurane (Sévorane®)
	  – Desflurane (Suprane®)
	  – Halothane et enflurane ne sont plus utilisés

	Leur puissance :
	• Est **proportionnelle à leur liposolubilité** conditionnant :
	   – Leur diffusion à travers la barrière alvéolo-capillaire
	   – Puis la barrière hémato-encéphalique
	• Est **exprimée sous forme de concentration alvéolaire moyenne ou CAM** (CAM = concentration alvéolaire pour laquelle 50% des patients ne bougent pas en réponse à une incision chirurgicale)
	• Est **équivalente avec une concentration diminuée si on y associe du NO_2**
	Leur rapidité d'effets :
	• Leur **rapidité d'induction et de réveil** est variable : N_2O > desflurane > sévoflurane > isoflurane
	• Leur **rapidité de la cinétique** est proportionnelle à la ventilation alvéolaire et inversement proportionnelle au débit cardiaque

PHARMACODYNAMIQUE	**Effets cardiovasculaires :** • **Pression artérielle abaissée** • Débit cardiaque inchangé • Effet **arythmogène** • **Débit coronaire abaissé** **Effets respiratoires :** • **Fréquence respiratoire abaissée** • Volume courant abaissé • Réponse ventilatoire abaissée • Levée bronchospasme **Effets sur le système nerveux central :** • **Perte de conscience** • **Analgésie** • Consommation cérébrale en O_2 abaissée • Débit sanguin cérébral abaissé **Effets divers :** • Nausées et vomissements
INDICATIONS	• **Induction** anesthésique (au masque, chez l'enfant notamment) • Produit **d'entretien** de l'anesthésie
CONTRE-INDICATIONS EFFETS SECONDAIRES	**Hyperthermie maligne per-anesthésique** **Hépatotoxicité :** • Des **hépatites graves** avaient été attribuées à l'utilisation d'halothane, beaucoup plus rarement à l'enflurane **Problèmes spécifiques au N_2O :** • **Eviter** l'utilisation **en cas de risque de pneumothorax, en cas de bulle d'emphysème pulmonaire**
MODALITES D'UTILISATION	• Que ce soit dans le cadre d'une induction anesthésique (avec le sévoflurane) ou pour l'entretien d'une anesthésie, les **halogénés sont délivrés initialement à des concentrations élevées jusqu'à obtention d'un état d'équilibre** • Dans un 2ème temps, la **concentration est ramenée à une valeur inférieure à la CAM,** d'autant plus que le sujet reçoit en complément un morphinique et du N_2O

8	**CURARES**

MECANISME D'ACTION	**Ils ont la propriété :**
	• De **bloquer la fixation de l'acétylcholine sur le récepteur nicotonique post-synaptique**
	• Et donc de **bloquer la transmission neuro-musculaire au niveau de la plaque motrice**
	Il existe 2 types de myorelaxants :
	• Agents **dépolarisants :**
	   – Se fixent sur le récepteur à l'acétylcholine
	   – Dépolarisent la plaque motrice en provoquant initialement des fasciculations
	   – Et bloquent le récepteur
	• Agents **non dépolarisants :**
	   – Se lient au récepteur
	   – Empêchent la fixation de l'acétylcholine par effet compétitif (sans provoquer de fasciculations)

TYPES	**Dépolarisants :**
	• Succinylcholine (Célocurine®)
	Non dépolarisants :
	• **Courte durée d'action :**
	  – Atracuronium
	  – Mivacurium
	  – Esméron
	  – Norcuron
	• **Longue durée d'action :**
	  – Pavulon
	  – Nimbex

OBJECTIFS	**Paralysie des muscles oropharyngés et du larynx :** • Pour pratiquer une **intubation trachéale** dans des conditions idéales d'exposition et de relaxation de la musculature du larynx, cordes vocales ouvertes et immobiles **Paralysie des muscles thoraco-abdominaux :** • Pour permettre une **ventilation artificielle** dans des conditions optimales **Paralysie de certains groupes musculaires :** • Pour installer des **conditions opératoires ou techniques favorables** (chirurgie abdominale)

MYORELAXANTS DEPOLARISANTS
 	
SUXAMETHONIUM CELOCURINE
	• Médicament de **prédilection dans certains cas :**
	  – **Prévision d'intubation difficile**
	  – Intubation dans un contexte de **suspicion d'estomac plein**
	• La **perfusion continue est à déconseiller** en raison d'un possible bloc neuro-musculaire prolongé
	• **Effets secondaires :**
	  – **Douleurs musculaires** secondaires
	  – Hyperkaliémie
	  – Troubles du rythme cardiaque
	  – Risque d'hyperthermie maligne
	  – Risque de choc anaphylactique

MYORELAXANTS NON DEPOLARISANTS	Accidents **anaphylactoïdes :** • Cette classe de médicaments est responsable des **3/4 des accidents anaphylactoïdes** survenant en cours d'anesthésie. Cependant, l'histamino-libération induite par les myorelaxants non dépolarisants est **très variable d'un produit à l'autre.** Les curares le plus souvent concernés sont, par ordre décroissant de fréquence : le rocuronium, l'atracurium, le vécuronium et le pancuronium ; le médicament le plus sûr face à ce risque est le cisatracurium **Insuffisance rénale ou hépatique :** • Le **tracrium** et le **nimbex** seront les molécules de choix **L'hypothermie :** • **Augmente le degré de paralysie** • Augmente la durée d'action des myorelaxants **Interactions médicamenteuses :** • Certains agents d'anesthésie, et notamment les halogénés, potentialisent l'action des myorelaxants de façon concentration-dépendante, permettant ainsi de diminuer les doses d'entretien

MODALITES D'UTILISATION	**Monitorage de la curarisation peropértoire :**
	• Le clinicien pourra se faire une idée du **niveau de paralysie grâce à l'utilisation d'un stimulateur de nerf**
	• Cela permettra :
	  – De **trouver le moment idéal pour intuber**
	  – De **maintenir une curarisation optimale en peropératoire**
	  – De **diagnostiquer une curarisation résiduelle** en période de réveil
	Evaluation post-interventionnelle :
	• La **curarisation résiduelle** est **systématiquement évaluée** en salle de surveillance post-interventionnelle :
	  – Grâce à un **stimulateur de nerf**
	  – Par un **examen clinique** avec appréciation de :
	    ▪ Capacité à **serrer la main**
	    ▪ **« Head lift test »** (maintien de la tête surélevée du plan du lit plus de 5 secondes)
	    ▪ Capacité de **retenir une canule de Guedel serrée entre les incisives** alors que l'on tente de l'enlever

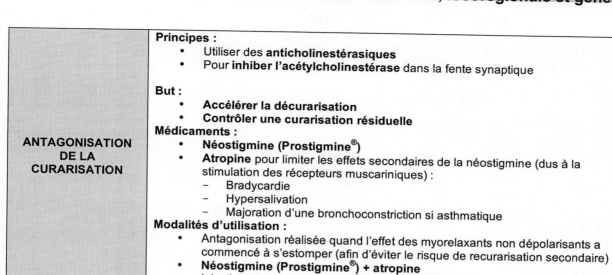

| ANTAGONISATION DE LA CURARISATION | **Principes :**
• Utiliser des **anticholinestérasiques**
• Pour **inhiber l'acétylcholinestérase** dans la fente synaptique

But :
• **Accélérer la décurarisation**
• **Contrôler une curarisation résiduelle**
Médicaments :
• **Néostigmine (Prostigmine®)**
• **Atropine** pour limiter les effets secondaires de la néostigmine (dus à la stimulation des récepteurs muscariniques) :
  – Bradycardie
  – Hypersalivation
  – Majoration d'une bronchoconstriction si asthmatique
Modalités d'utilisation :
• Antagonisation réalisée quand l'effet des myorelaxants non dépolarisants a commencé à s'estomper (afin d'éviter le risque de recurarisation secondaire)
• **Néostigmine (Prostigmine®) + atropine**
• Injection sous **surveillance électrocardioscopique** |

	MORPHINIQUES	**HYPNOTIQUES**	**CURARES**
MODE	• **Obligatoire**	• **Obligatoire**	• **Facultatif**
BUT	• **Analgésie**	• **Sommeil** • **Amnésie**	• **Myorelaxation :** relâchement musculaire
CLASSES MEDICAMENTEUSES	• Morphine • Alfentanil • Fentanyl • Sufentanil • Rémifentanil	**Par voie veineuse :** **Barbituriques d'action rapide :** • Thiopenthal (Nesdonal®) • Métohexital (Brietal®) **Non barbituriques :** • Propofol (Diprivan®) • Etomidate (Hypnomidate®) • Kétamine (Ketalar®) • Benzodiazépines : midazolam (Hypnovel®) **Par inhalation :** **Gaz :** • Protoxyde d'azote = N_2O **Vapeurs = anesthésiques halogénés :** • Isoflurane (Forène®) • Sévoflurane (Sévorane®) • Desflurane (Suprane®) • Halothane et enflurane ne sont plus utilisés	**Dépolarisants :** Succinylcholine (Célocurine®) **Non dépolarisants :** **Courte durée d'action :** • Atracuronium • Mivacurium • Esméron • Norcuron **Longue durée d'action :** • Pavulon • Nimbex

Conférences de consensus – Recommandations ITEM 67

Année	Source	Titre
1993	SFAR	Sédation en réanimation concept et pratique
1999	SFAR	Indication de la curarisation en anesthésie
2001	SFAR	Dossier anesthésique (recommandations)
2002	SFAR	Prise en charge des voies aériennes en anesthésie adulte
2002	SFAR	Recommandations concernant la période pré-anesthésique
2007	SFAR	Sédation et analgésie en réanimation

Sujets tombés à l'ECN ITEM 67

Année	Contenu
-	-

Chapitre 9

DOULEUR CHEZ L'ENFANT : SEDATION ET TRAITEMENTS ANTALGIQUES

Item 68 - Module 6 Partie I

OBJECTIFS DE L'ECN

- Repérer, prévenir et traiter les manifestations douloureuses pouvant accompagner les pathologies de l'enfant
- Préciser les médicaments utilisables chez l'enfant selon l'âge, avec les modes d'administration, indications et contre-indications

MOTS CLES

Evaluation selon l'âge : moins de 4 ans, entre 4 et 6 ans, plus de 6 ans

Autoévaluation :
- EVA : Echelle Visuelle Analogique
- Echelle de 4 jetons
- Echelle de 6 visages

Hétéro-évaluation :
- CHEOPS : Children's Hospital of Eastern Ontario Pain Scale
- DEGR : Douleur Enfant Gustave-Roussy
- OPS : Objective Pain Scale
- NFCS : Neonatal Facial Coding System
- EDIN : Echelle de Douleur et d'Inconfort du Nouveau-né

Pour mieux comprendre

- La douleur chez l'enfant nécessite une prise en charge spécifique. L'évaluation de son intensité est difficile à réaliser et passe par des échelles d'autoévaluation et d'hétéro-évaluation différentes selon l'âge de l'enfant
- La prise en charge de la douleur passe par certaines thérapeutiques antalgiques à des doses spécifiques, mais aussi par des moyens non pharmacologiques et l'interaction parents-enfants

- **Plan du chapitre :**
  - A. Repérer et évaluer la douleur de l'enfant :
    - 1- Généralités
    - 2- Evaluer la douleur chez les enfants de plus de 6 ans
    - 3- Evaluer la douleur chez les enfants de 4 à 6 ans
    - 4- Evaluer la douleur chez les enfants de moins de 4 ans
  - B. Echelles d'évaluation de la douleur
  - C. Règles de prise en charge de la douleur chez l'enfant :
    - 1- Généralités
    - 2- Traitement antalgique
    - 3- Mesures associées chez l'enfant
  - D. Médicaments utilisables dans le traitement antalgique de l'enfant :
    - 1- Antalgiques disponibles
    - 2- Antalgie spécifique en pathologie médicale
    - 3- Antalgie spécifique en pathologie chirurgicale
    - 4- Prévention de la douleur aiguë provoquée par les soins

A	REPERER ET EVALUER LA DOULEUR CHEZ L'ENFANT (ANAES)

1	GENERALITES

REPERER LA DOULEUR	**La douleur de l'enfant peut être repérée par :**
	• Les **plaintes de l'enfant** (s'il est capable de les exprimer)
	• Des **signes observés par les soignants :**
	  – **Signes comportementaux :**
	    ▪ Cris – pleurs
	    ▪ Agitation, excitabilité spontanée
	    ▪ Expression corporelle, mimique douloureuse
	    ▪ Sociabilité, désintérêt pour le monde extérieur, manque d'expressivité
	    ▪ Sommeil, repas
	    ▪ Succion
	    ▪ Consolabilité
	  – **Signes fonctionnels :**
	    ▪ Plaintes somatiques
	    ▪ Localisation de zones douloureuses par l'enfant
	    ▪ Motricité spontanée
	    ▪ Lenteur et rareté des mouvements
	  – **Signes cliniques :**
	    ▪ Inspection : visage, corps, mains, jambes, doigts
	    ▪ Pression artérielle
	    ▪ Evaluation globale du tonus
	    ▪ Position antalgique au repos
	    ▪ Réactions à l'examen des zones douloureuses, protection spontanée
	    ▪ Contrôle exercé par l'enfant quand on le mobilise

EVALUER LA DOULEUR	**L'évaluation de la douleur est indispensable :**
	• Pour **détecter la présence** d'une douleur
	• Pour **porter une décision de traitement** antalgique (précisé par un **score seuil** pour chaque échelle d'évaluation)
	• Pour **suivre l'évolution** de la douleur
	Cette évaluation se fait par l'utilisation d'échelles d'évaluation :
	• Qui doivent présenter des **critères de qualité :**
	  – Simples
	  – Sensibles
	  – Validées
	  – Reproductibles
	  – Fiables
	• Qui sont de **2 types :**
	  – **Autoévaluation**
	  – **Hétéro**-évaluation
	• Qui doivent être réalisées **par un personnel soignant formé**
	• Qui sont **constituées :**
	  – De **critères**
	  – De **pondération** de chaque critère
	  – D'un total définissant le **score** de l'échelle
	Il est difficile d'évaluer la douleur de l'enfant :
	• Cause : âge, **difficulté de communication et de verbalisation**
	• **Selon l'âge,** on utilise certaines échelles

6 ANS	Autoévaluation
DE 4 A 6 ANS	Autoévaluation (en 1er lieu)
< 4 ANS (ou pas de communication)	Hétéro-évaluation

ECHELLES D'EVALUATION DE LA DOULEUR	• **Autoévaluation :**
	  – **Echelle Visuelle Analogique (EVA)**
	  – Echelle de **4 jetons**
	  – Echelle de **6 visages**
	• **Hétéro-évaluation :**
	  – L'échelle **d'Amiel-Tison inversée,** chez l'enfant âgé de 1 mois à 3 ans
	  – L'échelle **OPS (Objective Pain Scale),** à partir de l'âge de 2 mois
	  – L'échelle **CHEOPS (Children's Hospital of Eastern Ontario Pain Scale),** de 1 à 6 ans
	  – La **NFCS (Neonatal Facial Coding System)** abrégée, jusqu'à 18 mois
	  – L'échelle **CHEOPS** de 1 à 6 ans
	  – L'échelle **DEGR (Douleur Enfant Gustave-Roussy)** peut être utilisée entre 2 et 6 ans

2	**EVALUER LA DOULEUR CHEZ LES ENFANTS DE PLUS DE 6 ANS**
EVALUER	**Principes d'évaluation :** • Type : **autoévaluation** • Echelle : **Echelle Visuelle Analogique (EVA)** • **Diagnostic : EVA seule** • Suivi : lors du **suivi,** l'autoévaluation doit être réalisée préférentiellement **avec le même outil** **Si échec :** • Echelle de **4 jetons** • Echelle de **6 visages**
LOCALISER	**Localiser la douleur :** • **Clinique** **Si difficulté à localiser la douleur :** • Utiliser un **schéma** (recommandé) • Il convient toutefois de tenir compte des confusions droite-gauche

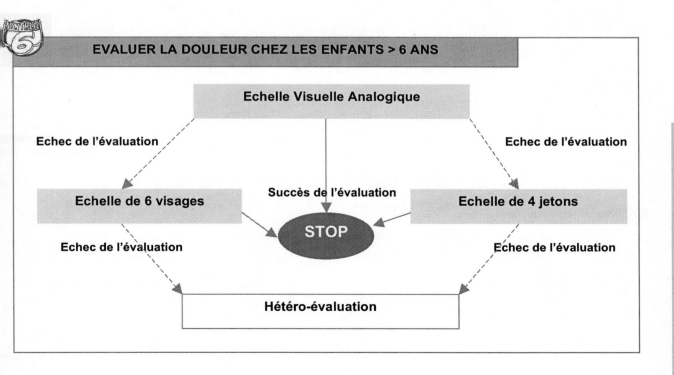

3	EVALUER LA DOULEUR CHEZ LES ENFANTS DE 4 A 6 ANS	

EVALUER	**Principes d'évaluation :**
	• Type : **autoévaluation** tentée dans un 1er temps
	• Echelles :
	  – **Echelle Visuelle Analogique**
	  – Echelle de **4 jetons**
	  – Echelle de **6 visages**
	• **Diagnostic = résultat convergent de 2 échelles :**
	  – Soit **EVA +** échelle de **4 jetons**
	  – Soit **EVA +** échelle de **6 visages**
	• Suivi : lors du **suivi,** l'autoévaluation doit être réalisée préférentiellement **avec le même outil**	

	Si échec : • Contexte = **résultat divergent** des échelles d'évaluation • **Seule l'hétéro-évaluation** est possible	

LOCALISER	• **Moyens :**
	  – **Clinique**
	  – **Utilisation d'un schéma**
	• **Validité du schéma :**
	  – En l'absence de corrélation, la localisation obtenue sur le schéma ne peut être considérée comme valide
	  – En effet, l'enfant peut, à cet âge, colorier le schéma de façon ludique	

EVALUER LA DOULEUR CHEZ LES ENFANTS DE 4 A 6 ANS

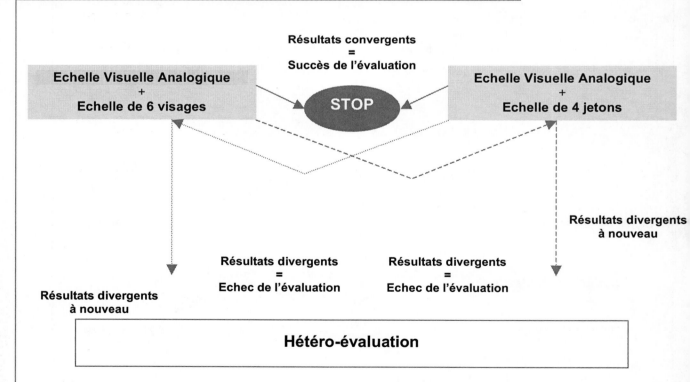

4	EVALUER LA DOULEUR CHEZ LES ENFANTS DE MOINS DE 4 ANS (OU ABSENCE DE COMMUNICATION)

**COMPRENDRE
LE PROBLEME
DE L'EVALUATION**
	• L'évaluation de l'enfant de **moins de 4 ans** (ou de l'enfant momentanément ou définitivement **démuni de moyens de communication suffisants**) est plus **complexe** car elle repose principalement sur l'observation de son comportement (**hétéro-évaluation**)
	• **L'expression comportementale de la douleur aiguë est biphasique :**
	  – La **1ère** phase est marquée par **l'expression d'une détresse comportementale associée à un stress psychologique et physiologique**
	  – La **2nde** phase est marquée par l'apparition **progressive d'une réduction des activités de l'enfant (bouger, jouer, dormir, parler, manger)**
	• Or, il n'existe pas de comportement absolument spécifique de la douleur qui puisse servir de « marqueur »
	• Il est donc particulièrement utile d'employer des outils **d'hétéro-évaluation basés sur l'association de comportements les plus indicateurs de douleur connus** actuellement, regroupés au sein d'échelles validées
	• Ces échelles constituent les critères actuels les plus fiables pour le diagnostic d'une douleur chez un jeune enfant et l'évaluation de son intensité
	• Remarque : **l'EVA remplie par un soignant expérimenté ou un parent constitue une alternative à l'emploi d'une échelle d'hétéro-évaluation chez l'enfant âgé de moins de 4 ans, en sachant toutefois que sa validité est moins bonne que celle des échelles citées précédemment**

**ECHELLE DE DOULEUR
ET D'INCONFORT
DU NOUVEAU-NE**
	• **Echelle de douleur et d'inconfort du nouveau-né (EDIN) :**
	  – Age d'utilisation : élaborée pour le nouveau-né à terme ou prématuré, utilisable jusqu'à 3 mois
	  – Type de douleur évaluée : douleur prolongée et inconfort de l'enfant

DIAGNOSTIC ET EVALUATION DE L'INTENSITE DE LA DOULEUR POSTOPERATOIRE IMMEDIATE	• L'échelle **d'Amiel-Tison inversée,** chez l'enfant âgé de 1 mois à 3 ans • L'échelle **OPS (Objective Pain Scale),** à partir de l'âge de 2 mois • L'échelle **CHEOPS (Children's Hospital of Eastern Ontario Pain Scale),** de 1 à 6 ans
DIAGNOSTIC ET EVALUATION DE L'INTENSITE DES AUTRES DOULEURS AIGUES A LEUR DEBUT	• La **NFCS (Neonatal Facial Coding System)** abrégée, jusqu'à 18 mois • L'échelle **CHEOPS,** de 1 à 6 ans
EVALUATION D'UNE DOULEUR AIGUE EVOLUANT DEPUIS PLUSIEURS HEURES	• L'échelle **DEGR (Douleur Enfant Gustave-Roussy)** peut être utilisée entre 2 et 6 ans • Il est également possible d'utiliser une appréciation générale du comportement de l'enfant : existence d'une perturbation des activités de base de l'enfant : bouger, jouer, dormir, parler, manger (en association avec un contexte où l'existence d'une douleur est possible)

ECHELLES D'EVALUATION CHEZ LES ENFANTS (ANAES)

AUTOEVALUATION

HETERO-EVALUATION

EVA (ECHELLE VISUELLE ANALOGIQUE)

ECHELLE DE 6 VISAGES

ECHELLE DE 4 JETONS

EVA PAR UNE TIERCE PERSONNE EXPERIMENTEE (EN PARTICULIER UN SOIGNANT)

Prématuré — 0 — 1 mois — 2 mois — 12 mois — 18 mois — 2 ans — 3 ans — 4 ans — 6 ans

NFCS ABREGE NEONATAL FACIAL CODING SYSTEM

AMIEL-TISON

ECHELLE DE DOULEUR ET D'INCONFORT DU NOUVEAU-NE (EDIN)

OPS (OBJECTIVE PAIN SCALE)

CHEOPS (CHILDREN'S HOSPITAL OF EASTERN ONTARIO PAIN SCALE)

DEGR (DOULEUR ENFANT GUSTAVE-ROUSSY)

Echelle fréquemment utilisée (à connaître)

Echelle peu utilisée

B   ECHELLES D'EVALUATION DE LA DOULEUR

1	EVA ECHELLE VISUELLE ANALOGIQUE	
PRINCIPES	• **Présenter l'échelle verticalement** • Demander à l'enfant la **consigne** suivante : **« Place le repère (ou le doigt) aussi haut que ta douleur est grande »** • Lire **au verso l'équivalent douleur**	
INTERPRETATION	• Un score > 3/10 constitue le seuil d'intervention thérapeutique	

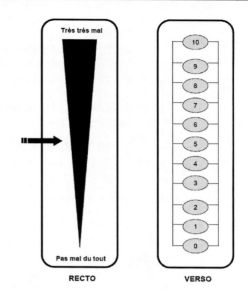

2	ECHELLE DES 6 VISAGES	
PRINCIPES	• **Présenter l'échelle horizontalement** • Demander à l'enfant la **consigne** suivante : **« Montre-moi le visage qui a mal autant que toi »** • Coter la douleur	
INTERPRETATION	• Un score > 4 constitue le seuil d'intervention thérapeutique	

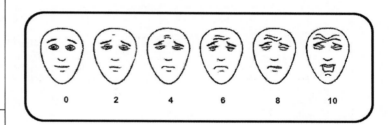

3	ECHELLE DES 4 JETONS	
PRINCIPES	• **Présenter les 4 jetons** • Demander à l'enfant la **consigne** suivante : **« Chaque jeton représente un morceau (ou une partie) de douleur ; prends autant de jetons que tu as mal »** • **Coter la douleur**	
INTERPRETATION	• Un score > 2 constitue le seuil d'intervention thérapeutique	

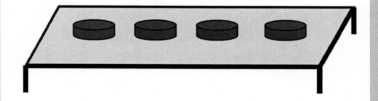

4	DEGR (DOULEUR ENFANT GUSTAVE-ROUSSY)				
10 CRITERES	1. Position antalgique au repos 2. Manque d'expressivité 3. Protection spontanée des zones douloureuses 4. Plaintes somatiques 5. Attitude antalgique dans le mouvement 6. Désintérêt pour le monde extérieur 7. Contrôle exercé par l'enfant quand on le mobilise (mobilisation passive) 8. Localisation de zones douloureuses par l'enfant 9. Réactions à l'examen des zones douloureuses 10. Lenteur et rareté des mouvements				
COTATION	• Les 10 critères sont cotés de 0 à 4 • Le score total varie entre 0/40 et 40/40				
INTERPRETATION	• Un score > 10/40 constitue le seuil d'intervention thérapeutique				

ITEMS	Cotation 0	Cotation 1	Cotation 2	Cotation 3	Cotation 4
1. Position antalgique au repos	Absence de position antalgique : l'enfant peut se mettre n'importe comment	L'enfant semble éviter certaines positions	L'enfant évite certaines positions, mais n'en paraît pas gêné	L'enfant choisit une position antalgique évidente, qui lui apporte un certain soulagement	L'enfant recherche sans succès une position antalgique et n'arrive pas à être bien installé
2. Manque d'expressivité	L'enfant est vif, dynamique, avec un visage animé	L'enfant paraît un peu terne, éteint	Au moins un des signes suivants : traits du visage peu expressifs, regard morne, voix marmonnée et monotone, débit verbal lent	Plusieurs des signes ci-dessus sont nets	Visage figé, comme agrandi. Regard vide. Parle avec effort
3. Protection spontanée des zones douloureuses	L'enfant ne montre aucun souci de se protéger	L'enfant évite les heurts violents	L'enfant protège son corps, en évitant et en écartant ce qui pourrait le toucher	L'enfant se préoccupe visiblement de limiter tout attouchement d'une région de son corps	Toute l'attention de l'enfant est requise pour protéger la zone atteinte
4. Plaintes somatiques	Pas de plainte : l'enfant n'a pas dit qu'il a mal	Plaintes « neutres » : - sans expression affective (dit en passant « j'ai mal ») - et sans effort pour le dire (ne se dérange pas exprès)	Au moins un des signes suivants : - a suscité la question « Qu'est-ce que tu as, tu as mal ? » - voix geignarde pour dire qu'il a mal - mimique expressive accompagnant la plainte	En plus de la cotation 2, l'enfant : - a attiré l'attention pour dire qu'il a mal - a demandé un médicament	C'est au milieu de gémissements, sanglots ou supplications que l'enfant dit qu'il a mal
5. Attitude antalgique dans le mouvement	L'enfant ne présente aucune gêne à bouger tout son corps. Ses mouvements sont souples et aisés	L'enfant montre une gêne, un manque de naturel dans certains de ses mouvements	L'enfant prend des précautions pour certains gestes	L'enfant évite nettement de faire certains gestes, il se mobilise avec prudence et attention	L'enfant doit être aidé, pour lui éviter des mouvements trop pénibles
6. Désintérêt pour le monde extérieur	L'enfant est plein d'énergie, s'intéresse à son environnement, peut fixer son attention et est capable de se distraire	L'enfant s'intéresse à son environnement, mais sans enthousiasme	L'enfant s'ennuie facilement, mais peut être stimulé	L'enfant se traîne, incapable de jouer, il regarde passivement	L'enfant est apathique et indifférent à tout
7. Contrôle exercé par l'enfant quand on le mobilise (mobilisation passive)	L'enfant se laisse mobiliser sans y accorder d'attention particulière	L'enfant a un regard attentif quand on le mobilise	En plus de la cotation 1, l'enfant montre qu'il faut faire attention en le remuant	En plus de la cotation 2, l'enfant retient de la main ou guide les gestes du soignant	L'enfant s'oppose à toute initiative du soignant ou obtient qu'aucun geste ne soit fait sans son accord

156

8. Localisation de zones douloureuses par l'enfant	Pas de localisation : à aucun moment, l'enfant ne désigne une partie de son corps comme gênante	L'enfant signale, uniquement verbalement, une sensation pénible dans une région vague sans autre précision	En plus de la cotation 1, l'enfant montre avec un geste vague cette région	L'enfant désigne avec la main une région douloureuse précise	En plus de la cotation 3, l'enfant décrit, d'une manière assurée et précise, le siège de sa douleur
9. Réactions à l'examen des zones douloureuses	Aucune réaction déclenchée par l'examen	L'enfant manifeste, juste au moment où on l'examine, une certaine réticence	Lors de l'examen, on note au moins un de ces signes : raideur de la zone examinée, crispation du visage, pleurs brusques, blocage respiratoire	En plus de la cotation 2, l'enfant change de couleur, transpire, geint ou cherche à arrêter l'examen	L'examen de la région douloureuse est quasiment impossible, en raison des réactions de l'enfant
10. Lenteur et rareté des mouvements	Les mouvements de l'enfant sont larges, vifs, rapides, variés et lui apportent un certain plaisir	L'enfant est un peu lent et bouge sans entrain	Un des signes suivants : - latence du geste - mouvements restreints - gestes lents - initiatives motrices rares	Plusieurs des signes ci-dessus sont nets	L'enfant est comme figé, alors que rien ne l'empêche de bouger

5	GRILLE OPS OBJECTIVE PAIN SCALE
PRINCIPES	• Echelle de douleur adaptée aux enfants de moins de 4 ans • Soit le score est utilisé avec ses 5 items et un **score dépassant le chiffre 3** nécessite une thérapeutique antalgique efficace • Soit le score est utilisé avec ses 4 items (sans la variation de PA) et un **score dépassant le chiffre 2** nécessite une thérapeutique antalgique efficace
INTERPRETATION	• Un score > 3/10 constitue le seuil d'intervention thérapeutique

OBSERVATION	CRITERES	SCORE
PRESSION ARTERIELLE	± 10% préopératoire	0
	10 à 20% préopératoire	1
	20 à 30% préopératoire	2
PLEURS	Absents	0
	Présents mais enfant consolable	1
	Présents mais enfant non consolable	2
MOUVEMENTS	Absents	0
	Intermittents, modérés	1
	Permanents	2
AGITATION	Enfant calme ou endormi	0
	Agitation modérée, ne tient pas en place	1
	Agitation désordonnée et intense, risque de se faire mal	2
EXPRESSION VERBALE OU CORPORELLE	Endormi ou calme	0
	Exprime une douleur modérée, non localisée, inconfort global ou position jambes fléchies sur le tronc, bras croisés sur le corps	1
	Douleur localisée verbalement ou désignée par la main ou position jambes fléchies sur le tronc, poings serrés et porte la main vers une zone douloureuse, ou cherche à la protéger	2

6	LOCALISATION SUR SCHEMA	
PRINCIPES	• La consigne est : « Dessine où tu as mal » • Au préalable, si l'enfant le peut, il choisit un code couleur pour les 4 intensités de douleur de la légende	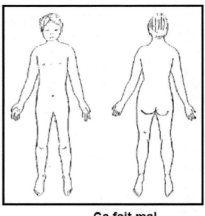
INDICATIONS SELON L'AGE	**Age > 6 ans :** • A utiliser **en cas de difficulté** à localiser la douleur • Il convient toutefois de tenir compte des **confusions droite-gauche** **Age de 4 à 6 ans :** • A utiliser **systématiquement** • **A corréler à la clinique** • **En l'absence de corrélation, la localisation obtenue sur le schéma ne peut être considérée comme valide** (en effet, l'enfant peut, à cet âge, colorier le schéma de façon **ludique**) **Age < 4 ans :** • **Fiabilité du test réduite (ou nulle pour les plus jeunes !)** • Variabilité inter-enfant • A interpréter avec **précaution**	**Ca fait mal** - Un peu ☐ - Moyen ◻ - Beaucoup ▨ - Très fort ■

7	ECHELLE D'AMIEL-TISON INVERSEE
CRITERES	• Sommeil pendant les 30 minutes précédant l'examen • Mimique douloureuse • Qualité du cri • Motricité spontanée • Excitabilité spontanée • Crispation des doigts • Mains et pieds • Succion • Evaluation globale du tonus • Consolabilité • Sociabilité
INTERPRETATION	• Un score > 5/20 constitue le seuil d'intervention thérapeutique

SCORE ENFANT EVEILLE AU MOMENT DE L'EXAMEN	1	2	3
Sommeil pendant les 30 minutes précédant l'examen	Sommeil calme > 10 minutes	Courtes périodes de 5 à 10 minutes	Non
Mimique douloureuse	Visage calme et détendu	Peu marquée, intermittente	Marquée, permanente
Qualité du cri	Pas de cri	Modulé, pouvant être calmé	Répétitif, aigu, « douloureux »
Motricité spontanée	Motricité normale	Agitation modérée	Agitation incessante
Excitabilité spontanée	Calme	Réactivité excessive	Trémulations, clonies, Moro spontané
Crispation des doigts, mains et pieds	Absente	Peu marquée, partielle, intermittente	Très marquée, globale, permanente

Succion	Forte, rythmée, pacifiante	Discontinue, interrompue par les cris	Non, ou quelques mouvements anarchiques
Evaluation globale du tonus	Normal pour l'âge	Modérément hypertonique	Très hypertonique
Consolabilité	Calmé < 1 minute	Calmé après 1 minute d'efforts	Non, après 2 minutes d'efforts
Sociabilité	Facile, prolongée	Difficile à obtenir	Absente

8	CHEOPS (CHILDREN'S HOSPITAL OF EASTERN ONTARIO PAIN SCALE)	
CRITERES	• Cris – pleurs • Visage • Plaintes verbales • Corps • Mains • Jambes	
INTERPRETATION	• Un score > 9/13 constitue le seuil d'intervention thérapeutique	

CRITERES	0	1	2	3
CRIS – PLEURS	-	Absents	Gémissements ou pleurs	Cris perçants ou sanglots
VISAGE	Sourire	Visage calme, neutre	Grimace	
PLAINTES VERBALES	Parle de choses et d'autres sans se plaindre	Ne parle pas, ou se plaint, mais pas de douleur	Se plaint de douleur	-
CORPS	-	Corps (torse) calme, au repos	Change de position ou s'agite, ou cherche à se redresser, et/ou corps arqué ou raidi ou tremblant, et/ou contention	-
MAINS	-	N'avance pas la main vers la zone douloureuse	Avance la main ou touche ou agrippe la zone douloureuse, ou contention	-
JAMBES	-	Relâchées ou mouvements doux	Agitées, ou donnent des coups, ou jambes raidies, en l'air ou ramenées sur le corps et/ou l'enfant se lève ou s'accroupit ou s'agenouille, et/ou contention	-

9	EDIN ECHELLE DE DOULEUR ET D'INCONFORT DU NOUVEAU-NE
CRITERES	• Visage • Corps • Sommeil • Relation • Réconfort
INTERPRETATION	Age d'utilisation : **élaborée pour le nouveau-né à terme ou le prématuré, utilisable jusqu'à 3 mois** Type de douleur évaluée : **douleur prolongée et inconfort de l'enfant** **Score : de 0 à 15** **Avantages :** c'est la **seule grille qui permet l'évaluation de la douleur prolongée chez le nouveau-né.** Elle est simple et rapide. C'est une échelle validée Seuils de prescription : • **Au-dessus de 5, la douleur est probable,** en deça, on évoque plutôt l'inconfort que la douleur • Il est essentiel de bien connaître le comportement des enfants prématurés non douloureux afin de pouvoir réaliser une comparaison • Pour obtenir un score qui reflète réellement l'état de l'enfant, l'utilisateur doit prendre en compte l'ensemble de ses comportements durant la période de 1 à 4 heures précédant l'évaluation

OBSERVATION	CRITERES	SCORE
VISAGE	Visage détendu	0
	Grimaces passagères : froncement des sourcils/ lèvres pincées/plissement du menton/tremblement du menton	1
	Grimaces fréquentes, marquées ou prolongées	2
	Crispation permanente ou visage prostré, figé, ou visage violacé	3
CORPS	Détendu	0
	Agitation transitoire, assez souvent calme	1
	Agitation fréquente, mais retour au calme possible	2
	Agitation permanente, crispation des extrémités et raideur des membres ou motricité très pauvre et limitée avec corps figé	3
SOMMEIL	S'endort facilement, sommeil prolongé et calme	0
	S'endort difficilement	1
	Se réveille spontanément et fréquemment en dehors des soins, sommeil agité	2
	Pas de sommeil	3
RELATION	Sourire aux anges, sourire réponse, attentif à l'écoute	0
	Appréhension passagère au moment du contact	1
	Contact difficile, cri à la moindre stimulation	2
	Refuse le contact, aucune relation possible, hurlement ou gémissement sans la moindre stimulation	3
RECONFORT	N'a pas besoin de réconfort	0
	Se calme rapidement lors des caresses, au son de la voix ou à la succion	1
	Se calme difficilement	2
	Inconsolable, succion désespérée	3

C | REGLES DE PRISE EN CHARGE DE LA DOULEUR CHEZ L'ENFANT (ANAES)

1	GENERALITES
BUT	• **Diminuer l'intensité de douleur en dessous du seuil d'intervention thérapeutique** (défini pour chaque échelle : cf. plus loin) • **Réévaluer la douleur pour :** – **Adapter le traitement en fonction de la douleur résiduelle** – **Maintenir l'intensité de la douleur en dessous du seuil** • L'EVA étant l'échelle la plus pratiquée tout âge confondu, l'objectif est de diminuer l'intensité de la douleur **en dessous de 3/10 EVA**
MOYENS	Le traitement comprend **plusieurs versants :** • Traitement **étiologique** • Traitement **antalgique** • **Moyens non pharmacologiques** • Présence des **parents** • **Information de l'enfant**
INTERVENANTS	• Personnel médical : – **Pédiatre** – **Médecin de la douleur** • Personnel **paramédical : infirmière...** • **Parents et famille** • **Centre antidouleur** • ...

2	TRAITEMENT ANTALGIQUE
PRINCIPES	• Il doit être **proposé simultanément au traitement étiologique** de toute pathologie douloureuse • Le premier but est d'obtenir une **analgésie rapide,** et cela influe sur le **choix de la molécule et son mode d'administration**
1er OBJECTIF	• **L'objectif immédiat** du traitement est : – De ramener, si possible, l'intensité de la douleur **en dessous du seuil de 3/10 sur EVA** – Et/ou de permettre un **retour aux activités de base de l'enfant : bouger, jouer, dormir, parler, manger** • La **prescription initiale dépend du niveau de douleur :** – Une douleur **légère** sera traitée en 1ère intention par un antalgique de **palier I** – Une douleur **modérée** sera traitée en 1ère intention par un antalgique de **palier I ou II** – Une douleur **intense** sera traitée en 1ère intention par un antalgique de **palier II ou III** – Une douleur **très intense** sera traitée en 1ère intention par un antalgique de **palier III** • Dans le cas d'une **douleur intense ou très intense**, une **voie d'administration rapide sera choisie** • **En dehors du contexte hospitalier,** cette **administration** sera réalisée **par le médecin lui-même.** Celui-ci doit disposer **d'antalgiques majeurs dans sa trousse d'urgence**

2ème OBJECTIF	• Le deuxième objectif est **d'adapter rapidement le traitement en fonction du niveau de douleur résiduelle**
	• Une **réévaluation** doit être effectuée **après 1 ou 2 prises d'antalgique**
	• Si la douleur est alors **supérieure à 3/10**, une **intensification** du traitement antalgique doit être programmée
	• Pour que **l'adaptation du traitement ambulatoire** soit possible, les **parents doivent recevoir une information suffisante et des consignes précises mentionnées sur l'ordonnance :**
	  – **Prise systématique** pendant un temps déterminé
	  – **Modalités d'évaluation** de la douleur
	  – **Horaire** de cette évaluation
	  – **Modalités de changement de palier** médicamenteux
	• L'existence **d'effets secondaires** doit être **systématiquement recherchée.** Les parents doivent en être **informés**
	• **Quand une analgésie correcte est obtenue, il est nécessaire de prévenir la réapparition des douleurs grâce à des prises d'antalgiques systématiques (y compris la nuit) pour la durée prévisible de la douleur**

3	MESURES ASOCIEES CHEZ L'ENFANT

MOYENS NON PHARMACOLOGIQUES	• La prise en charge de la douleur peut comporter, en plus des antalgiques, des moyens non pharmacologiques (distraction, relaxation, hypnose)
	• **Si l'enfant peut citer lui-même la stratégie d'adaptation qu'il utilise habituellement, celle-ci doit lui être proposée et facilitée**
	• Dans le cas contraire et pour les enfants plus jeunes, la **distraction** est souvent une aide efficace pour faire diminuer la détresse et/ou la douleur
	• Exemples de techniques simples :
	  – **Distraction :** lire un **livre** à l'enfant, ou lui montrer des **illustrations ;** chez le plus grand, lui proposer de se **raconter** intérieurement une histoire
	  – **Relaxation : mimer la respiration** nécessaire pour faire des bulles de savon en soufflant dans une paille

PRESENCE DES PARENTS	• **La détresse de l'enfant est moindre lorsque ses parents sont présents** • La présence des parents doit être possible **lors de la réalisation des gestes douloureux** et dans toutes les **situations où l'enfant est susceptible de ressentir des douleurs, à chaque fois que l'enfant et sa famille le souhaitent** • Les **parents peuvent avoir besoin de conseils** sur leur rôle dans ces situations • **Lors du geste,** il est souhaitable que les parents conservent avec leur enfant un **contact physique et oral, chaleureux, distrayant et rassurant,** qui peut être, pour l'enfant, le garant de la bonne qualité des soins qui lui sont prodigués
INFORMATION DE L'ENFANT	• Une **information adaptée au niveau cognitif** de l'enfant doit lui être donnée **sur la cause de ses douleurs et/ou sur les gestes douloureux** qui peuvent être nécessaires à sa prise en charge • Ces explications ne seront **pas données au tout dernier moment** • **L'information est un droit de l'enfant et une obligation du professionnel de santé**

INDICATION DES TRAITEMENTS ANTALGIQUES

METHODES	AUTOEVALUATION			HETERO-EVALUATION					
Type de douleur	EVA	Echelle de 4 jetons	Echelle de 6 visages	Score Amiel-Tison inversé	CHEOPS	DEGR	OPS	NFCS	EDIN
Douleur « légère »	1 à 3 cm	1	2						
Douleur « modérée »	3 à 5 cm	2	4				-		
Douleur « intense »	5 à 7 cm	3	6				-		
Douleur « très intense »	> 7 cm	4	8 ou 10				-		
Seuil d'intervention thérapeutique	3/10	2	4	5/20	9/13	10/40	3/10	1/4	5/15

EVA	**Echelle Visuelle Analogique**
Echelle de 4 jetons	**Poker chip (nombre de jetons sélectionnés)**
Echelle de 6 visages	**FPS-R (score du visage sélectionné)**
CHEOPS	Children's Hospital of Eastern Ontario Pain Scale
DEGR	Douleur Enfant Gustave-Roussy
OPS	Objective Pain Scale
NFCS	Neonatal Facial Coding System
EDIN	Echelle de douleur et d'inconfort du nouveau-né

D MEDICAMENTS UTILISABLES DANS LE TRAITEMENT ANTALGIQUE DE L'ENFANT (ANAES)

1	ANTALGIQUES DISPONIBLES
AMM	**AMM = Autorisation de Mise sur le Marché :** • Elle **définit l'utilisation de chaque médicament dans un contexte donné** • Elle **doit être respectée** lors de toute prescription médicale (sauf cas spécifique) Les AMM limitent certaines utilisations chez l'enfant : • **Il n'existe pas d'antalgique de palier II ayant une AMM chez l'enfant de moins de 1 an** • **Il n'existe aucun antalgique de palier III *per os* entre la naissance et l'âge de 6 mois**
ANTALGIQUES FREQUEMMENT UTILISES	**Douleur nociceptive : antalgique OMS :** • I : paracétamol, aspirine, ibuprofen, ac niflumique, naproxène • II : codéine, tramadol, nalbuphine • III : morphine **Douleur neuropathique :** • Le **Rivotril®** est le plus utilisé **Spasmes abdominaux :** • **Antispasmodiques : Ponstyl®**

DCI	Nom	Posologies usuelles
Paracétamol	**Doliprane®**	**60 mg/kg/j**
Paracétamol IV	**Perfalgan®**	**60 mg/kg/j**
Aspirine	**Aspégic®**	**50 mg/kg/j**
Ibuprofen *PO*	**Advil®, Nureflex®**	**30 mg/kg/j**
Ac niflumique	**Nifluril®**	**1 suppositoire x 4/j**
Naproxène	**Apranax®**	**10 mg/kg/j**
Codéine	**Codenfan®**	**1 mg/kg x 4 à 6/j**
Tramadol	**Topalgic®**	**400 mg/j max**
Nalbuphine	**Nubain®**	**0.2 mg/kg x 4 à 6/j**
Morphine *PO*	**Sevredol®**	**0.2 mg/kg/4 heures**
Morphine IV	**Morphine (PCA dès 6 ans)**	**0.025 mg/kg/5 mn** **30 mcg/kg/h en continu avec bolus si nécéssaire**

MEDICAMENTS ANTALGIQUES ET ANALGESIQUES AYANT L'AMM, UTILISABLES EN PEDIATRIE : RECAPITULATIF PAR PALIER ET PAR AGE (AFSSAPS)

PALIER OMS	SPECIALITES MEDICAMENTEUSES		Nouveau-né	Nourrisson 1 mois-2 ans				Enfant 2 ans-12 ans			Adolescent
			0-28 jours	> 1 mois	> 6 mois	> 12 mois	> 18 mois	> 30 mois	> 4 ans	> 7 ans	12-15 ans
I	Paracétamol	PO	X	X	X	X	X	X	X	X	X
	Propacétamol	IV	X	X	X	X	X	X	X	X	X
	Aspirine	PO	X	X	X	X	X	X	X	X	X
	Ibuprofène	PO		X	X	X	X	X	X	X	X
	Acide niflumique	SU		X	X	X	X	X	X	X	X
	Diclofénac suppo	PO						X	X	X	X
	Acide tiaprofénique	PO						X		X	X
	Naproxène	PO							X	X	X
II	Codéine	PO				X	X	X	X	X	X
	Nalbuphine	I					X	X	X	X	X
	Buprénorphine	PO								X	X
	Oxycodone	SU									X
	Tramadol	PO									X
III	Morphine	IV	X	X	X	X	X	X	X	X	X
	Fentanyl	IV	X	X	X	X	X	X	X	X	X
	Morphine	PO			X	X	X	X	X	X	X
	Hydromorphone	PO								X	X

AGE

PO	Per os
IV	Intraveineux
SU	Suppositoire
I	Injectable

PATHOLOGIES	AGE		TRAITEMENT DE PREMIERE INTENTION	TRAITEMENT DE DEUXIEME INTENTION (si 1ère intention insuffisant : EVA > 3 ou pas de retour aux activités de base)
2			ANTALGIE SPECIFIQUE EN PATHOLOGIE MEDICALE	
OTITE	< 6 mois		AVIS ORL	-
	6 à 12 mois		Palier I + antalgiques locaux si tympan fermé	Augmenter les posologies jusqu'au maximum autorisé
	1 à 6 ans		Palier I seul puis (AINS + paracétamol) pendant 48 h + antalgiques locaux, si tympan fermé	Ajouter codéine
	> 6 ans	EVA < 5/10	Palier I pendant 48 heures + antalgiques locaux, si tympan fermé	Ajouter codéine
		EVA > 5/10	Palier I + codéine	Augmenter les posologies jusqu'au maximum autorisé
GINGIVOSTOMATITE	< 6 mois		-	-
	6 à 12 mois		Palier I (mais insuffisant le plus souvent)	Morphine
	1 à 6 ans		Palier II systématique pendant 48 heures + lidocaïne gel sur les lèvres seulement 2 mg/kg toutes les 3 heures (maximum 100 mg/dose)	Morphine
	> 6 ans		Palier II systématique pendant 48 heures + lidocaïne gel sur les lésions toutes les 3 heures (2 mg/kg, maximum 100 mg/dose)	Morphine
DYSPHAGIE	< 6 mois		-	-
	6 à 12 mois		Palier I seul puis en association	Augmenter les posologies jusqu'au maximum autorisé
	1 à 6 ans		Palier I seul puis en association (AINS + paracétamol)	Ajouter codéine
	> 6 ans	EVA < 5/10	Palier I pendant 8 heures	Ajouter codéine
		EVA > 5/10	Palier I + codéine	Augmenter les posologies jusqu'au maximum autorisé
FRACTURE NON DEPLACEE			Immobilisation +/- palier II	Si douleurs persistantes après immobilisation, palier III
FRACTURE DEPLACEE			Palier III avant et après immobilisation	Augmentation des doses
REDUCTION DE FRACTURE			Anesthésie générale	
BRULURE SUPERFICIELLE ET LOCALISEE			Palier II (dès l'arrivée du médecin traitant)	Morphine orale retard et interdoses de morphine rapide orale
BRULURE PROFONDE OU ETENDUE			Morphine orale dès l'arrivée du médecin traitant Titration de morphine ou fentanyl intraveineux si prise en charge SMUR ou SAMU	Morphine IV ou orale à libération immédiate Puis, si stabilisation de la douleur, morphine retard +/- interdoses de morphine rapide orale +/- AINS
PANSEMENTS DE BRULURE			MEOPA +/- dose de charge de morphine +/- anxiolytique	Sédation profonde ou anesthésie générale

3	ANTALGIE SPECIFIQUE EN PATHOLOGIE CHIRURGICALE	
CHIRURGIE	**TRAITEMENT DE PREMIERE INTENTION**	**TRAITEMENT DE DEUXIEME INTENTION** (si 1ère intention insuffisant : EVA > 3 ou pas de retour aux activités de base)
AMYGDALECTOMIE	Palier II pendant 72 heures	Palier III
ADENOIDECTOMIE	Palier I pendant 24 heures	Nouvelle consultation
CIRCONCISION	Palier II pendant 72 heures et lidocaïne locale	Palier III
ORCHIDOPEXIE	Palier I pendant 72 heures	Palier II
HERNIE INGUINALE	Palier I pendant 72 heures	Palier II
CHIRURGIE DE STRABISME	Palier I pendant 24-48 heures	Palier II
EXTRACTION DE DENTS DE LAIT	Pas d'antalgiques	Palier I
EXTRACTION DE DENTS DEFINITIVES, DE SAGESSE ET/OU GERMECTOMIE	Palier I pendant 48 heures	Palier II

4	PREVENTION DE LA DOULEUR AIGUE PROVOQUEE PAR LES SOINS	
PATHOLOGIES	**TRAITEMENT DE PREMIERE INTENTION**	**TRAITEMENT DE DEUXIEME INTENTION** (si 1ère intention insuffisant : EVA > 3 ou pas de retour aux activités de base)
PONCTION VEINEUSE	EMLA® pour les enfants de moins de 11 ans et pour ceux qui le demandent	MEOPA en association à l'EMLA® pour les enfants difficiles à piquer ou ceux ayant une phobie du geste Sédation si échec de EMLA® + MEOPA
VACCINS, INJECTIONS SOUS-CUTANEES	EMLA® systématique pour les injections répétées EMLA® à la demande pour les injections occasionnelles	
INTRADERMO-REACTION (IDR)	EMLA®	
SUTURES	MEOPA puis anesthésie locale avec lidocaïne tamponnée injectable (9 mL de lidocaïne pour 1 mL de bicarbonate 88 mEq/100 mL)	Sédation voire anesthésie générale
PONCTIONS LOMBAIRES	MEOPA et/ou EMLA®	
MYELOGRAMMES	MEOPA et EMLA®	Sédation voire anesthésie générale
PARACENTESE	MEOPA pour les enfants âgés de plus de 6 mois	Anesthésie générale
REDUCTION DE PARAPHIMOSIS	Gel de lidocaïne et MEOPA	Sédation voire anesthésie générale

Une information détaillée concernant les modalités du soin et la programmation de l'analgésie doit être donnée à l'enfant et à sa famille.

Conférences de consensus – Recommandations		
Année	**Source**	**Titre**
2000	ANAES	Douleur aiguë en ambulatoire chez l'enfant de 1 mois à 15 ans

Sujets tombés à l'ECN	
Année	**Contenu**
2005	Crise convulsive hyperthermique

SOINS PALLIATIFS PLURIDISCIPLINAIRES CHEZ UN MALADE EN FIN DE VIE
ACCOMPAGNEMENT D'UN MOURANT ET DE SON ENTOURAGE

OBJECTIFS DE L'ECN

- Identifier une situation relevant des soins palliatifs
- Argumenter les principes de la prise en charge globale et pluridisciplinaire d'un malade en fin de vie et de son entourage
- Aborder les problèmes éthiques posés par les situations de fin de vie

MOTS CLES

- Information claire et loyale avec respect du libre-arbitre, de la dignité et des croyances
- Prise en charge globale, active et multidisciplinaire
- Soins médicaux actifs
- Priorité : soulager la douleur, préserver le confort
- Prise en charge de l'entourage, préparation au travail de deuil
- Structures : unités de soins palliatifs, réseaux de soins palliatifs, unités mobiles de soins palliatifs, HAD...

Pour mieux comprendre

- La société française d'accompagnement et de soins palliatifs définit les soins palliatifs comme des : « soins actifs dans une approche globale de la personne atteinte d'une maladie grave, évolutive ou terminale »
- « Leur objectif est de soulager les douleurs physiques ainsi que les autres symptômes et de prendre en compte la souffrance psychologique, sociale et spirituelle »
- La prise en charge du patient est globale, active et multidisciplinaire et fait interagir les soignants, le patient et son entourage

- **Plan du chapitre :**
  - A. Définition des soins palliatifs
  - B. Identifier une situation de soins palliatifs
  - C. Principes de prise en charge en soins palliatifs
  - D. Modalités de prise en charge des symptômes physiques en soins palliatifs
  - E. Problèmes éthiques posés par les situations en fin de vie
  - F. Accompagnement en fin de vie
  - G. Le patient demande une euthanasie

A DEFINITION DES SOINS PALLIATIFS

RECOMMANDATIONS ANAES **(Décembre 2002)**	**Caractéristiques**	Les soins palliatifs sont des **soins :** • **Actifs** • **Continus** • **Evolutifs** • **Coordonnés** • Pratiqués par une équipe pluriprofessionnelle
	Principes	Les soins palliatifs : • Cherchent à **éviter les investigations et les traitements déraisonnables** • **Se refusent à provoquer intentionnellement la mort** Selon cette approche : • Le **patient est considéré comme un être vivant** • La **mort comme un processus naturel**
	Objectifs	• Dans une **approche globale et individualisée** • De **prévenir ou de soulager les symptômes** physiques, dont la douleur, mais aussi les autres symptômes • D'**anticiper les risques de complications** • De prendre en compte les **besoins psychologiques, sociaux et spirituels,** dans le **respect de la dignité de la personne soignée**
SOCIETE FRANÇAISE D'ACCOMPAGNEMENT ET DE SOINS PALLIATIFS		• « Ce sont des **soins actifs** dans une **approche globale** de la personne en **phase évoluée ou terminale** d'une **maladie potentiellement mortelle** » • Prendre en compte et viser à **soulager** les douleurs **physiques** ainsi que la souffrance **psychologique,** morale et spirituelle, devient alors primordial • Les soins palliatifs et l'accompagnement considèrent le malade comme un vivant et sa mort comme un processus normal. Ils **ne hâtent ni ne retardent le décès** • Leur but est de préserver la meilleure **qualité de vie** possible jusqu'à la mort • Ils sont **multidisciplinaires** dans leur démarche

	SOINS CURATIFS	SOINS PALLIATIFS
Buts	• **Guérison** • **Durée** de vie	• **Confort** • **Qualité** de vie
Thérapeutique curative ?	• Justifiée	• Non justifiée • **Acharnement** thérapeutique
Lieu de prise en charge	• Domicile – Maisons de retraite • Hôpitaux – Cliniques	• Domicile – Maisons de retraite • Hôpitaux – Cliniques • **Unités de soins palliatifs**
Approche	• Médico-technique	• **Pluridisciplinaire**
Dimension psychosociale	• Accessoire	• **Essentielle**
Présentation de la mort	• Echec naturel	• **Evénement naturel**

KB

**Soins palliatifs pluridisciplinaires chez un malade en fin de vie.
Accompagnement d'un mourant et de son entourage.**

ITEM 69

B IDENTIFIER UNE SITUATION DE SOINS PALLIATIFS (RECOMMANDATIONS ANAES)

PATIENTS CONCERNES	• Personnes atteintes de **maladies graves évolutives** : – Mettant en jeu le **pronostic vital** – Ou en **phase terminale** • Personnes dont la vie prend fin dans le **grand âge** • **Proches du patient**
PROFESSIONNELS CONCERNES	La prise en charge d'un patient nécessitant des soins palliatifs requiert généralement l'intervention coordonnée : • **De plusieurs professionnels de santé** • **Du secteur social dans certains cas** **Professionnels de santé :** • **Médecins** généralistes et spécialistes • **Infirmiers(ères)** • **Aides-soignant(e)s** • **Kinésithérapeutes** • **Psychologues** • **Assistantes sociales** • **Ergothérapeutes** • Bénévoles : – Formés à l'accompagnement – Appartenant à des associations – Qui peuvent compléter, avec l'accord du patient ou de ses proches, l'action des équipes soignantes
LIEUX DE PRISE EN CHARGE	• **A domicile** • Dans les **unités de soins palliatifs** • Dans les **établissements de santé en cours, moyen et long séjour** • Dans les **structures destinées aux personnes âgées** avec le soutien éventuel des **unités mobiles de soins palliatifs, réseaux de soins palliatifs**
QUAND METTRE EN ŒUVRE LES SOINS PALLIATIFS ?	• Les **critères objectifs et les limites de la phase palliative** d'une maladie et de la fin de vie sont **difficiles à fixer** avec précision • Les soins palliatifs **peuvent être envisagés précocement dans le cours d'une maladie grave évolutive** et peuvent coexister avec des traitements spécifiques de la maladie causale • **Dès l'annonce du diagnostic,** la prise en charge en soins palliatifs est réalisée selon un **projet de soins continus** qui privilégie **l'écoute, la communication,** l'instauration d'un **climat de vérité** avec le patient et son entourage • Cette démarche vise à **aider le patient et ses proches** à se préparer à un éventuel changement de priorité dans la prise en charge de la maladie sous-jacente • En effet, **selon le moment, la priorité sera donnée soit aux investigations et aux traitements permettant de guérir ou de ralentir l'évolution de la maladie, soit à une prise en charge uniquement symptomatique visant le confort physique, psychologique et moral du patient** • La place relative de ces 2 prises en charge est à **réévaluer régulièrement,** et la mise en œuvre des soins palliatifs doit faire l'objet d'un **consensus entre l'équipe soignante, le patient et ses proches si le patient le souhaite**

IDENTIFIER UNE SITUATION RELEVANT DES SOINS PALLIATIFS

- **Maladie :**
    - Mettant en jeu le **pronostic vital**
    - Au **stade terminal**
    - **Sans traitement curatif**
- **Malade :**
    - Etat physique = stade évolutif de la maladie
    - Etat **psychologique = souhait du patient**
    - **Relation avec ses proches**
    - **Croyances religieuses ou non**
- **Soignants :**
    - **Equipe multidisciplinaire de professionnels de santé :** médecin, infirmière, psychologue…
    - Compétente en terme de soins palliatifs
    - **Refusant l'acharnement thérapeutique**
- **Consensus concernant la décision de soins palliatifs :**
    - Le patient : ses souhaits
    - La famille
    - Les soignants

ITEM 69

C | **PRINCIPES DE PRISE EN CHARGE EN SOINS PALLIATIFS (SELON LES RECOMMANDATIONS ANAES)**

1	LES 8 PRINCIPES DE PRISE EN CHARGE DE L'ANAES	

LE RESPECT DU CONFORT, DU LIBRE-ARBITRE ET DE LA DIGNITE	**Les décisions concernant la prise en charge des symptômes** doivent être **fondées sur :**
	• **L'intensité** de ceux-ci, quels que soient la maladie et son stade
	• L'appréciation des **besoins** du patient
	• Ses **préférences**
	• **L'analyse du rapport bénéfices/risques** de chacune des options en termes de capacité :
	   – A **soulager la souffrance**
	   – A **préserver au maximum la dignité et la qualité de vie de la personne**	

LA PRISE EN COMPTE DE LA SOUFFRANCE GLOBALE DU PATIENT	**Le patient peut souffrir :**
	• D'une douleur **physique**
	• D'une **altération de son image corporelle** (en lien avec la maladie elle-même ou les traitements), du fait que les activités de la vie quotidienne requièrent des efforts et du temps
	• Des **conséquences psychologiques et morales** de la maladie
	• De sa **dépendance** envers les autres
	• De sa **vulnérabilité**
	• De sa **fatigue**
	• De sa **marginalisation** réelle ou imaginaire
	• De la mise en **question du sens de sa vie**
	• **De la peur de la souffrance de son entourage**
	Ces sources de souffrance doivent :
	• Etre **identifiées**
	• **Bénéficier :**
	   – D'un **accompagnement** (écoute, communication, réconfort, respect de l'autre)
	   – D'une **prise en charge thérapeutique éventuelle** (soutien psychologique, médicaments, etc.)	

KB

**Soins palliatifs pluridisciplinaires chez un malade en fin de vie.
Accompagnement d'un mourant et de son entourage.**

L'EVALUATION ET LE SUIVI DE L'ETAT PSYCHIQUE DU PATIENT	• En soins palliatifs, le patient vit une phase d'**angoisse existentielle** intense quand il se voit confronté **à l'approche de sa mort**
	• La **souffrance liée à l'angoisse existentielle** peut être **soulagée par** une **prise en compte des besoins spirituels** du patient, dans le **respect de ses croyances et de sa dignité**
	• Elle est **à distinguer de la souffrance liée aux symptômes physiques** pour lesquels un traitement spécifique respectant le confort du patient est à mettre en œuvre après évaluation
	• La **perte de sa confiance** dans l'avenir, **de ses repères,** souvent **au terme d'une longue succession de rémissions et de rechutes,** le rend **tendu, angoissé, révolté, plus vulnérable et plus influençable**
	• Le **rôle de l'équipe soignante** est :
	   – De **reconnaître cette crise existentielle** à partir des symptômes exprimés par le patient (anxiété, insomnies, douleur, etc.)
	   – **D'évaluer comment il vit et accepte ses symptômes, ses doutes, sa dépendance**
	   – **D'accompagner cette réorganisation psychique** grâce à une **écoute et un soutien continus,** même si les symptômes sont contrôlés
	• Cet **accompagnement se réalise dans le temps**
	• Les lieux de soins, les différents interlocuteurs du patient doivent être choisis pour le **sécuriser au maximum**

LA QUALITE DE L'ACCOMPAGNEMENT ET DE L'ABORD RELATIONNEL	• **L'accompagnement et l'abord relationnel** du patient et de ses proches nécessitent une **disponibilité** particulière de l'équipe soignante
	• Ils visent à signifier d'emblée au patient que sa **dignité** et son **confort** seront **respectés** par les différents professionnels qui interviennent dans la prise en charge
	• Ils permettent de **l'encourager à exprimer ses émotions et ses craintes**
	• Ils demandent une **attention particulière aux réactions du patient,** même en l'absence de capacité à les exprimer verbalement (expression du visage, regards, posture du corps)
	• Il s'agit de **suivre le malade à son rythme :**
	   – En cherchant à **se maintenir au plus près de sa vérité du moment**
	   – En **repérant ses capacités d'intégration de la réalité**
	   – En **répondant à ses questions sans les devancer**
	• Cet accompagnement **« pas à pas »** favorise **un travail psychique atténuant les défenses** du patient, ce qui rend possible une relation plus authentique de tous les protagonistes (patient, famille et soignants)

L'INFORMATION ET LA COMMUNICATION AVEC LE PATIENT ET SES PROCHES	**L'information du patient :** • **L'information orale est à initier dès l'annonce** d'un diagnostic grave, au début de la mise en œuvre des soins palliatifs • Elle est **à adapter au cas de chaque personne** • Elle requiert **temps et disponibilité,** ainsi qu'un **environnement adapté** • Elle peut nécessiter d'être délivrée de manière **progressive** • Les **opinions et croyances** relevant de la vie privée sont abordées à la demande du patient **L'information des proches :** • **L'information des proches** relève des mêmes principes **en fonction des souhaits** du patient • Une attention particulière sera portée au contenu et aux modalités de délivrance de l'information lors des **phases évolutives** de la maladie

	<ul><li>La **communication avec les proches a pour but :**<ul><li>**D'évaluer la souffrance** psychologique, sociale **et les besoins** de la personne soignée et de ses proches</li><li>D'aider les proches à **exprimer leurs sentiments** d'ambivalence, de fatigue, d'usure</li></ul></li></ul>**Mécanismes d'adaptation :**<ul><li>En reconnaissant ses **propres mécanismes d'adaptation,** le soignant est plus apte à comprendre ceux du patient et de ses proches afin de les accompagner dans une vérité « pas à pas », **sans devancer leur cheminement psychique**</li><li>Les **mécanismes d'adaptation chez les patients peuvent être le déni et la combativité, l'ambivalence**</li><li>**Chez les soignants, les mécanismes d'adaptation peuvent être la fuite en avant, la fausse réassurance, la rationalisation, l'évitement, le mensonge**</li><li>Une **altération de l'apparence physique** du patient et, dans certains cas, un **ralentissement de ses fonctions cognitives modifient la manière dont il se perçoit et est perçu** par l'entourage</li><li>De ce fait, la communication entre le patient, son entourage et les soignants peut être altérée</li><li>Les **soins au corps auront pour but :**<ul><li>D'**améliorer l'apparence physique et le confort** du patient pour **préserver sa dignité**</li><li>De faciliter les relations avec ses proches</li></ul></li></ul>
LA COORDINATION ET LA CONTINUITE DES SOINS	<ul><li>**L'activité des multiples intervenants** auprès du patient **nécessite, pour être efficace, une bonne communication et la mise en place de moyens de coordination**</li><li>La **continuité des soins** est favorisée par :<ul><li>La définition d'un **projet de soins**</li><li>La **tenue du dossier** du patient par l'ensemble des soignants</li><li>Le **dialogue** avec l'ensemble des acteurs impliqués tout au long de la prise en charge du patient</li><li>La **compréhension de l'information par le patient et son entourage**</li></ul></li><li>**Pour faire face aux situations d'urgence,** il est proposé que soient **disponibles en permanence :**<ul><li>Des **protocoles d'urgence**</li><li>Des **prescriptions anticipées**</li><li>Les **médicaments essentiels** à garder à proximité du malade</li><li>Une **trousse d'urgence** comprenant de la morphine, une benzodiazépine, un neuroleptique, un corticoïde et de la scopolamine (bromhydrate), plutôt sous forme injectable</li></ul></li></ul>
LA PRISE EN CHARGE DE LA PHASE TERMINALE ET DE L'AGONIE	<ul><li>**La phase terminale est à anticiper par :**<ul><li>Le **choix du lieu de soins le plus adapté** au patient</li><li>La **mise à disposition des médicaments nécessaires pour le soulager**</li><li>La **préparation des proches** à cette phase</li></ul></li><li>L'engagement de l'équipe soignante à le **soulager jusqu'au bout** doit être signifié et régulièrement confirmé au patient et à ses proches</li><li>La **communication** avec le patient en phase terminale est à la fois **verbale et non verbale** (toucher, douceur à la mobilisation)</li><li>Même si le patient est inconscient, il est nécessaire de lui parler pour le rassurer en lui expliquant les gestes qu'on lui fait</li><li>La **présence des proches est à privilégier, et ils doivent être associés aux soins le plus possible, dans la mesure de leurs moyens, physiques, psychologiques et spirituels**</li></ul>

	• Le **rôle de l'équipe soignante** est de : – **Favoriser l'intimité du patient avec ses proches** – **Rassurer** ceux-ci en leur donnant des **explications** sur l'état clinique du patient et les traitements mis en œuvre – Les **valoriser dans leur rôle de soutien** – Les préparer au deuil
LA PREPARATION AU DEUIL	• **L'instauration d'une bonne communication avec les proches du patient** ainsi qu'une **information précoce et régulière sur l'évolution** de sa maladie peuvent leur permettre de se préparer à la perte du patient • Il est recommandé **d'identifier chez l'entourage les facteurs prédisposant à une réaction dite « compliquée » de chagrin** (relation ambivalente ou de dépendance, multiples deuils antérieurs, antécédents de maladie mentale, en particulier de dépression, prise en charge du patient au-delà de 6 mois) **pour tenter de prévenir une situation de deuil pathologique**

8 PRINCIPES DE PRISE EN CHARGE EN SOINS PALLIATIFS SELON L'ANAES

- **Le respect du confort, du libre-arbitre et de la dignité**
- **La prise en compte de la souffrance globale du patient**
- **L'évaluation et le suivi de l'état psychique du patient**
- **La qualité de l'accompagnement et de l'abord relationnel**
- **L'information et la communication avec le patient et ses proches**
- **La coordination et la continuité des soins**
- **La prise en charge de la phase terminale et de l'agonie**
- **La préparation au deuil**

2	ORGANISATION DES SOINS PALLIATIFS
UNITES FIXES DE SOINS PALLIATIFS (UFP)	• **Petites structures de soins** centrées sur la prise en charge des patients en fin de vie • Présence d'une équipe en permanence, de personnel volontaire et de bénévoles • Organisation des soins centrée sur le patient et sa famille, optimisation de la prise en charge • Possibilité pour les familles qui ne se sentent pas la force d'assumer une fin de vie à domicile • Lieu de formation, d'enseignement et de recherche
UNITE MOBILE DE SOINS PALLIATIFS (UMSP)	• Equipe multidisciplinaire et interdisciplinaire • Professionnelle et bénévole • **Intervenant dans les différents services hospitaliers, ainsi qu'en ville à domicile** • Objectifs : prise en charge et traitement du patient, soutien des familles et des soignants, lieu de formation et de recherche
RESEAUX DE SOINS PALLIATIFS	• **Réseaux inter-hospitaliers,** centrés sur le patient, la famille et les soignants • Ils facilitent l'accès aux soins de toute personne dont l'état de santé requiert des soins palliatifs, en permettant à chaque personne de bénéficier de soins sur le lieu de vie de son choix • Le réseau permet d'assurer une continuité du suivi de la personne sur l'ensemble de son parcours, en particulier à la sortie de l'hôpital, à domicile et dans des structures médicosociales • Coordination entre les différents services hospitaliers, liaison ville-institution
AUTRES	• **Bénévoles d'accompagnement**

3	PRINCIPES SPECIFIQUES DE PRISE EN CHARGE DES SOINS PALLIATIFS EN AMBULATOIRE
ACTEURS CONCERNES	**Le patient** **Les professionnels de santé :** • Médecins généralistes et spécialistes • Infirmiers(ères) • Aides-soignant(e)s • Kinésithérapeutes • Psychologues • Ergothérapeutes **Les structures sociales :** • Assistantes sociales • CPAM **Les aides :** • Famille • Bénévole
MODALITES	• **En Hospitalisation A Domicile (HAD)** • **Réseau de soins palliatifs** • **Unité Mobile de Soins Palliatifs (UMSP)** • **Avec un médecin référent** • **Multidisciplinaire (médico-socio-psychologique)** • **Prise en charge à 100%** • **Avec surveillance régulière**
ORDONNANCES A REALISER	• **Infirmière, aide-soignante** • **Matériel médicalisé** • **Kinésithérapie** • **Aides à domicile** • **Psychologue**

PRESCRIPTION AMBULATOIRE DE SOINS PALLIATIFS

• **En Hospitalisation A Domicile (HAD)**
• **Réseau de soins palliatifs**
• **Avec un médecin référent**
• **Multidisciplinaire (médico-socio-psychologique)**
• **Prise en charge à 100%**
• **Avec surveillance régulière**

ORDONNANCE : KINESITHERAPIE

• Mobilisation passive et active
• Entretien de la force musculaire
• Lutte contre les rétractions tendineuses
• Drainage thoracique selon encombrement

AIDE A DOMICILE

• Plateau-repas
• Aide-ménagère

MEDECIN REFERENT

PSYCHOLOGUE

• Ecoute et relation d'aide
• Patient et famille
• Evaluer la souffrance, les désirs, l'anxiété
• Assurer le suivi
• Dépister une dépression

ORDONNANCE : INFIRMIERE DIPLOMEE D'ETAT

• Toilette
• Administration des traitements
• Alimentation par sonde
• Soins d'escarre

ORDONNANCE MATERIEL MEDICALISE

• Lit anti-escarre
• Pieds à perfusion

D MODALITES DE PRISE EN CHARGE DES SYMPTOMES PHYSIQUES EN SOINS PALLIATIFS (Recommandations ANAES)

SYMPTOMES PHYSIQUES ET SOINS PALLIATIFS SELON L'ANAES

- Douleur
- Asthénie, immobilité
- Anxiété, dépression, troubles du sommeil
- Syndromes confusionnels
- Sécheresse de la bouche et ulcérations buccales
- Escarres, plaies malodorantes, œdèmes, prurit
- Dyspnée
- Toux, hoquet rebelle
- Dysphagie
- Nausées, vomissements
- Anorexie, cachexie
- Déshydratation
- Troubles du transit : constipation, occlusion, diarrhée
- Troubles urinaires

1	DOULEUR
L'EVALUATION DE LA DOULEUR	Chez le malade **en fin de vie, l'angoisse et la douleur s'intriquent** souvent. Il est donc recommandé **d'analyser ce que recouvre la plainte douloureuse pour :** • **Evaluer la demande réelle** du patient • **Orienter au mieux la prise en charge** **L'analyse de la douleur comprend une évaluation :** • De ses **causes** • De ses **mécanismes** (douleur organique par nociception ou neurogène, douleur psychogène, douleur mixte) • De sa **topographie,** l'utilisation d'un **schéma** précisant les zones douloureuses peut permettre d'éviter les manipulations intempestives • De son **intensité :** – Par **l'interrogatoire** – Par **l'examen clinique** – Par un **outil validé et/ou connu :** 1. Chez le **patient capable de communiquer : autoévaluation à l'aide d'une échelle :** ✓ **Visuelle analogique** ✓ **Numérique** ✓ **Verbale simple** 2. Chez le **malade incapable de communiquer : utilisation d'une échelle Doloplus ou ECPA ou observation :** ✓ **Des postures** ✓ **Du faciès** ✓ **Des gémissements** ✓ **De l'attitude antalgique** ✓ **De la limitation des mouvements** • De son **retentissement sur le comportement quotidien et l'état psychologique** du patient et de son entourage

LES REGLES DU TRAITEMENT ANTALGIQUE	• Le premier temps est de **rassurer le patient sur l'engagement de l'équipe soignante** à faire le maximum pour soulager sa douleur
	• Les **antalgiques non spécifiques** et des **mesures co-antalgiques** sont à **associer à un traitement étiologique** quand ce dernier est possible
	• Conformément aux préconisations de l'OMS, il est recommandé :
	  – De privilégier la voie orale
	  – D'administrer les antalgiques de manière préventive et non au moment de la survenue de la douleur
	  – D'individualiser le traitement
	  – De réévaluer régulièrement ses effets
	  – D'informer le patient et son entourage des effets indésirables possibles du traitement
	  – De mettre à leur disposition des moyens permettant d'y faire face
	  – D'utiliser les antalgiques selon la stratégie en 3 paliers

PALIERS ANTALGIQUES CLASSE III DE L'OMS	• **Classiquement,** l'utilisation de la classe III est **réservée aux échecs concernant l'efficacité des antalgiques de palier II de l'OMS,** cependant, des **douleurs intenses peuvent éventuellement justifier l'utilisation d'emblée** d'un antalgique de palier III (opioïde fort)
	• En cas de traitement par les opioïdes forts, il est **recommandé de le débuter par le sulfate de morphine orale à libération immédiate, ou éventuellement à libération prolongée.** Chez le sujet âgé ou les patients nécessitant des doses inférieures à 5 milligrammes par prise, la solution de chlorhydrate de morphine est utile
	• **Une fois la dose de morphine efficace quotidienne déterminée (titration morphinique), le relais peut être proposé soit par une forme de morphine orale à libération prolongée (sulfate de morphine), soit par du fentanyl transdermique (patch).** En complément du traitement de base, **il est recommandé de prévoir un supplément d'antalgie par un morphinique d'action rapide (interdoses)**
	• **En cas d'échec** de la morphine par voie orale, il faut **réévaluer soigneusement** le patient douloureux et **rechercher** en particulier **un mécanisme d'action neurogène** ou une composante **émotionnelle** ou **cognitive** importante
	• S'il s'agit bien d'une douleur **purement nociceptive, en cas d'échec** d'un traitement en raison d'effets indésirables incontrôlables avec la morphine, il est recommandé :
	  – Soit **d'envisager le changement** pour un autre opioïde **(rotation des opioïdes)**
	  – **Soit une modification de la voie d'administration**
	• En cas **d'impossibilité d'utiliser la voie orale,** il est recommandé :
	  – Le passage à la morphine par **voie injectable :**
	    ▪ **Sous-cutanée**
	    ▪ **Intraveineuse,** si le malade dispose d'une chambre d'injection implantable ou d'un cathéter veineux
	    ▪ Intraveineuse ou sous-cutanée, **autocontrôlée** par le patient, si les douleurs surviennent à la mobilisation, lors d'un soin, ou en cas de douleurs paroxystiques
	  – Le passage au fentanyl transdermique (patch)

MESURES ANTALGIQUES ASSOCIEES	• Il est recommandé d'envisager des mesures **co-antalgiques à chaque palier de l'OMS** • Les mesures **co-antalgiques peuvent être associées ou se substituer aux antalgiques,** en particulier dans : – Les **douleurs neurogènes** (antidépresseurs imipraminiques, anticonvulsivants tels que : carbamazépine, phénytoïne, valproate de sodium, clonazépam, gabapentine et corticoïdes en cas de compression péri-médullaire ou nerveuse périphérique) – Les **douleurs viscérales** par envahissement tumoral (corticoïdes, antispasmodiques, en 2ème intention, noramidopyrine et, en cas de douleurs rebelles, bloc cœliaque à discuter) – Les **coliques abdominales** liées à une occlusion (traitement chirurgical à discuter en 1ère intention et, en cas d'impossibilité de celui-ci, antalgiques opiacés associés aux antispasmodiques) – Les céphalées par **hypertension intracrânienne** (corticoïdes injectables) – Les **douleurs osseuses** (anti-inflammatoires non stéroïdiens, corticoïdes et, en cas de métastases osseuses, radiothérapie conventionnelle ou métabolique, biphosphonates) – Les douleurs liées à une **infection** (drainage d'une collection) – L'existence d'une **composante émotionnelle et cognitive** importante, voire l'existence d'une véritable **souffrance psychologique** nécessitent une prise en charge spécifique • **D'autres traitements antalgiques** adjuvants peuvent être proposés : – **Relaxation** – **Massokinésithérapie** – **Musicothérapie** – **Ergothérapie**
CAS PARTICULIERS	• **Sujet âgé,** il est recommandé de : – Porter une attention particulière à la recherche de la **posologie minimale** pour calmer la douleur – Utiliser de préférence des **médicaments à élimination rapide** • **Douleurs induites par les soins,** il est recommandé de **prévenir systématiquement** les douleurs induites par un soin douloureux ou par un geste invasif : – Par la prescription d'un **opioïde à libération immédiate ou d'anesthésiques locaux** – Par l'utilisation de **techniques de soins adaptées** tels que **mobilisation douce, regroupement des soins** • **Patient comateux en phase agonique,** il est recommandé de : – **Poursuivre le traitement** antalgique – **Adapter** éventuellement la **voie d'administration** • **Echec de l'arsenal antalgique :** – Il peut être proposé en dernier recours, pour des patients **en amont de la phase terminale** et **après discussion avec une équipe spécialisée** – Administration de la morphine par voie centrale : ▪ **Péri-médullaire** (péridurale ou intrathécale) ▪ **Intra-cérébro-ventriculaire** selon la localisation de la douleur – Ces techniques demandent une mise en route et un **suivi régulier** par un médecin formé à leur maniement

TYPES DE TRAITEMENT ANTALGIQUE SELON L'ANAES

- **Traitement étiologique**
- **Antalgiques spécifiques**
- **Antalgiques non spécifiques**
- **Mesures co-antalgiques**
- **Rassurer le patient sur l'engagement de l'équipe soignante à faire le maximum pour soulager sa douleur**

RECOMMANDATIONS OMS CONCERNANT LE TRAITEMENT ANTALGIQUE

Conformément aux préconisations de l'OMS, il est recommandé :
- De **privilégier la voie orale**
- D'administrer les antalgiques **de manière préventive** et non au moment de la survenue de la douleur
- **D'individualiser le traitement**
- De **réévaluer régulièrement ses effets** (au minimum quotidiennement jusqu'à obtention d'une antalgie efficace)
- **D'informer le patient et son entourage des effets indésirables** possibles du traitement
- De **mettre à leur disposition des moyens** permettant d'y faire face
- D'utiliser les antalgiques selon la stratégie en **3 paliers**

2	ASTHENIE, IMMOBILITE	
ASTHENIE	Mesures visant à **ménager les forces du patient tout en préservant ses capacités d'autonomie et de participation :** • **Adaptation des activités** de la vie quotidienne et des soins • **Réaménagement des horaires** pour alterner activités et temps de repos • **Recherche de médicaments** pris par le patient susceptibles de majorer une asthénie • **Modifications thérapeutiques adéquates,** quand elles sont possibles **Traitement symptomatique médicamenteux** par : • **Suppléments vitaminiques** • **Corticoïdes en cures courtes** • Plus rarement par amphétamines (adrafinil, méthylphénidate) • Chez les patients cachectiques, l'acétate de mégestrol pourrait être efficace sur l'asthénie	

IMMOBILITE	**Evaluer le retentissement physique de la diminution de la mobilité :**
	• Sujets concernés : **patient et ses proches** (risque d'épuisement)
	• But : **déterminer la nature de l'aide nécessaire**
	• Moyen : **échelle ADL (Activity of Daily Living)**
	Evaluer le retentissement psychologique et social :
	• La réduction de la mobilité représente pour le patient et son entourage un tournant évolutif
	• Elle constitue une entrée dans la dépendance
	Prise en charge :
	• **Après concertation entre les professionnels de santé** (médecin, infirmière, aide-soignante, kinésithérapeute, ergothérapeute, psychomotricien, psychologue), le patient, l'entourage et, éventuellement, les services sociaux
	• **Traiter les causes** de l'immobilité :
	  – Traitement **étiologique**
	  – La **douleur** est à rechercher et à traiter systématiquement. Un supplément d'antalgie et un regroupement des soins peuvent être nécessaires pour prévenir les douleurs induites, notamment par la mobilisation ou les soins. Encourager le patient à se mouvoir lui-même et accompagner ses efforts peut limiter la douleur
	• **Traiter les conséquences** de l'immobilité
	• **Proposer des aides :**
	  – **Accompagnement et soutien psychologique**
	  – **Aide humaine** pour les activités de la vie quotidienne
	  – **Aide technique** pour l'aménagement de l'environnement (barres d'appui, fauteuil roulant, lit électrique, etc.) quel que soit le lieu des soins
	• **Suivi au long cours :**
	  – **Réévaluation des capacités fonctionnelles du patient :**
	    ▪ Systématique et régulière
	    ▪ Afin d'adapter les moyens humains, techniques et financiers
	  – **L'apparition des complications liées à l'immobilité :**
	    ▪ A type d'escarres, de thromboses veineuses, de constipation, d'encombrement respiratoire...
	    ▪ Est à surveiller et à prévenir	

3	ANXIETE, DEPRESSION, TROUBLES DU SOMMEIL

ANXIETE	**Définition et caractéristiques :**
	• **Processus de blocage cognitif avec des manifestations somatiques**
	• **Entité différente de la peur** qui se nomme et peut être exprimée par le patient
	• Elle peut représenter, en soins palliatifs, un **processus de prise de conscience**
	• Elle est souvent **mal supportée par l'entourage,** en particulier à domicile
	• Pathologies associées :
	  – L'anxiété **peut être aussi le premier signe d'un syndrome confusionnel**
	  – Des symptômes telles que la douleur ou la dyspnée sont à l'origine d'une anxiété ou peuvent la majorer
	Prise en charge :
	• **Caractéristiques :**
	  – **Rapide** pour soulager le patient, mais aussi son entourage
	  – Basée sur **l'écoute** qui doit favoriser l'accompagnement du patient dans sa prise de conscience
	• **Evaluation :**
	  – Méthodes :
	    ▪ **Evaluer l'intensité** du désarroi du patient
	    ▪ **Encourager à formaliser ses craintes pour légitimer l'émotion**
	    ▪ Nommer les soucis d'une façon non disqualifiante
	  – Intervenants :
	    ▪ **Equipe soignante**
	    ▪ Le recours au **psychologue ou au psychiatre** peut être nécessaire
	Moyens thérapeutiques :
	• Le recours aux **techniques corporelles** (relaxation, massage, etc.) peut être envisagé si l'état du patient le permet
	• Un traitement par **benzodiazépines** (à demi-vie courte) peut être indiqué pour soulager surtout les aspects somatiques de l'anxiété. Il doit être si possible de courte durée (quelques semaines au maximum)
	• Les **symptômes associés** relèvent d'une prise en charge spécifique
	• En cas de crise d'anxiété aiguë voire d'attaque de panique, la relaxation et l'écoute active peuvent suffire, si la crise est brève et si l'état du patient le permet. Sinon, les benzodiazépines (à demi-vie courte) *per os,* ou si besoin injectables, peuvent être utilisées
	• **Si les crises se répètent, un traitement « de fond » par antidépresseurs est à discuter**

DEPRESSION ET RISQUE SUICIDAIRE	**Prise en charge :**
	• **Ecouter les plaintes et la souffrance** du patient
	• **Identifier un épisode dépressif :**
	  – **Perte d'intérêt ou de plaisir** (perte de l'élan vital)
	  – Pour presque **toutes les activités**
	  – Persistant **au moins 2 semaines**
	• **Distinguer la tristesse :**
	  – **Emotion naturellement ressentie** chez un patient atteint d'une maladie grave évolutive
	  – Symptômes : **perte d'autonomie, modifications de l'image et de l'estime de soi…**
	Moyens thérapeutiques :
	• Une **attitude d'encouragement** est conseillée sans dénégation de la situation ou excès de sollicitation
	• Il est important **d'identifier dans l'entourage du patient des personnes ressources qui vont l'aider**
	• Un **recours au psychologue ou au psychiatre** peut être nécessaire pour une meilleure appréciation du diagnostic

**Soins palliatifs pluridisciplinaires chez un malade en fin de vie.
Accompagnement d'un mourant et de son entourage.**

- **Antidépresseurs :**
  - L'épisode dépressif ne sera traité par antidépresseurs **qu'en fonction des critères de durée et d'intensité des symptômes**
  - Les antidépresseurs sont proposés en **test thérapeutique au moins 3 semaines**
  - Le choix de la molécule s'effectue en fonction de sa tolérance et de sa rapidité d'action
  - Le changement éventuel de molécule ne doit pas intervenir dans un délai trop court
- **Traitement de la douleur :**
  - La douleur doit être traitée **car elle peut engendrer ou majorer un état dépressif et des idées suicidaires**
  - Le **risque suicidaire,** même s'il est exceptionnel en soins palliatifs, **doit être évalué systématiquement et régulièrement**
  - Cf. conférence de consensus « Crise suicidaire, reconnaître et prendre en charge », réalisée en 2000

TROUBLES DU SOMMEIL

Définition et caractéristiques :
- **2 grands types :**
  - **Anomalie de la durée**
  - **Anomalie de la qualité du sommeil**
- Ils sont **à rechercher, que le patient s'en plaigne ou pas**
- Ils peuvent être un **signe d'alerte de pathologies :**
  - D'une **anxiété** (se manifestant classiquement par une insomnie d'endormissement)
  - D'une **dépression** (se manifestant classiquement par une insomnie du milieu de la nuit ou un réveil précoce)
  - D'un **syndrome confusionnel**
- Il est recommandé de **rechercher systématiquement une mauvaise qualité et/ou le manque de sommeil** chez le patient en l'interrogeant sur sa sensation ou non de repos au réveil
- Les **répercussions sur le patient (asthénie, anorexie) et sur l'entourage** seront systématiquement appréciées

Moyens thérapeutiques :
- **Hygiène de vie :**
  - La prise en charge commence par une **attention au confort** et à un **environnement favorable** à l'endormissement du patient qui doit pouvoir **se sentir en sécurité**
  - Les **habitudes de sommeil (rythme et quantité)** et des **rites d'endormissement** propres au patient doivent être respectés
  - Il est important de veiller à **ne pas favoriser l'inversion des cycles de sommeil** (liée au peu d'activités diurnes et à l'ennui, conséquences de l'état du patient), et à **éviter les soins non indispensables la nuit**
- **Traitement médical :**
  - L'instauration d'un traitement symptomatique médicamenteux **ne doit pas être systématique**
  - Il doit être **discuté avec le patient et son entourage**
  - Il **dépend du type d'insomnie :**
    - **Insomnie d'endormissement :** zolpidem et zopiclone
    - **Anxiété associée :** benzodiazépines
    - **Réveil précoce avec signes dépressifs :** antidépresseur sédatif
    - **Insomnies rebelles :** neuroleptique
- **Autres traitements :**
  - D'autres alternatives telle que la **relaxation** peuvent être proposées, si l'état du patient le permet

4	SYNDROMES CONFUSIONNELS
DEFINITION ET CARACTERISTIQUES	• **Etat de faillite temporaire et réversible du fonctionnement cérébral, régressant suite à la prise en charge appropriée du facteur déclenchant (organique ou psychologique)** • Fréquent en soins palliatifs, il **peut annoncer la phase terminale** • Il **s'évalue en fonction de l'état psychique et cognitif antérieur** quand il peut être connu • **Tous les soignants doivent être formés** à la reconnaissance précoce d'un syndrome confusionnel

PRISE EN CHARGE	• **Rapide** car :
	  – Il est **source d'anxiété** pour le patient et sa famille
	  – Il peut **entraîner déshydratation et arrêt de l'alimentation**
	• La prise en charge **dépend de l'étiologie** en recherchant :
	  – En premier lieu une étiologie **médicamenteuse** ou **toxique**
	  – En second lieu une cause **métabolique** (surtout en cas de déshydratation) ou une cause **mécanique** (globe urinaire, fécalome)

MOYENS THERAPEUTIQUES	**En cas de suspicion d'une étiologie médicamenteuse :**
	• Seuls les médicaments **essentiels doivent être gardés**
	• **Diminuer leur posologie** si possible
	• **Les remplacer** par des molécules avec moins d'effets secondaires
	• Le **rôle des opioïdes** dans la survenue d'un syndrome confusionnel est à relativiser :
	  – Un traitement bien équilibré n'entraîne pas de confusion
	  – Mais elle peut survenir en cas d'intolérance aux opioïdes ou lors d'une titration morphinique
	Le traitement symptomatique consiste :
	• A assurer au patient un **environnement calme, bien éclairé**
	• A le **réorienter dans le temps et l'espace** fréquemment
	• A **lui expliquer, ainsi qu'à son entourage,** ce qui lui arrive
	• A **éviter si possible les changements dans l'équipe** soignante et surtout le transfert vers un autre service, car ils aggravent la désorientation
	Le traitement médicamenteux :
	• Qu'**en cas d'échec des mesures précédentes,** sauf chez les malades très agités d'emblée, car il peut être lui-même source de confusion
	• **But :**
	  – **Calmer le patient**
	  – **Préserver sa vigilance** au maximum
	  – Lui **éviter une contention physique**
	• Les molécules indiquées sont :
	  – En **1ère intention les neuroleptiques :**
	    ▪ Soit neuroleptiques « classiques » (halopéridol ou phénothiazines)
	    ▪ Soit, en cas d'intolérance, les neuroleptiques atypiques (rispéridone, olanzapine)
	  – En cas d'anxiété, en particulier dans les cas de sevrage :
	    ▪ Les benzodiazépines *per os* ou par voie parentérale (lorazépam, midazolam)
	    ▪ Le méprobamate, associé si besoin aux neuroleptiques
	Surveillance et réévaluation :
	• Les **états confusionnels sont réversibles**
	• But : **éviter la poursuite d'une thérapeutique inutile**
	Les techniques de relaxation, la musicothérapie peuvent être proposées, si l'état du patient le permet

5	SECHERESSE DE LA BOUCHE ET ULCERATIONS BUCCALES

CARACTERISTIQUES	• La **sécheresse de la bouche et/ou les lésions des muqueuses :**
	  – Entraînent un **réel inconfort voire une douleur**
	  – Et peuvent **altérer la vie relationnelle**
	• Il est donc recommandé **d'évaluer au moins quotidiennement l'état :**
	  – Des lèvres
	  – De la voix
	  – De la salivation
	  – De la déglutition
	  – De la cavité buccale (recherche d'érosions, d'aphtes, d'ulcérations, de dépôts blanchâtres, de gingivite)

MOYENS THERAPEUTIQUES	**Soin de bouche :**
	• **Fréquence :**
	  – **Au minimum après chaque repas** (à distance en cas de nausées)
	  – Plus fréquemment en fonction de l'état de la bouche et des souhaits du patient
	• **Impliquer l'entourage du patient** dans la réalisation régulière de ce soin en complément de l'intervention de l'équipe soignante
	Nettoyage des dents :
	• **Non traumatisant** (brosse à dents ou bâtonnet non aromatisé ou doigt ganté avec des compresses pour des gencives qui saignent ou chez le patient inconscient)
	• Les **prothèses dentaires** sont :
	  – Nettoyées comme les dents après chaque repas
	  – Déposées la nuit
	Antiseptiques locaux :
	• **Non recommandés dans une bouche propre,** indemne de lésions
	• Recommandés en cas de lésions
	Humidification buccale :
	• Moyens adjuvants, à choisir **en fonction de :**
	  – L'**état dentaire**
	  – L'**état général** du patient
	  – Ses **préférences**
	• **Types :**
	  – **Boire** de l'eau
	  – **Sucer ou mastiquer** des cubes d'ananas, de la gomme à mâcher, de l'eau gélifiée ou des glaçons
	  – Appliquer des **compresses humides** sur les lèvres
	  – Utiliser de l'eau en **brumisation**
	  – **Spray aromatisé** en cas de sensation de mauvais goût ou d'odeur résiduelle, même après un soin de bouche
	Bâtonnet gras :
	• **En cas de sécheresse buccale**
	• L'utilisation d'un bâtonnet gras se réalise à la fin du soin de bouche
	Baume hydratant labial :
	• **Lèvres fissurées**

TRAITEMENT CONTRE LA SECHERESSE BUCCALE

- **Soin de bouche**
- **Nettoyage des dents**
- **Antiseptiques locaux**
- **Humidification buccale**
- **Bâtonnet gras**
- **Baume hydratant labial**

6	**ESCARRES, PLAIES MALODORANTES, ŒDEMES, PRURIT**

ESCARRES, PLAIES MALODORANTES	**Objectifs :**
	• **Prévenir** la survenue de nouvelles escarres, en sachant que leur survenue est souvent inévitable en phase terminale
	• **Limiter au maximum l'extension** de l'escarre et éviter les complications et les symptômes inconfortables
	• **Traiter localement** l'escarre en étant attentif au confort du patient ainsi qu'au soulagement de la douleur
	• **Maintenir le patient propre** et **diminuer au maximum l'inconfort physique et psychique** lié à l'escarre
	Prévention :
	• Elle repose sur l'identification des facteurs de risque au moyen :
	  – Du **jugement clinique**
	  – Des **échelles cliniques** avec réévaluation dès que l'état clinique du patient change
	• Cf. chapitre concerné

PRURIT	**Soins de peau :** • Constituent le **1er temps du traitement symptomatique d'un prurit** **Peau sèche :** • A éviter : la chaleur, les bains trop chauds, les agents asséchants (savons trop détergents) ou irritants (lessives, vêtements en laine) • Recommandé : usage fréquent d'une **crème hydratante** **Peau humide :** • **Séchage soigneux** • Vêtements en **coton** (préférables aux vêtements synthétiques qui retiennent la transpiration) • **Traitement d'une transpiration excessive** (la thioridazine à faibles doses peut être proposée, après échec d'un éventuel traitement étiologique) **En cas d'échec de ces mesures simples :** • Prurit **localisé : corticoïdes locaux** • Prurit **généralisé : antihistaminiques, corticoïdes** par voie générale, mais leur efficacité est inconstante
PLAIES MALODORANTES	• Des **pansements absorbants au charbon activé** peuvent diminuer les odeurs liées à une colonisation des plaies ou des escarres par des bactéries anaérobies • L'efficacité des antiseptiques sur les odeurs n'a pas été évaluée • Le **métronidazole en traitement local** peut être proposé • La diminution des odeurs passe également par des **soins d'hygiène corporelle** visant à promouvoir le bien-être du patient

ŒDEMES	**Œdèmes :**
	• **Recommandations :**
	  – **Traiter toutes les altérations cutanées**
	  – **Surveiller l'apparition d'une surinfection**
	  – Traiter par une **antibiothérapie probabiliste anti-streptoccocique**
	• Les **œdèmes diffus ou déclives** peuvent être **soulagés :**
	  – Par une **contention légère à modérée, par bandages ou dispositifs adaptés** (à condition qu'il n'existe pas d'insuffisance artérielle)
	  – Par une **surélévation du ou des membres atteints** (sans dépasser l'épaule pour le membre supérieur ou la taille pour le membre inférieur)
	  – Par des **massages 2 fois par jour**
	• La **correction des troubles osmotiques :**
	  – Le traitement diurétique n'a pas fait la preuve de son efficacité
	  – Il peut donner une amélioration partielle et souvent temporaire

	Lymphœdème :
	• Le lymphœdème des membres **peut parfois être réduit par une contention modérée à forte, par bandages ou dispositifs adaptés,** à condition qu'il n'existe pas de thrombose veineuse ou d'insuffisance artérielle et que le drainage lymphatique ne soit pas bloqué par une masse tumorale pelvienne ou abdominale • Il est important de tenir compte du fait que la **réduction d'un lymphœdème demande au moins 1 mois** • Si la réduction du lymphœdème n'est pas possible, il n'est proposé que les **mesures de confort** déjà citées pour les œdèmes diffus ou déclives • **En cas de thrombose veineuse** d'un membre atteint de lymphœdème, il est proposé d'**associer une contention légère à modérée au traitement étiologique** **Cas spécifiques :** • En cas de tumeur pelvienne ou abdominale entraînant un œdème des membres inférieurs (associé ou non à un œdème des organes génitaux), il est proposé un traitement associant corticoïdes et diurétiques, dont l'efficacité à long terme est douteuse, et surtout les mesures de confort déjà citées • Si l'œdème est uniquement localisé aux organes génitaux, il est proposé une contention adaptée (panty, suspensoir). En cas d'œdèmes de la tête et du cou, seuls les massages peuvent être proposés

7	**DYSPNEE**

PRISE EN CHARGE	• **Rechercher des signes cliniques de gravité** (fréquence respiratoire élevée, cyanose…)
	• **Préciser la gêne ressentie par le patient,** en utilisant des **échelles** visuelles analogiques ou des échelles verbales
	• **Saturomètre** pour mesure de la saturation en oxygène du sang artériel qui confirme l'hypoxie
	• **Evaluer l'angoisse résultante pour le patient et son entourage**
	• **Rassurer par la parole** et la **présence de soignants**
	• **Repositionner** le patient au lit ou au fauteuil pour améliorer la respiration **(position demi-assise)**
	• **Donner des conseils pour éviter la crise de panique :**
	  – Rester calme
	  – Relâcher les muscles des épaules, du dos, du cou et des bras en se concentrant sur une expiration lente
	  – …
	• **Utiliser les techniques de relaxation**
	• **Faciliter les flux d'air** dans la chambre

MOYENS THERAPEUTIQUES	**Traitement symptomatique selon le contexte clinique :**
	• **Compression des voies respiratoires,** de la veine cave ou lymphangite carcinomateuse :
	  – Les **corticoïdes** peuvent être proposés
	• **Anxiété :**
	  – Les **benzodiazépines** à demi-vie courte sont indiquées, *per os* (lorazépam, bromazépam, alprazolam) ou par voie injectable (midazolam)
	  – Les benzodiazépines à demi-vie longue (diazépam, clorazépate dipotassique) ne sont pas proposées en 1ère intention
	• **En cas de composante obstructive :**
	  – Les **bronchodilatateurs β-2 stimulants** peuvent être utilisés

MOYENS THERAPEUTIQUES	• **Sécrétions bronchiques très abondantes :**
	   – La **réduction des apports hydriques et nutritionnels** est à discuter
	   – **Anticholinergique :**
	      ▪ Par voie sous-cutanée (scopolamine bromhydrate en 1ère intention ou à défaut atropine)
	      ▪ Ne pas les utiliser en aérosol
	      ▪ Surveiller l'apparition d'un globe vésical
	      ▪ Prévenir ou traiter la sécheresse buccale
	Oxygénothérapie :
	• Recommandée **en cas d'hypoxie** prouvée (saturométrie ou gaz du sang) ou suspectée
	• Type : traitement discontinu sur 24 heures, en utilisant des lunettes plutôt qu'un masque
	• **Débit d'oxygène** à délivrer : **fonction des antécédents éventuels de bronchopneumopathie obstructive chronique du patient**
	• Les **anesthésiques locaux ne sont pas recommandés** pour le traitement symptomatique de la dyspnée
	Dyspnées résistantes aux traitements :
	• L'utilisation des **opioïdes** est proposée
	• Elle n'entraîne **pas de détresse respiratoire aux doses initiales utilisées pour calmer la dyspnée**
	• Les **posologies** suivantes peuvent être proposées, selon que le patient reçoit déjà ou non des opioïdes ; elles sont **à adapter en fonction de l'âge et de l'état respiratoire** du patient :
	   – Chez les **patients recevant déjà des opioïdes, augmenter les doses de 20 à 30%**
	   – Chez les **patients ne recevant pas d'opioïdes,** débuter par la **moitié de la posologie initiale** antalgique recommandée par le résumé des caractéristiques du produit
	• Comme pour le traitement de la douleur, il est recommandé de pratiquer une **titration de dose,** avec l'utilisation d'interdoses dans les 1ers jours de traitement
	• Les voies d'administration recommandées sont la voie **orale ou sous-cutanée**
	• La morphine nébulisée n'a pas fait la preuve de son efficacité
	• La **surveillance** du traitement par opioïdes est basée sur la **mesure pluriquotidienne de la fréquence respiratoire** qui est à maintenir autour de **20 à 30 cycles par minute**
	Dyspnée en phase terminale :
	• En cas de **dyspnée asphyxique :**
	   – Morphine pour abaisser la fréquence respiratoire
	   – Benzodiazépines en cas d'anxiété importante
	• En **phase ultime :**
	   – Préparer l'équipe soignante et les proches à la survenue d'une dyspnée asphyxique
	   – Prévoir les traitements à utiliser en urgence

RECOMMANDATIONS ANAES SUR LA DYSPNEE EN SOINS PALLIATIFS

- **Rechercher des signes cliniques de gravité**
- **Préciser la gêne ressentie par le patient**
- **Saturomètre pour mesure de la saturation en oxygène**
- **Evaluer l'angoisse résultante pour le patient et son entourage**
- **Rassurer par la parole et la présence de soignants**
- **Repositionner le patient : position demi-assise**
- **Conseils pour éviter la crise de panique**
- **Utiliser les techniques de relaxation**
- **Faciliter les flux d'air**

8	TOUX, HOQUET REBELLE	

TOUX	**Traitement général :**
	 • **Repositionnement** du patient dans son lit
	 • **Humidification** de l'air inspiré
	 • **Aérosols hydratants** (aérosols de sérum physiologique ou d'eau faiblement minéralisée)
	 • **Bronchodilatateurs bêta-2 stimulants** en aérosols proposés s'il existe une composante obstructive
	
	 Toux productive :
	 • **Humidification**
	 • **Kinésithérapie respiratoire,** si elle n'est pas douloureuse, peut être proposée
	 • **Mucolytiques** *per os :*
	    – A discuter, efficacité remise en cause
	    – Il n'est pas recommandé de les prescrire chez des sujets incapables d'expectorer
	 • Si les sécrétions bronchiques sont abondantes, on peut proposer la scopolamine (bromhydrate) en sous-cutané, ou à défaut l'atropine
	 • Si l'encombrement persiste :
	    – **Aspiration** salivaire douce
	    – Surtout en cas de difficultés de déglutition associées
	
	 Toux sèche :
	 • **Antitussif opiacé ou non :**
	    – **Il n'est pas recommandé d'utiliser la morphine,** à moins qu'elle ne soit indiquée pour d'autres raisons
	    – L'utilisation de la codéine, de la phocoldine, de la dihydro-codéine ou du dextrométhorphane en sirop ou *per os* peut être proposée, que le malade reçoive ou non de la morphine
	 • Dernier recours en cas de toux résistante :
	    – **Aérosols d'anesthésiques locaux**
	    – **Respecter un délai de diète complète d'une heure après la nébulisation**	

HOQUET REBELLE	**Hoquet sur distension ou irritation gastroduodénale :**
	 • **Principale cause** de hoquet rebelle
	 • 1ère intention :
	    – **Pansements digestifs** à base de charbon
	    – **Anti-acides** à base d'hydroxyde d'aluminium et de magnésium
	 • 2ème intention :
	    – **Anti-émétique** stimulant la motricité gastroduodénale (métoclopramide, dompéridone)
	
	 Hoquet sur irritation vagale :
	 • **Traitement spécifique** tel que ponction d'ascite ou ponction pleurale
	 En dernier recours : neuroleptiques, corticoïdes	

| **PRISE EN CHARGE** | • **Rechercher une cause médicamenteuse** pouvant :
   – Assécher la muqueuse buccale
   – Exacerber une dysphagie (opioïdes, neuroleptiques, anticholinergiques, métoclopramide, dompéridone, etc.)
• **Adapter le traitement** quand c'est possible
• **Traiter la sécheresse buccale** par des soins de bouche adaptés |
| **MOYENS THERAPEUTIQUES** | **Traitement symptomatique :**
• **But : permettre un apport nutritionnel et une hydratation adaptés aux besoins et aux capacités du patient**
• Modalités dépendant :
   – Du mécanisme de la dysphagie (obstruction, trouble de la déglutition)
   – De l'état général du patient
Trouble de la déglutition :
• Buts :
   – **Faciliter la prise alimentaire**
   – **Eviter les fausses routes**
• Moyens :
   – Une texture **pâteuse ou gélifiée** des aliments
   – Une alimentation froide
   – La prise des repas en **position assise**
   – La **surveillance** du patient durant le repas
   – Une atmosphère calme
   – Laissant au patient le **temps** nécessaire à la prise des aliments
   – **La rééducation** de la déglutition envisagée en fonction de l'espérance de vie du patient
   – La douleur liée à la déglutition peut être soulagée par des anti-inflammatoires non stéroïdiens, des anesthésiques locaux avant les repas, ou le sucralfate en suspension buvable (en cas de mucite infectieuse, chimio ou radio-induite)
Obstruction :
• 1ère intention :
   – **Corticoïdes** à fortes doses (traitement d'attaque par voie injectable et relais *per os*)
• 2ème intention :
   – **Dilatation endoscopique**
   – Pose d'une **endoprothèse œsophagienne**
   – **Désobstruction au laser**
Dernière intention :
• **Contexte :**
   – **Impossibilité de lever l'obstruction**
   – **Impossibilité de rétablir la lumière**
   – En cas de **trouble de la déglutition non résolu** par les moyens précédents
• **Moyens :**
   – **Alimentation entérale par sonde nasogastrique**
   – **Alimentation entérale par gastrostomie**
   – **Alimentation parentérale en dernier lieu**
• Remarques :
   – **L'intérêt d'une alimentation artificielle doit être évalué en fonction de l'état du patient** (particulièrement chez un patient en phase terminale ou dont l'état se dégrade rapidement) car elle peut être source d'inconfort ou mal tolérée
   – S'il est décidé de ne pas alimenter artificiellement le patient, cette décision doit être expliquée à la famille |

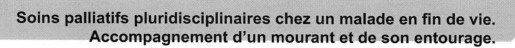

RECOMMANDATIONS ANAES SUR LE LA DYSPHAGIE PAR OBSTRUCTION

- **Traitement symptomatique (cf.)**
- **Dilatation endoscopique**
- **Pose d'une endoprothèse œsophagienne**
- **Désobstruction au laser**
- **Alimentation entérale par sonde nasogastrique**
- **Alimentation entérale par gastrostomie**
- **Alimentation parentérale**

10	NAUSEES, VOMISSEMENTS	

PRISE EN CHARGE	• Les nausées et les vomissements sont **souvent d'origine plurifactorielle**
	• Dans tous les cas, **il est recommandé de :**
	  – **Lister les médicaments susceptibles** de provoquer ou d'aggraver des nausées et des vomissements
	  – **Proposer des modifications thérapeutiques** adéquates (adaptation des posologies, changement de molécule, etc.)
	  – **Supprimer les stimuli susceptibles d'aggraver** les symptômes (odeurs, etc.)
	  – **Fractionner les repas** et proposer de petites **collations**
	  – **Evaluer l'état d'hydratation,** surtout s'il existe une diarrhée associée	

MOYENS THERAPEUTIQUES	**Stase gastrique ou d'obstruction partielle à la vidange gastrique :** • **Anti-émétiques prokinétiques** (métoclopramide ou dompéridone) • **Réduction du volume alimentaire** • **Inhibition de la sécrétion gastrique** par les antihistaminiques H_2 ou les inhibiteurs de la pompe à protons **Anxiété :** • 1ère intention : **benzodiazépines** *per os* (lorazépam, bromazépam, alprazolam) • Remarques : les benzodiazépines à demi-vie longue (diazépam, clorazépate dipotassique) ne sont pas proposées en 1ère intention **Nausées et vomissements d'origine centrale :** • Causes : **troubles métaboliques, insuffisance rénale, prise d'opioïdes, chimiothérapie anticancéreuse** • 1ère intention : **neuroleptiques anti-émétiques** (métoclopramide à forte dose ou halopéridol) • Remarques : dans le cas particulier des nausées et des vomissements consécutifs à une chimiothérapie ou une radiothérapie, les antagonistes des récepteurs 5HT3 peuvent également être proposés, mais en soins palliatifs, leur utilisation comme anti-émétiques de 1ère intention n'est pas recommandée en dehors de ces indications particulières **Irritation péritonéale :** • 1ère intention : **traitement antispasmodique** • 2ème intention : **scopolamine** bromhydrate par voie sous-cutanée • Remarque : la place des anticholinergiques, dont la scopolamine dans le traitement symptomatique des nausées et des vomissements est limitée par leurs effets secondaires, en particulier la diminution de la vidange gastrique et la survenue d'iléus	

MOYENS THERAPEUTIQUES	**Troubles vestibulaires :** • 1ère intention : **métopimazine** par voie orale, rectale ou parentérale • 2ème intention : la **scopolamine** bromhydrate par voie injectable peut être envisagée, avec un relais éventuel par scopolamine transdermique • 3ème intention : utilisation de la lévopromazine par voie sous-cutanée continue **En derniers recours,** en cas de vomissements d'origine digestive (occlusion entraînant des vomissements incoercibles ou fécaloïdes, atonie gastrique), on peut proposer : • Un traitement par **l'octréotide** • La pause d'une **sonde nasogastrique** • La pose d'une **gastrostomie**

11	DENUTRITION, ANOREXIE, CACHEXIE
MOYENS THERAPEUTIQUES	**Mesures communes :** • Présentation **attrayante** des repas (même s'ils doivent ensuite être mixés) • **Petites portions** • Boissons fraîches • **Préparations hyperprotidiques et hypercaloriques** **Mesures spécifiques en cas de gastroparésie :** • Signes : **sensation de satiété rapide et/ou nausées chroniques** • Traitement : médicaments **prokinétiques** (métoclopramide, dompéridone ou cisapride) **Médicaments orexigènes :** • Les **corticoïdes et les progestatifs** (acétate de mégestrol, acétate de médroxyprogestérone) augmentent l'appétit et probablement le bien-être du patient • Les progestatifs peuvent être proposés chez les patients porteurs d'une maladie lentement progressive et chez qui l'anorexie est un des symptômes prédominants • Les corticoïdes, dont l'effet est moins durable, peuvent être proposés aux patients avec une espérance de vie limitée, surtout s'ils présentent d'autres symptômes pouvant également bénéficier d'un traitement par corticoïdes
LA PLACE DE L'ALIMENTATION ARTIFICIELLE ?	• En présence d'une anorexie persistante, cachexie, l'alimentation artificielle, entérale ou parentérale **n'est pas à proposer systématiquement** • En effet, son **efficacité** sur la prise de poids ou l'arrêt de la perte de poids est **limitée,** sa **morbidité non négligeable** et elle peut être source, surtout pour l'alimentation entérale par sonde nasogastrique, **d'inconfort** pour le patient et de **difficultés de communication** entre le patient et son entourage • **S'il est décidé de ne pas mettre en route ou d'arrêter une alimentation artificielle, une hydratation orale ou parentérale** (en privilégiant la voie sous-cutanée) peut être proposée selon les symptômes présentés par le patient et des soins de bouche sont à effectuer pluriquotidiennement • La décision de l'arrêt de l'alimentation artificielle est à expliquer clairement au patient, mais aussi à sa famille car cet arrêt est source d'anxiété importante

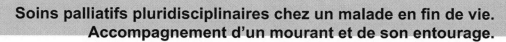

TRAITEMENT DE LA DENUTRITION EN SOINS PALLIATIFS

Bilan de l'état initial :
- **Bilan entrées et sorties**
- **Bilan de l'état buccal** : sécheresse, mycose buccale
- Troubles de la **déglutition**
- Signes de **gastroparésie**
- Etat **psychologique** du patient
- Faisant intervenir **diététicien et psychologue**

Traitements spécifiques :
- **Soins de bouche**
- Traitement d'une **gastroparésie**
- **Médicaments orexigènes**

Stimuler la prise alimentaire :
- Après évaluation de l'appétence personnelle
- Priorité **au plaisir et au confort du patient :**
  - Présentation attrayante des repas (même s'ils doivent ensuite être mixés)
  - Petites portions
  - Boissons fraîches
- **Soutien psychologique**
- Traitement de la douleur

Alimentation par voie orale :
- Nutrition **hypercalorique et hyperprotidique**
- **Complément nutritionnel**
- **Hydratation**
- **Limiter l'alimentation par voie invasive**

Surveillance :
- Clinique
- Biologique (préalbumine, albumine)

12	DESHYDRATATION
PRINCIPES GENERAUX	<ul><li>En l'absence de cause curable, et particulièrement en phase ultime, si la réhydratation orale n'est pas possible, **il n'est pas recommandé une réhydratation parentérale systématique**</li><li>Qu'il y ait ou non une hydratation parentérale, un **apport liquidien même minime par voie orale est à conserver** quand cela est possible</li><li>Si la décision de ne pas réhydrater le patient est prise, il est recommandé de diminuer progressivement les posologies des médicaments, en particulier des opioïdes, et d'assurer des soins de bouche pluriquotidiens</li></ul>
REHYDRATATION PARENTERALE	<ul><li>La réhydratation parentérale peut n'être **proposée qu'en cas de symptômes gênants pour le malade** (sensation de soif non contrôlée par des soins de bouche pluriquotidiens, confusion)</li><li>En l'absence de symptômes, **la décision dépend :**<ul><li>De la **maladie** du patient</li><li>De son **stade évolutif**</li><li>De ses **souhaits** (ou de ceux de sa famille, s'il ne peut les exprimer)</li><li>De l'ensemble de **l'équipe soignante**</li></ul></li><li>Si une réhydratation parentérale est indiquée :<ul><li>La voie à privilégier est la **voie sous-cutanée** (sauf si le malade a déjà un abord veineux)</li><li>Elle permet un **apport de 500 mL à 1 litre par 24 heures**</li></ul></li></ul>

CONSTIPATION

Mesures préventives :

- **Activité physique régulière**
- **Massages du cadre colique** (en cas de confinement au lit, un laxatif à visée préventive peut être envisagé)
- Consommation de **fibres alimentaires** grâce à une alimentation variée et agréable pour le patient
- **Hydratation orale adéquate**
- **Anticiper les effets constipants de certains médicaments** tels que : opioïdes, anticholinergiques, imipraminiques (modification de posologie ou de molécule ou prescription d'un laxatif à visée préventive en particulier lors de toute prescription d'opioïdes)
- **Respecter les habitudes de défécation** du patient (horaire, position physiologique, reconditionnement horaire et toute autre habitude facilitant l'exonération des selles)
- **Surveiller régulièrement la présence de selles** et leur facilité d'exonération
- Le traitement sera guidé par l'inconfort ressenti par le patient et les difficultés d'exonération plus que par la fréquence des selles
- **Fécalome :**
  - **Le rechercher systématiquement** devant l'apparition soudaine d'une incontinence urinaire, d'une rétention d'urines, d'une diarrhée, d'une confusion, d'une agitation, de douleurs abdominales, de nausées ou de vomissements
  - Un toucher rectal négatif n'exclut pas le diagnostic de fécalome et, dans ce cas, une radiographie sans préparation de l'abdomen est nécessaire

Mesures curatives :

- **Traitement laxatif :**
  - Les doses initiales sont celles préconisées par le résumé des caractéristiques du produit
  - Une augmentation des doses pouvant être envisagée tous les 3 à 5 jours en fonction de la consistance des selles
- **Constipation liée aux opioïdes :**
  - Les laxatifs proposés en 1ère intention sont les **laxatifs stimulants** (anthracéniques ou bisacodyl) en association avec le sorbitol
  - En cas d'inefficacité, les laxatifs péristaltogènes intestinaux peuvent être utilisés
- Lésions neurologiques :
  - Nécessitant un traitement au long cours : les laxatifs par voie rectale (suppositoires ou lavements)
- **Fécalome :**
  - En cas de fécalome **bas situé** (perçu au toucher rectal), des **suppositoires laxatifs** en association éventuelle avec un **lavement à l'eau tiède** avec des produits lubrifiants peuvent être proposés
  - **En cas d'échec, une évacuation manuelle** doit être envisagée, sous sédation, celle-ci n'étant pas nécessaire chez le malade paraplégique
  - En cas de **fécalome haut situé,** peut être proposée une **association d'un laxatif péristaltogène intestinal à un laxatif stimulant**

DIARRHEE	**Prise en charge :**
	• Une diarrhée est **à traiter rapidement car elle retentit vite sur l'hydratation et sur l'état physique et psychologique du patient**
	• Il est recommandé de **rechercher en priorité :**
	  – **Une étiologie médicamenteuse** (surdosage en laxatifs ou utilisation d'une classe de laxatifs inadaptée, alternance diarrhée-constipation liée aux opioïdes, prise d'anti-acides, d'antibiotiques, d'anti-inflammatoires non stéroïdiens, d'antinéoplasiques tels que 5FU, mitomycine)
	  – **Un fécalome,** responsable de fausse diarrhée
	Traitement symptomatique :
	• **Adaptation du régime alimentaire,** selon le contexte clinique (éviction momentanée des laitages en cas de diarrhée infectieuse, arrêt des compléments nutritifs liquides, réhydratation en privilégiant la voie orale)
	• **Soins d'hygiène, changes répétés, protection de la peau du périnée et de l'anus** par des crèmes protectrices
	• **Antidiarrhéiques,** après élimination d'une fausse diarrhée liée à un fécalome :
	  – Le lopéramide est proposé en 1ère intention
	  – Les autres antidiarrhéiques opiacés racécadotril (nouvelle DCI de l'acétorphan), diphénoxylate, codéine ne sont utilisés qu'en cas d'échec du lopéramide
	  – La codéine uniquement en cas de diarrhées profuses

OCCLUSION INTESTINALE	**Principes :**
	• **En cas d'occlusion intestinale, la chirurgie palliative est à discuter en 1ère intention**
	• Si elle n'est pas possible, il est proposé :
	  – De lutter contre la douleur
	  – De traiter les nausées et les vomissements
	  – De discuter une aspiration gastrique
	  – D'arrêter éventuellement un traitement laxatif selon le caractère complet ou non de l'obstruction
	  – De traiter une possible diarrhée associée
	  – De maintenir une hydratation et une alimentation adaptées à l'état du patient

14	**TROUBLES URINAIRES**
INFECTION URINAIRE	• En cas d'infection urinaire, il n'est **pas proposé de modalités spécifiques aux soins palliatifs** • Un patient porteur d'une sonde vésicale à demeure, une bactériurie asymptomatique apyrétique ne nécessite pas de traitement antibiotique • Une épididymite ou une prostatite fait discuter l'ablation de la sonde et la pose d'un cathéter sus-pubien
HEMATURIE MACROSCOPIQUE	• Essayer de **supprimer la cause du saignement** (embolisation artérielle en cas de saignement d'origine rénale, électrocoagulation en cas de saignement vésical) • **Si ce n'est pas possible,** il est proposé la pose d'une **sonde vésicale à double courant** permettant des lavages répétés, et/ou une irrigation continue

INCONTINENCE	• En cas d'incontinence, le sondage à demeure n'est proposé qu'en cas d'inefficacité d'un traitement médicamenteux adapté à la cause (par exemple : anticholinergiques en cas de vessie instable) ou d'inefficacité des protections, du sondage intermittent ou de l'étui pénien • Mais le sondage à demeure doit être envisagé précocement chez un patient grabataire, douloureux à la mobilisation, et/ou porteur d'escarres ischiatiques ou sacrées et/ou en phase terminale • Le cathéter sus-pubien n'est recommandé qu'en cas d'impossibilité de mettre en place une sonde vésicale
RÉTENTION D'URINES	• En cas de rétention d'urines, il est recommandé de **drainer la vessie en urgence,** puis de **rechercher une cause** iatrogène (opioïdes, imipraminiques) et/ou une obstruction urétrale (par exemple hypertrophie bénigne ou cancer de la prostate, fécalome) • Selon les résultats de l'enquête et de la faisabilité d'un traitement étiologique, le maintien plus ou moins durable d'une sonde vésicale, voire d'un cathéter sus-pubien, pourra alors être proposé

E	**PROBLEMES ETHIQUES POSES PAR LES SITUATIONS EN FIN DE VIE** **(ANAES – Code de déontologie – Législation)**

1	PRINCIPES GENERAUX DE L'ETHIQUE
DEFINITION DE L'ETHIQUE	Ensemble des **règles :** • Dictant la **responsabilité morale du médecin** • Concernant **le respect, la dignité et la qualité de vie des patients**
TEXTES DE REFERENCE PRINCIPAUX EN RAPPORT AVEC L'ETHIQUE	• Serment **d'Hippocrate** • **Code de déontologie** (1947) : – Article 2 : Le médecin, **au service de l'individu** et de la santé publique, exerce sa mission dans le **respect de la vie humaine, de la personne et de sa dignité** • **Déclaration d'Helsinki** (1964, recherche clinique) • **La loi Huriet-Sérusclat** (1988, recherche clinique) • **Lois de bioéthique** (1994) • **Loi sur les soins palliatifs** (2001) • **Loi du 4 mars 2002 (droits du malade)** • **Loi Léonetti du 22 avril 2005 : relative au droit des malades et à la fin de vie**

4 PRINCIPES DE L'ETHIQUE	*Primum non nocere :*
	• **Ne pas nuire**
	Bienfaisance :
	• **Soulager le patient et assurer son bien-être**
	Autonomie du patient :
	• **Le médecin doit :**
	  – **Informer et conseiller le patient**
	  – **Laisser le patient prendre ses décisions seul**
	• **2 questions :**
	  – **Sont-ils aptes ?**
	  – **Le désirent-ils ?**
	Justice :
	• **Primauté de la personne**
	• **Soins apportés indépendamment :**
	  – **Du sexe et de l'âge**
	  – **De la religion, l'ethnie ou la provenance**
	  – **Du contexte**

PRINCIPES GENERAUX DANS LES CAS DIFFICILES **Code de la santé publique et loi Léonetti)**	En toutes circonstances, le médecin doit s'efforcer de : • **Soulager les souffrances** du malade par des moyens appropriés à son état • **L'assister moralement** Il doit **s'abstenir de toute obstination déraisonnable dans les investigations ou la thérapeutique** Il **peut renoncer à entreprendre ou poursuivre des traitements :** • Qui apparaissent **inutiles, disproportionnés** • Qui n'ont d'autre objet ou effet que le maintien artificiel de la vie
PATIENT CONSCIENT	• « Le médecin doit respecter la volonté de la personne, après l'avoir informée des conséquences de ses choix. Si la volonté de la personne de refuser ou d'interrompre un traitement met sa vie en danger, le médecin doit tout mettre en œuvre pour la convaincre d'accepter les soins indispensables » • La décision du malade est inscrite dans son dossier médical • Dans tous les cas, le médecin continue à prodiguer des soins de confort

PATIENT HORS D'ETAT D'EXPRIMER SA VOLONTE ET CAS DIFFICILES
 	
(Code de la santé publique et loi Léonetti)
	Le médecin ne peut décider de limiter ou d'arrêter les traitements sans avoir préalablement mis en œuvre une procédure collégiale :
	• La décision est prise par le médecin en charge du patient :
	  – **Après concertation avec l'équipe de soins**
	  – Sur l'avis motivé d'au moins un médecin, appelé en qualité de consultant
	• La décision prend en compte :
	  – Les **souhaits que le patient** aurait **antérieurement** exprimés, en particulier dans des directives anticipées
	  – L'avis de la **personne de confiance** qu'il aurait désignée
	  – L'avis de la **famille** ou celui d'un de ses proches
	• Lorsque la décision concerne un mineur ou un majeur protégé :
	  – Le médecin recueille l'avis des titulaires de l'autorité parentale ou du tuteur
	  – Hormis les situations où l'urgence rend impossible cette consultation
	• **La décision est motivée par l'équipe de soins**
	• **Inscriptions dans le dossier médical :**
	  – Les avis recueillis
	  – La nature et le sens des concertations qui ont eu lieu au sein de l'équipe de soins
	  – Les motifs de la décision

PERSONNE DE CONFIANCE	• Contexte : lorsqu'une personne, en phase avancée ou terminale d'une affection grave et incurable, quelle qu'en soit la cause, et hors d'état d'exprimer sa volonté. • Dans ce cas la décision revient à la personne de confiance qui a été désigné. • L'avis de cette dernière, sauf urgence ou impossibilité, prévaut sur tout autre avis non-médical, à l'exclusion des directives anticipées, dans les décisions d'investigation, d'intervention ou de traitement prises par le médecin

2	ANNONCE D'UN DIAGNOSTIC GRAVE ABOUTISSANT A UNE SITUATION DE SOINS PALLIATIFS (ANAES – Code de déontologie – Législation)
QUELLES SONT LES QUESTIONS LEGITIMES POUR LE MEDECIN ?	**Faut-il annoncer le diagnostic ?** **Si oui :** • **Comment et de quelle manière ?** • **Dans quelles limites ?** **Si non :** • **Quel membre de la famille informer ?** • **Rester dans le secret médical**
FAUT-IL ANNONCER UN DIAGNOSTIC GRAVE ? (Code de déontologie) (ANAES) (Cour de Cassation)	<u>Pour :</u> annoncer le diagnostic de gravité : • **Code de déontologie (article n°35) :** – « Le médecin **doit** à la personne qu'il examine, qu'il soigne ou qu'il conseille une **information loyale,** claire et appropriée sur son état, les investigations et les soins qu'il lui propose » • **ANAES :** – L'état du patient et son **évolution prévisible,** ce qui nécessite des **explications** sur la maladie ou l'état pathologique, et son **évolution habituelle avec et sans traitement** • **Législatif :** – La jurisprudence se base sur le caractère d'une information claire, loyale, appropriée <u>Contre :</u> **ne pas annoncer le diagnostic de gravité :** • **Code de déontologie (article n°35) :** – « **Toutefois, dans l'intérêt du malade** et pour des raisons légitimes que le praticien apprécie en conscience, un malade **peut être tenu dans l'ignorance d'un diagnostic ou d'un pronostic grave,** sauf dans les cas où l'affection dont il est atteint expose les tiers à un risque de contamination – Un **pronostic fatal ne doit être révélé qu'avec circonspection,** mais les proches doivent en être prévenus, sauf exception ou si le malade a préalablement interdit cette révélation ou désigné les tiers auxquels elle doit être faite » • **Législatif** (arrêté du 23 mai 2000, Cour de Cassation) : – La **limitation doit être fondée** « sur des **raisons légitimes et dans l'intérêt du patient,** cet intérêt devant être **apprécié en fonction de la nature de la pathologie, de son pronostic et de la personnalité du malade »**
CONDITIONS DE LA NON INFORMATION (Conseil national des médecins)	**Définition :** • C'est l'**exception** qui autorise, pour des raisons légitimes et dans son intérêt, à **tenir un malade** dans l'**ignorance d'un diagnostic ou d'un pronostic graves** **Quelle personne prend la décision :** • Le **médecin** **Critères de décision :** • Nature de la **pathologie** et du **pronostic** • Degré de **certitude** du médecin • Raison **concernant le malade (et non les proches** du malade) • **Personnalité** du patient et son risque de détresse ou de désespoir **Non-validité :** • Si le patient **expose des tiers à un risque de contamination :** exemple du **SIDA** • Si l'état du patient **nécessite une prise de conscience pour un traitement immédiat**

	Conduite à tenir :
	• **Peut évoluer** dans le temps
	• **Confier ses inquiétudes à un membre de la famille** (recommandation code de déontologie) :
	– Par **prudence** et par **loyauté**
	– En raison de **dispositions à prendre** par l'**entourage**
	– Pour amorcer un nécessaire **processus de deuil**
	– **Interlocuteur choisi** en fonction des circonstances

MODALITES PRATIQUES EN CAS DE PRONOSTIC FATAL	**Informer le patient :**
	• Parce qu'il est le **premier concerné**
	• Parce qu'il a le **droit à l'information** comme tout patient
	• Parce qu'il a des **dispositions à prendre** en vue de sa probable disparition
	Non-information du patient :
	• **Informer la famille** (cf. ci-dessus)
	• Ces **transmissions** doivent concerner :
	  – La **mort prochaine**
	  – **Pas** nécessairement sa **cause exacte** qui reste couverte par le **secret médical**
	• Par ailleurs, le mourant garde un certain pouvoir de décision :
	  – Qui a pu être exprimé antérieurement
	  – Pour autoriser ou au contraire interdire (de façon tacite ou de préférence explicite) certaines communications
	  – En désignant éventuellement un interlocuteur privilégié (tiers de confiance)

EXPLIQUER UNE DECISION DE SOINS PALLIATIFS

LIEU	• Dans un endroit **calme** • Dans un **environnement adapté** • **Respectant l'intimité** et le **secret médical** • En **consultation** ou dans une **chambre**
LANGAGE	• **Simple** • **Compréhensible** • **Adapté** au patient
INFORMATION DELIVREE	• Information **claire, loyale et appropriée** • S'appuyant sur un **discours rationnel** et technique • De façon **progressive, laisser deviner** • Rester proche de la vérité sans abandonner • Rendre service **sans désespérer** • Projet thérapeutique **générateur d'espoir** • Etre très précis sur les événements immédiats • Respecter les **opinions et les croyances**
SOUTIEN PSYCHOLOGIQUE	• Toujours adopter une attitude **d'écoute** et de **soutien** • **Laisser exprimer ses émotions** • Toujours **s'adapter aux réactions** qu'éprouve le patient dans son vécu • **Soutien patient et famille** • Assurer le **confort** du patient • **Revoir** le patient quelques heures après • S'engager à **partager une partie du fardeau** secondaire
RELATION	• **Respecter la dignité et l'autonomie** du patient • **Empathie** • Avoir pour seul **guide l'intérêt du patient**

3	PRISE EN COMPTE DES BESOINS SPIRITUELS (ANAES)	
QUESTIONS SPIRITUELLES	• Sens de la vie • Culpabilité • Peur de la mort • Perte de contrôle des événements • Aspects religieux	

PRISE EN CHARGE	• **Accompagnement éclairé**
	• **Assistance affective et spirituelle**
	• **Respect des convictions** du patient :
	  – Respect des **opinions philosophiques et religieuses**
	  – Respect de sa **dignité** et de son **intimité jusqu'au bout**
	  – Dans la **discrétion**, la **confidentialité**
	• **Aborder les questions spirituelles** avec les patients en favorisant l'expression des croyances et représentations en particulier lors de l'aggravation de la maladie et/ou à l'approche de la mort
	• **Elaborer une réflexion au sein de l'équipe** afin :
	  – D'établir une **relation de confiance et d'engagement** entre l'équipe soignante, le patient et son entourage
	  – De rechercher le **soutien le plus adapté dans le respect de la vie privée**
	• En **phase terminale** :
	  – **S'enquérir des souhaits du patient** et de son entourage en matière de **rites funéraires**
	  – Le patient et sa famille doivent avoir la certitude que les rites seront accomplis conformément à leurs volontés et aux préceptes religieux s'il y a lieu	

4	PHASE TERMINALE ET AGONIE (ANAES)	
DUREE	• La **phase terminale peut durer plusieurs jours** • **L'agonie est souvent définie par les 48 à 72 heures qui précèdent la mort**	

L'AGONIE	• **L'agonie peut être identifiée par le caractère rapidement évolutif de l'état général**
	• **Signes cliniques :**
	  – **Troubles de conscience** (somnolence et parfois coma entrecoupés de périodes de lucidité)
	  – **Troubles respiratoires** (râles agoniques)
	  – **Troubles de la déglutition**
	  – **Troubles circulatoires** (hypotension artérielle, cyanose des extrémités, entraînant des troubles trophiques au niveau des points de pression)
	  – **Syndrome confusionnel**
	  – Myoclonies, dyskinésies, contractures, voire convulsions
	  – Elévation de la température corporelle et d'une asthénie extrême	

5	QUELS TRAITEMENTS LORS DE L'AGONIE (ANAES)
SOINS D'HYGIENE	• Les soins d'hygiène (toilette, rasage du malade) et en particulier les soins de bouche sont **à assurer jusqu'au bout** • Etre le **moins traumatisants possible**
ALIMENTATION ET HYDRATATION PARENTERALES	• **L'alimentation parentérale n'est plus nécessaire** à ce stade • Le **maintien d'une hydratation parentérale est à discuter** selon l'intensité des symptômes liés à la déshydratation • Si le malade n'est pas réhydraté, des soins de bouche pluriquotidiens sont nécessaires
THERAPEUTIQUE ET VOIES D'ADMINISTRATION	• En fonction des situations d'urgence potentielles, des **prescriptions anticipées** sont à envisager et les traitements en cours sont à réévaluer afin de ne pas poursuivre des traitements dits « futiles » (par exemple antihypertenseurs hypoglycémiants) • La **voie d'administration est à adapter à l'état du patient,** la fréquence des troubles de déglutition imposant souvent le passage d'une forme orale à une forme parentérale • La **voie sous-cutanée peut être préférée** (sauf si le malade dispose d'une chambre d'injection implantable) en sachant que le collapsus cardiovasculaire des dernières heures peut compromettre la résorption des médicaments administrés par cette voie
DOULEUR ET ANTALGIE	• La douleur doit être soulagée jusqu'au **bout, même chez un patient** dans le coma • Pendant l'agonie, les principes du traitement antalgique sont les mêmes que ceux déjà développés plus haut • Les **antalgiques d'action rapide sont à privilégier** • Une forme de douleur particulière à l'agonie est la douleur qui survient lors de toute mobilisation : elle est à prévenir par une **mobilisation douce,** une attention particulière lors des soins qui sont à regrouper au maximum, **l'administration avant tout soin ou toute mobilisation d'un supplément d'antalgie** complétant si besoin un traitement antalgique continu
DYSPNEE	• La **dyspnée de la phase terminale est plurifactorielle** et il s'agit souvent d'une polypnée superficielle associée à une anxiété • Dans ce cas, les **benzodiazépines d'action rapide** (par exemple le midazolam) utilisées à des doses anxiolytiques, non hypnotiques sont indiquées • La **morphine** peut être nécessaire pour **ralentir le rythme respiratoire** • La **sédation par benzodiazépines** associées ou non à la morphine reste le dernier recours en cas de dyspnée résistante ou en cas de survenue d'un stridor aigu • Les **râles agoniques** peuvent être atténués par l'utilisation de **scopolamine** bromhydrate, à condition de l'utiliser précocement, quand les sécrétions qui encombrent l'oropharynx sont encore fluides ou peu abondantes • Sinon, **l'aspiration douce** dans l'arrière-gorge reste le dernier recours
NAUSEES ET VOMISSEMENTS	• Les nausées et vomissements de la fin de vie, souvent **d'origine plurifactorielle,** sont à soulager par un **anti-émétique d'action centrale ou agissant sur plusieurs mécanismes des vomissements,** ou par une association d'anti-émétiques • En cas de vomissements liés à une occlusion intestinale, l'utilisation d'une **sonde gastrique est à limiter** le plus possible • Les médicaments suivants peuvent être associés dans la même seringue et perfusés par voie sous-cutanée : morphine, midazolam, métoclopramide, scopolamine bromhydrate, halopéridol, mais, au-delà de 4 molécules administrées en même temps, il semble exister un risque accru de réactions cutanées

HEMORRAGIE	<ul><li>L'hémorragie de la fin de vie peut être particulièrement traumatisante pour le patient et ses proches</li><li>Quand l'hémorragie est massive, le seul recours est la sédation</li><li>Si l'hémorragie est prévisible, l'usage de draps ou de serviettes de toilette sombres peut rendre sa vue moins pénible</li><li>Dans ce cas également, les produits nécessaires pour la sédation doivent être si possible préparés à l'avance et très rapidement disponibles</li></ul>
TROUBLES TROPHIQUES	<ul><li>Les troubles trophiques sont souvent inévitables en fin de vie</li><li>Leur prise en charge n'est pas spécifique, cependant, une attention particulière doit être portée aux oreilles qui, selon la position de la tête, peuvent très rapidement être le siège d'escarres douloureuses</li></ul>
ANXIETE	<ul><li>En cas de persistance d'une **anxiété importante** pendant l'agonie, des **benzodiazépines d'action rapide** peuvent être proposées</li><li>Au maximum, une sédation peut être indiquée et doit être discutée en équipe et avec les proches du patient</li></ul>
SYNDROME CONFUSIONNEL	<ul><li>Le syndrome confusionnel de l'agonie relève de la même prise en charge thérapeutique que ceux survenant plus tôt</li><li>La **confusion avec agitation très importante** qui survient parfois lors de l'agonie peut imposer le recours aux **benzodiazépines injectables** (par exemple le midazolam) **associé ou non à un neuroleptique** (par exemple l'halopéridol) **en augmentant progressivement** les doses, en fonction de la tolérance du patient et de la réponse au traitement</li><li>Des doses supérieures aux doses recommandées par le résumé des caractéristiques du produit, voire une sédation, sont parfois nécessaires</li></ul>
PERTE DE CONSCIENCE	<ul><li>La perte de conscience **ne doit pas être considérée comme inéluctable** lors de l'agonie et une étiologie pouvant bénéficier d'un traitement rapidement efficace (hypertension intracrânienne, surdosage médicamenteux par opioïdes, neuroleptiques, benzodiazépines) est à rechercher</li><li>Le **coma peut alterner avec des périodes de lucidité** donc, le maintien d'une communication orale et non verbale avec le patient, une **atmosphère paisible et la présence des proches sont à favoriser**</li><li>Un **soutien particulier de ceux-ci est à prévoir** quand le coma se prolonge, car cette situation est particulièrement difficile à vivre pour eux</li><li>L'apparition d'une **somnolence peut annoncer la phase terminale**</li><li>Un **repli sur soi du patient avant sa mort est à respecter**</li></ul>

F	ACCOMPAGNEMENT EN FIN DE VIE (RECOMMANDATIONS ANAES)

1	COMMENT RECONNAITRE ET RESPECTER LES ATTENTES, LES DEMANDES ET LES DROITS DES PERSONNES EN FIN DE VIE ?
QUELS SONT LES BESOINS FONDAMENTAUX DES PERSONNES EN FIN DE VIE ? COMMENT LES REPERER ET Y REPONDRE EN LES RESPECTANT ?	• Les besoins fondamentaux de l'homme tiennent à son humanité même : ils sont constants • Les besoins de la personne malade sont **multiples et complexes** • Les besoins de confort, au sens de **bien-être,** s'avèrent déterminants en fin de vie. Cette démarche relève d'une **prise en charge globale** de la personne • **L'information et la communication** au sein des relations qui s'établissent relèvent d'un besoin et d'une exigence encore trop souvent négligés • Une telle approche ne doit pas compromettre les besoins d'intimité, de **respect de la sphère privée et de la vie émotionnelle** • Repérer et entendre les besoins fondamentaux des personnes en fin de vie en institution ou au domicile nécessite de leur **consacrer une extrême attention et une haute considération**
QUELS SONT LES DROITS DES PATIENTS EN FIN DE VIE ?	• Il s'agit notamment du **droit aux soins palliatifs et à l'accompagnement,** du droit à l'**information**, à l'**autonomie** et au **consentement dans la prise de décision**, et à la **désignation d'une « personne de confiance »**
COMMENT COMMUNIQUER AVEC LA PERSONNE QUI PRESSENT SA MORT, FACE A SES DESIRS, SES DEMANDES ET SES CRAINTES ?	• La **demande de mort est parfois exprimée par le malade** • Cette démarche tient parfois à l'ambivalence de la personne malade en fin de vie ou au besoin d'être mieux **soulagée, comprise, réconfortée** ou **confortée dans sa dignité** • Il importe de **ne pas juger** *a priori,* d'accorder à cette demande l'**attention** qu'elle mérite, de témoigner en ces circonstances tout particulièrement un **respect profond** et d'y **consacrer tout le temps nécessaire** dans le cadre de procédures formalisées • Il est impératif de **distinguer l'abstention ou l'arrêt d'une thérapeutique de suppléance vitale, la sédation visant au soulagement de symptômes intolérables, de ce que constitue une interruption délibérée de la vie.** Le terme générique d'« euthanasie » employé indifféremment pour qualifier ces 3 situations est à la source de confusions et ne doit donc pas être utilisé du fait de son caractère réducteur • **L'abstention thérapeutique, l'arrêt d'une thérapeutique de suppléance vitale ou la sédation ne s'opposent pas au processus conduisant à la mort,** tout en ne la provoquant pas de manière délibérée. Il s'agit là d'une démarche d'accompagnement de la personne jusqu'au terme de sa vie, relevant strictement des missions, compétences et responsabilités des professionnels de santé

QUELQUES SITUATIONS SPECIFIQUES	**Nouveau-né, enfant et adolescent :** • De même que pour l'adulte, les droits fondamentaux de l'homme spécifiquement reconnus aux enfants s'appliquent dès leur naissance et jusqu'au terme de leur vie, indépendamment de sa durée • Il importe de communiquer à l'enfant toutes les informations nécessaires • L'adolescent éprouve avec plus de violence la dépendance à la maladie grave • Lorsque cela est possible ou souhaité, il doit être possible que l'enfant ou l'adolescent termine son existence au domicile **Maladies neuro-dégénératives avec altérations cognitives :** • Les besoins de confort de la personne atteinte d'une maladie neuro-dégénérative avec altération cognitive sont assurément sous-évalués • Une attention particulière doit être accordée à la fin de vie de la personne âgée atteinte d'affection dite démence **Psychiatrie :** • La fin de vie d'une personne dans un contexte psychiatrique suscite nombre de questions **Services d'accueil des urgences :** • Beaucoup de patients décèdent aux urgences **Réanimation :** • En cas de décision vitale, il conviendrait de pouvoir associer à la concertation initiale les proches et la « personne de confiance » désignée par le malade. La prise de décision relève toutefois de la seule responsabilité de l'équipe médicale **Gériatrie :** • Le souhait des personnes âgées est généralement de mourir chez elles, dans le cadre d'un environnement qui leur est familier et les rassure **Précarité sociale :** • Les soignants doivent consacrer toute leur attention à la solitude et au dénuement des personnes en situation de précarité sociale et d'exclusion

2	ACCOMPAGNER JUSQU'AU BOUT
QUELLES VALEURS ACCORDE-T-ON A LA FIN DE VIE ?	• Les valeurs de référence renvoient au **respect de la personne dans sa vie jusqu'à son terme** • Respecter la personne dans ses valeurs, c'est, dans tous les cas, maintenir un **dialogue** avec la personne et lui accorder crédit et **estime** dans **ce qu'elle exprime et souhaite partager**
PEUT-ON SOIGNER SANS PRENDRE SOIN ?	• **Soigner et prendre soin** relèvent de conceptions complémentaires et interdépendantes des pratiques professionnelles médicales et paramédicales
QU'EST-CE QU'ACCOMPAGNER UNE PERSONNE EN FIN DE VIE ?	• De l'annonce du diagnostic jusqu'à la fin de la vie, les **besoins d'accompagnement** relèvent des **bonnes pratiques professionnelles** • La **communication est adaptée** aux attentes de la personne • L'altération de l'état physique et parfois psychique de la personne malade modifie inévitablement la relation de soin • Un soin particulier doit être consacré à l'**écoute** et au recueil des positions exprimées par la personne malade et ses proches

DYNAMIQUE RELATIONNELLE : PERSONNE MALADE, FAMILLE, PROCHES, EQUIPE (PROFESSIONNELS ET BENEVOLES)	La fin de vie est un **processus irréversible** qui nous oblige à envisager l'imminence de ruptures. Une dynamique **transdisciplinaire** s'impose. **Personne malade :** • La personne malade exprime parfois des projets ambivalents dans le cadre d'échanges **Famille et proches :** • La personne malade peut souhaiter bénéficier du soutien constant de ses proches et maintenir avec eux une relation intime • Il importe de prévenir et d'accompagner les situations de crises, sources de violences potentielles et de deuils pathologiques **Professionnels** et **bénévoles :** • En fin de vie, l'intensification et la diversification des besoins justifient la pluralité d'approches assumées par les professionnels de santé et les membres d'associations de bénévoles • Il convient de veiller à la mise à disposition de l'ensemble des intervenants, **soignants** et bénévoles, des outils de **communication et de transmission** et y consacrer les **moyens nécessaires** en termes de dispositifs pratiques, d'organisation rigoureuse ainsi que d'anticipation des crises

3	**QUELLES SONT LA PLACE ET LES FONCTIONS DE LA FAMILLE ET DE L'ENTOURAGE DANS LA DEMARCHE D'ACCOMPAGNEMENT EN INSTITUTION ET A DOMICILE ?**
PLACE DE L'ENTOURAGE	**Enjeux de la place de la famille :** • Il convient de **reconnaître, de respecter et de préserver** la place de la famille **La famille accompagnée : besoins, modalités de soutien :** • Une famille accompagnée peut assumer les responsabilités d'une famille accompagnante • Le soutien de la famille relève des objectifs du soin **La famille accompagnante : besoins, modalités de soutien :** • Les besoins exprimés par les familles sont multiples et parfois complexes **Accompagner la famille d'une personne en institution ou à domicile :** • Accompagner la famille d'une personne en institution • Accompagner les personnes à domicile • Le retour au domicile pose différents problèmes d'ordre organisationnel, mais aussi de capacité d'accueil. Il convient de les analyser, d'anticiper les éventuelles difficultés et d'apporter des réponses adaptées

G **LE PATIENT DEMANDE UNE EUTHANASIE**

DEFINITION	• **Définition du CCNE : acte d'un tiers qui met délibérément fin à la vie d'une personne dans l'intention de mettre un terme à une situation jugée insupportable** • SFAP 2004 : cette définition relève bien les 2 « fondamentaux » de l'euthanasie : un acte (et non une simple abstention) et le but, mettre fin à la vie. L'adverbe « délibérément » souligne bien la nature intentionnelle de l'acte • Sénat janvier 1999 : administration délibérée de substances létales dans l'intention de provoquer la mort, à la demande de la personne qui désire mourir, ou sans son consentement, sur décision d'un proche ou du corps médical • **L'euthanasie ainsi définie est un crime puni et réprimé** par les articles 221-3, 221,4 et 221-5 du **Code Pénal sous la qualification d'assassinat ou d'empoisonnement** • **L'arrêt de traitements qui n'apportent aucun espoir réel d'amélioration ne peut en aucun cas être assimilé à une euthanasie**
TYPE	• La notion d'euthanasie **active** est impropre : l'euthanasie est toujours un acte • La notion d'euthanasie **passive** est également impropre. Etait appelé euthanasie passive le fait de ne pas instaurer une thérapeutique ou d'arrêter des traitements actifs dont le seul effet serait de prolonger la vie du malade dans des conditions de souffrance • Actuellement il s'agit d'un autre champ conceptuel : **la décision de ne pas instaurer une thérapeutique ou d'arrêter des traitements actifs entre dans le cadre du refus d'une obstination déraisonnable.** Les principes de proportionnalité et d'inutilité médicale des soins gouvernent la prise de décision ; les **soins de confort à la personne sont poursuivis et intensifiés selon les besoins**
CONDUITE A TENIR	• **Ecoute et compréhension de la demande** • **Reformuler et ré-expliciter** la demande : demande par peur de perdre sa dignité et son autonomie, douleur intolérable, peur de la survenue brutale d'un symptôme intolérable, peur du non-respect de ses choix… • **Concertation pluridisciplinaire :** établissement d'un projet de soin personnalisé • **Revoir la prise en charge symptomatique et notamment le soulagement de la douleur** • **Réévaluation fréquente du projet de soin** et de la pertinence des traitements et des interventions en fonction de l'évolution de la maladie

Conférences de consensus – Recommandations

Année	Source	Titre
2002	ANAES	Soins palliatifs et recommandations
2004	ANAES	Accompagnement des personnes en fin de vie
2005	Législatif	Loi Léonetti
2009	INPES	Soins palliatifs et accompagnement
2010	AFSSAPS	Douleur rebelle en situation palliative avancée
2010	SFAP	Sédation pour détresse en phase terminale : situations complexes

Sujets tombés à l'ECN

Année	Contenu
2006	Cancer bronchique métastatique : annonce du diagnostic, prise en charge globale multidisciplinaire

DEUIL NORMAL ET PATHOLOGIQUE

OBJECTIFS DE L'ECN

- Distinguer un deuil normal d'un deuil pathologique et argumenter les principes de prévention et d'accompagnement

MOTS CLES

- Deuil normal comportant 3 phases : initiale (choc), centrale (dépression réactionnelle), résolution (acceptation/rétablissement)
- Durée habituelle d'un deuil « normal » ≤ 1 an
- Deuil compliqué
- Deuil pathologique : fixation à une étape du deuil
- Facteurs de risque de deuil pathologique : liés au décédé, à l'endeuillé ou au décès
- Principes de prévention et d'accompagnement

Pour mieux comprendre

- Le deuil provenant du latin « dolus » (signifiant douleur) se définit comme l'ensemble des réactions physiques, psychologiques, affectives et comportementales survenant à la suite de la perte d'une personne aimée
- Le deuil est un phénomène naturel qui comporte différentes phases psychologiques nécessaires à l'acception de la disparition du proche
- Dans certains cas, le deuil ne respecte pas ce processus naturel de réorganisation psychique et physique, il est alors défini d'anormal. On retient dans cette entité les deuils compliqués, les deuils pathologiques (psychiatrique ou somatique), ainsi que les troubles du comportement
- Le deuil n'est pas une maladie mais un « processus psychique » naturel
- Le travail de deuil correspond à l'ensemble du travail, nécessaire à l'acceptation de la perte de la personne disparue

- **Plan du chapitre :**
    - A. Deuil normal
    - B. Deuil compliqué
    - C. Deuil pathologique :
        - 1- Principes généraux
        - 2- Deuil pathologique psychiatrique
        - 3- Deuil pathologique somatique
    - D. Conduite pratique :
        - 1- Situation chez l'enfant
        - 2- Situation chez l'adulte

A DEUIL NORMAL

DEFINITION	• Ensemble des **réactions physiques, psychologiques, affectives et comportementales** survenant à la **suite de la perte d'une personne aimée**
DEROULEMENT	• **Phase initiale :** – Deuil non accepté : déni défensif, incrédulité – Prise en compte immédiate : détresse – Prise en compte retardée : stupéfaction, hébétude • **Phase centrale :** – Dépression – Repli • **Phase de résolution :** – Soulagement – Récupération – Restitution – Guérison – Adaptation
PROCESSUS DE DEUIL	**Expression psychologique manifeste du travail de deuil impliquant divers facteurs :** • Une **souffrance** • Une **régression psychique :** – Momentanée – Due à la présence d'une difficulté importante – Se traduisant par une peur de toute responsabilité • Une **culpabilité** (avec **ambivalence si colère)** • Une **acceptation de la réalité** • Une **intériorisation** de la personne disparue : – Due à l'impossibilité de sa présence extérieure
TRAVAIL DE DEUIL	• **Reconnaissance de la réalité de la perte :** – Souvent **non immédiate** – **Favorisée par :** ▪ **Rituels organisés** autour du défunt (évocation du défunt) ▪ **Confrontation avec le cadavre** du décédé ▪ Participation aux **funérailles** – A l'origine de **détresse et de souffrance** • **Renforcement des liens intérieurs avec la personne perdue :** – Réalisé au travers de la **reviviscence des souvenirs** – Permettant le **détachement** vis-à-vis de la personne disparue • **Prise en compte des sentiments inconscients de culpabilité :** – Responsable en partie de la **douleur** – Compréhension du travail de deuil non pas comme une nouvelle perte – Il s'agit d'une **transformation de la relation qui existait avec la personne décédée** – La difficulté vient du **renoncement** à un avenir commun qui n'est plus possible
DEUIL ANORMAL	• **Deuil compliqué** • **Deuil pathologique :** – Deuil pathologique **psychiatrique** – Deuil pathologique **somatique** • **Troubles du comportement**

ETAPES DU DEUIL NORMAL

N	PHASES	PRINCIPES	CONTENU	TEMPS
1	INITIALE	Impact Hébétude Stupéfaction Détresse Déni défensif Incrédulité	**Emotionnel et affectif :** • Retardé : torpeur et anesthésie • Immédiat : pleurs • Non accepté : déni **Physique et comportemental :** • Asthénie • Anorexie • Insomnie **Relationnel et social**	Quelques **heures** à quelques **jours**
2	CENTRALE	Dépression Repli	**Emotionnel et affectif :** • Tristesse • Culpabilité • Irritabilité • Honte • Sentiment de vide • Sentiment de colère **Physique et comportemental :** • Asthénie • Anorexie • Insomnie • Baisse de la libido • Identification inconsciente au décédé • Perception sensorielle hallucinatoire **Relationnel et social :** • Retrait • Désinvestissement • Habitudes de travail	Quelques **jours** à quelques **semaines**
3	RESOLUTION	Soulagement Récupération Restitution Guérison Adaptation	• Acceptation de la perte du mort • Rétablissement des intérêts habituels • Retour à un mieux-être psychique et somatique	Quelques **semaines** à quelques **mois**

Colère et culpabilité traduisent l'ambivalence de l'endeuillé :
- **Culpabilité :** sentiment de n'avoir **pas fait tout ce qui était en son pouvoir** à l'égard du décédé
- **Colère :** sentiment d'avoir été **injustement abandonné** par lui

DEUIL COMPLIQUE		• **Absent ou retardé** • **Intensifié** • Inhibé • Prolongé • **Inachevé**

DEUIL PATHOLOGIQUE	**PSYCHIATRIQUE**	• Troubles **dépressifs**
		• Trouble **anxieux**
		• Troubles **moins fréquemment** décrits :
		  – Troubles **maniaques**
		  – Deuils hystériques
		  – Deuils obsessionnels
		  – **Deuils délirants**

	SOMATIQUE	• Pathologies **cardiovasculaires +++**
		• **Décompensation d'une maladie chronique**
		• Pathologies **psychosomatiques** :
		  – Asthme
		  – UGD
		  – Maladies inflammatoires coliques
		  – …

TROUBLES DU COMPORTEMENT		• Troubles du comportement **alimentaire** • Conduites **addictives** • Risque **suicidaire**

B DEUIL COMPLIQUE

DEFINITIONS	**Deuil compliqué :** • **Perturbation du travail de deuil** qui ne s'engage pas ou qui ne parvient pas à son terme, due à un **blocage à l'une des étapes** • Il en existe de **plusieurs types :** – **Absent ou retardé** – **Intensifié** – **Inhibé** – **Prolongé** – **Inachevé**

DEUIL ABSENT OU RETARDE	• **Principes :**
	 – **Absence de réaction de tristesse** à la suite du décès
	 – Poursuite de la vie habituelle
	 – Possible expression de désarroi ou d'anxiété non spécifique
	• **Signification :**
	 – **Mécanisme de défense**
	 – Traduction d'un **déni inconscient de la réalité** du décès (parfois conscient)
	 – Expliquant son **comportement :**
	  ▪ **Pas de confrontation avec le cadavre** du décédé
	  ▪ **Non participation aux funérailles**
	 – Cela **ne montre en aucun cas une absence d'investissement affectif** vis-à-vis du disparu

DEUIL INTENSIFIE	• **Principes :** – **Manifestations émotionnelles intenses** – Colère, agressivité • **Signification :** – Sentiment de **culpabilité** vis-à-vis du mort
DEUIL INHIBE	• Aspect **opposé à celui des deuils intensifiés**
DEUIL PROLONGE	• Principes : – Persistance des manifestations du deuil au-delà de la période habituelle (6ème - 12ème mois) – Les symptômes à type de chagrin et de troubles d'allure dépressive persistent sans décroître • **Signification :** – Peut entrer dans le cadre d'un deuil inachevé – Mais **éliminer l'hypothèse d'un trouble dépressif, témoin d'un deuil pathologique**
DEUIL INACHEVE	• **Principes :** – **Recherche** de la personne disparue – **Renoncement persistant à tout nouvel investissement** dans le domaine relationnel ou personnel – **Vécu « dans le passé »,** dans la pensée du mort – Possibles manifestations plusieurs années après, **lors des dates anniversaires…** • **Signification :** – Peut entrer dans le cadre d'un deuil compliqué – Mais éliminer l'hypothèse d'un deuil pathologique

C   DEUIL PATHOLOGIQUE

1	PRINCIPES GENERAUX
DEFINITIONS	**Deuil pathologique :** • Deuil pathologique **psychiatrique** : survenue de **troubles psychiatriques durant la période du deuil** • Deuil pathologique **somatique** : survenue de **troubles somatiques durant la période du deuil**

FACTEURS DE RISQUE	• **Facteurs liés au décédé :**
	  – Age
	  – **Lien de parenté**
	
	• **Facteurs liés à l'endeuillé :**
	  – Age
	  – Socio-économique : isolé et défavorisé
	  – **Personnalité** : immature et dépendante
	  – **Psychologique** : trouble de la personnalité, maladie psychiatrique (dépression +++)
	  – Médical : état pathologique chronique
	
	• **Facteurs liés au décès :**
	  – **Brutalité du décès**
	  – Suicide
	  – Accident
	  – Disparition

2	DEUIL PATHOLOGIQUE PSYCHIATRIQUE

CARACTERISTIQUES	**Définition :**
	• Troubles **psychiatriques**
	• Survenant **durant la période du deuil (dans l'année qui suit le décès)**
	• Témoignant d'un **deuil pathologique**
	
	Sujets concernés :
	• **Tous**
	• Y compris les sujets jusque-là **indemnes de tout antécédent psychiatrique**
	
	Types :
	• Troubles **dépressifs**
	• Troubles **anxieux**
	• Troubles **moins fréquemment** décrits :
	  – Troubles **maniaques**
	  – Deuils hystériques
	  – Deuils obsessionnels
	  – Deuils délirants

TROUBLES DEPRESSIFS	**Epidémiologie :** la fréquence de survenue d'un syndrome dépressif est **particulièrement retrouvée** au cours de la période du deuil : • 25% des cas au 2ème mois • 25% des cas au 7ème mois • 15% des cas au 12ème mois • 10 à 20% présentent un syndrome dépressif plus de 1 an après le deuil **Symptômes évoquant un épisode dépressif (DSM-IV) :** • **Culpabilité** à propos de choses autres que les actes entrepris ou non entrepris par le survivant à l'époque du décès • **Idées de mort** chez le survivant ne correspondant pas au souhait d'être mort avec la personne décédée • **Sentiment morbide de dévalorisation** • **Ralentissement psychomoteur** marqué • **Altération** profonde et prolongée du **fonctionnement** • **Hallucinations autres** que celles d'entendre la voix ou de voir transitoirement l'image du défunt **Conduite à tenir :** • Difficile à établir dans les 1ers mois • **Au-delà de 1 an,** des troubles dépressifs nécessitent un **traitement spécifique par psychothérapie et antidépresseurs**
TROUBLES ANXIEUX	**Facteurs de risque :** • Sujet **jeune** • Sexe **féminin** • **Deuil non résolu** • Faible support **psychosocial** **Type :** • **Anxiété généralisée** • **Trouble panique** **Conduite à tenir :** • Traitement adapté au type de troubles anxieux

3	**DEUIL PATHOLOGIQUE SOMATIQUE**

CARACTERISTIQUES	• **Le deuil augmente statistiquement :**
	  – La survenue de pathologies somatiques
	  – La survenue de décès
	• **Pathologies somatiques :**
	  – Les perturbations émotionnelles secondaires au deuil révèlent ou aggravent certaines pathologies
	  – Les plus fréquentes sont les atteintes cardiovasculaires

PATHOLOGIES	• Pathologies **cardiovasculaires +++**
	• Décompensation d'une **maladie chronique**
	• Pathologies **psychosomatiques :**
	  – Asthme
	  – UGD
	  – Maladies inflammatoires coliques
	  – …

D CONDUITE PRATIQUE

1	SITUATION CHEZ L'ENFANT
SPECIFICITE DE L'ENFANT	**La perception de l'enfant est variable selon son âge :** • Pas de notion **d'irréversibilité** de la mort avant 7 ans • Impression **d'immortalité** • Sentiment de **toute puissance** • **Pensées magiques** • Incapacité de **symbolisation** avant 7-10 ans • **Ambivalence, culpabilité** • Notion de **responsabilité en rapport avec l'environnement** • Connaissance objective de la mort tardive • **Subjectivité spatio-temporelle** différente de celle de l'adulte • **Problème d'identité** **Les réactions de celui-ci varient selon :** • Son **âge chronologique** • Son **développement psychomoteur** • Son **entourage familial** • Sa **prise en charge lors de la survenue du deuil** • Facteurs **socioculturels**

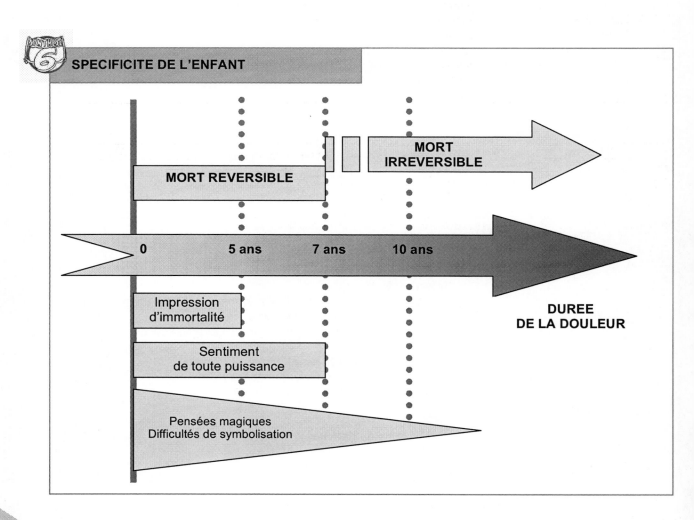

CONSEQUENCES CHEZ L'ENFANT	**Détecter ses souffrances :** • Changements de **caractère** avec instabilité • **Fléchissement scolaire** • Perturbations du **comportement : insomnie, anorexie** • Au cours du deuil, les enfants ont besoin de continuer à entretenir des relations avec le parent disparu : ils jouent la mort et l'enterrement avec leurs amis **Travail de deuil :** • Il se fait par les **mêmes processus que celui de l'adulte** • Il est possible **à partir du moment où l'enfant considère la mort comme irréversible** • **Sentiment fort de culpabilité +++** **Complications en cas de deuil non fait :** • Troubles **somatiques** à l'âge adulte (identification au parent perdu) • **Attitudes d'échec** • **Dépression** chronique de type névrotique
CONDUITE A TENIR CHEZ L'ENFANT	**Expliquer clairement à l'enfant :** • **Qu'il n'est pas responsable** • **Qu'il n'est pas en danger de mourir** • Qu'il doit continuer à s'occuper de lui • Qu'il doit continuer à aimer le décédé **Le comportement à adopter envers l'enfant est :** • **Le faire participer activement** • **Laisser s'exprimer l'enfant** • **Eviter le sentiment de culpabilité** • Evaluer le **changement de mode de vie** • **Surveiller** l'apparition de complications

2	**SITUATION CHEZ L'ADULTE**
CONDUITE A TENIR CHEZ L'ADULTE	• **Accompagnement jusqu'à la fin du travail de deuil** • **Verbalisation et expression des émotions** • Ne pas tenter de consoler à tout prix • **Psychothérapie de soutien** • Association d'aide et groupe de parole • Rarement traitement antidépresseur • **Détecter et prévenir les sujets à risque**

Conférences de consensus - Recommandations

Année	Source	Titre
-	-	-

Sujets tombés à l'ECN

Année	Contenu
2005	Cancer colique avec métastase hépatique
2006	Cancer bronchique à petites cellules avec syndrome cave supérieur
2008	Anorexie mentale/Deuil pathologique chez un adolescent Prise en charge

LISTE DES ABREVIATIONS

ABREVIATION	DETAIL DE L'ABREVIATION
AAH	Allocation Adulte Handicapé
ACTP	Allocation Compensatrice pour Tierce Personne
AEEH	Allocation d'Education de l'Enfant Handicapé
AES	Allocation d'Etude Spécialisée
AG	Anesthésie Générale
AGEFIPH	Association pour la GEstion des Fonds pour l'Insertion Professionnelle des Handicapés
AGGIR	Autonomie Gérontologie Groupe Iso-Rhésus
AIMS2	Arthritis Impact Measurement Scales 2
AJPP	Allocation Journalière de Présence Parentale
AL	Anesthésie Locale
ALD	Affection Longue Durée
ALF	Allocation Logement à caractère Familial
ALS	Aide au Logement à caractère Social
AP	Ateliers Protégés
APL	Aide Personnalisée au Logement
APP	Allocation de Présence Parentale
BDI	Beck Depression Inventory
BZD	Benzodiazépines
CAMSP	Centre d'Action MédicoSociale Précoce
CDAPH	Commission des Droits et de l'Autonomie des Personnes Handicapées
CAT	Centre d'Aide pour le Travail
CDES	Commission Départementale de l'Education Spéciale
CDTD	Centres de Distribution de Travail à Domicile
CHEOPS	Children's Hospital of Eastern Ontario Pain Scale
CIDPH	Convention Internationale des Droits des Personnes Handicapées
CIF	Classification Internationale du Fonctionnement, du handicap et de la santé
CLIS	CLasse d'Intégration Scolaire
CMP	Centre Médico-Pédagogique
CMPP	Centre Médico-Psycho-Pédagogique
COTOREP	COmmission Technique d'Orientation et de REclassement Professionnel
DAS 28	Disease Activity Score
DEGR	Douleur Enfant Gustave-Roussy
ECPA	Echelle Comportementale d'évaluation de la douleur chez la Personne Agée
EN	Echelle Numérique

EREA	Etablissements Régionaux d'Enseignement Adapté
ESS	Equipe de Suivi Spécialisé
EVA	Echelle Visuelle Analogique
EVS	Echelle Verbale Simple
GIC	Carte macaron Grand Invalide Civil
HAD	Hospital Anxiety and Depression scale
HAQ	Health Assessment Questionnaire
HDT	Hospitalisation à la Demande d'un Tiers
HO	Hospitalisation d'Office
IEM	Institut d'Education Motrice
IME	Institut Médico-Educatif
IMP	Institut Médico-Pédagogique
IM-Pro	Institut Médico-Professionnel
IOT	Intubation Oro-Trachéale
IVA	Intubation Ventilation Assistée
JO	Journal Officiel
LCR	Liquide CéphaloRachidien
MDPH	Maison Départementale des Personnes Handicapées
MECS	Maison d'Enfants à Caractère Sanitaire
MEOPA	Mélange d'Oxygène et de Protoxyde d'Azote
MIF	Mesure d'Indépendance Fonctionnelle
NFCS	Neonatal Facial Coding System
OMS	Organisation Mondiale de la Santé
OPS	Objective Pain Scale
PCH	Prestation de Compensation du Handicap
PPS	Projet Personnel de Scolarisation
QD	Quotient de Développement
QDSA	Questionnaire de Douleur de Saint Antoine
QI	Quotient Intellectuel
SDAI	Simple Disease Activity Index
SEGPA	Section d'Enseignement Général et Professionnel Adapté
SVA	Service pour la Vie Autonome
UPI	Unités Pédagogiques d'Intégration